L'ORIENT

ET

SES PEUPLADES

PARIS, IMPRIMERIE JOUAUST, RUE SAINT-HONORÉ, 338.

Mme OLYMPE AUDOUARD

L'ORIENT

ET SES

PEUPLADES

PARIS

E. DENTU, ÉDITEUR

LIBRAIRE DE LA SOCIÉTÉ DES GENS DE LETTRES

PALAIS-ROYAL, 17 ET 19, GALERIE D'ORLÉANS

1867

Tous droits réservés

L'ORIENT

ET SES PEUPLADES

CIVILISATION DES PEUPLES SAUVAGES

En août 1864 je me trouvais au Caire. Je venais de faire un long et fatigant voyage à travers les sables brûlants du Sahara. Je n'avais pu résister au désir d'aller, moi aussi, obscure et ignorée mortelle, faire un pèlerinage au temple d'Ammon-Fa, pour savoir si l'esprit qui dictait jadis des lois, qui prononçait des oracles, avait déserté les ruines du temple, ou bien si, complaisant à ma voix, il daignerait soulever encore une fois et en ma faveur

PARIS, IMPRIMERIE JOUAUST, RUE SAINT-HONORÉ, 338.

Mme OLYMPE AUDOUARD

L'ORIENT

ET SES

PEUPLADES

PARIS

E. DENTU, ÉDITEUR

LIBRAIRE DE LA SOCIÉTÉ DES GENS DE LETTRES

PALAIS-ROYAL, 17 ET 19, GALERIE D'ORLÉANS

—

1867

Tous droits réservés

L'ORIENT

ET SES PEUPLADES

―――∞―――

CIVILISATION DES PEUPLES SAUVAGES

En août 1864 je me trouvais au Caire. Je venais de faire un long et fatigant voyage à travers les sables brûlants du Sahara. Je n'avais pu résister au désir d'aller, moi aussi, obscure et ignorée mortelle, faire un pèlerinage au temple d'Ammon-Fa, pour savoir si l'esprit qui dictait jadis des lois, qui prononçait des oracles, avait déserté les ruines du temple, ou bien si, complaisant à ma voix, il daignerait soulever encore une fois et en ma faveur un coin de ce voile sombre et impénétrable derrière lequel se cache l'avenir (1).

J'avais passé vingt jours à dos de dromadaire, n'ayant pour horizon que le sable grisâtre du désert, et pour toit que le ciel splendide.

J'avais supporté cinquante degrés de chaleur, les horreurs de ce vent infernal nommé Khamsin, et pendant toute la durée du voyage je n'avais eu pour toute société qu'une miss de quarante-cinq ans avec un vieil Anglais son père; gens charmants, j'en conviens, aimables, spirituels, incontestablement; mais

> L'ennui naquit un jour de l'uniformité.

Je n'avais eu, ou plutôt nous n'avions eu pour toute escorte de sûreté qu'une caravane de bédouins, dits avec quelque raison bédouins pilleurs de caravanes ; escorte honnête, si l'on veut, mais qui pourtant ne nous avait pas inspiré une sécurité parfaite. J'avais soif d'un peu de fraîcheur, et j'aurais vendu non pas mon droit d'aînesse, mais bien mon droit de cadette, pour une carafe d'eau frappée...

(1) Sous presse : Un volume in-18, *Le Sahara, ses Drames, ses Oasis*.

Ce ciel toujours d'un bleu pur me donnait sur les nerfs, et je me surprenais à penser qu'il faut du bleu, mais pas constamment; que le bleu est une couleur bête...

Ce soleil jamais voilé par aucun nuage commençait à me faire mal aux yeux; j'aurais donné beaucoup pour voir tomber une bonne petite ondée. Hélas! vain désir : la pluie ne vient jamais rafraîchir ce sol brûlant!

J'avais besoin de repos; les moustiques, la chaleur, ne me laissaient pas fermer les yeux. Cette chaleur accablante me tuait; elle m'enlevait toutes mes facultés, toute mon énergie.

Voyant que je ne trouvais au Caire ni fraîcheur, ni pluie, ni repos, le 9 mars je m'embarquai sur le *Mœris*, et dix jours après j'étais à Paris. — Le jour de mon arrivée, il pleuvait à verse. J'étais enchantée, ravie. — Je me promenais sans parapluie, je piétinais avec volupté dans le macadam boueux de nos boulevards. — « Que c'est beau, la pluie! que c'est charmant, la boue! » me disais-je.

Seulement je m'aperçus bientôt qu'on ne vit pas impunément au désert, qu'on ne fraye pas avec les bédouins sans devenir un peu bédouin soi-même, et je me sentais mal à l'aise au milieu de cette civilisation. — Plus moyen de porter de grosses bottes en peau jaune, une robe en laine blanche serrée à la taille par une courroie, un carré de soie blanche pour protéger ma tête et mon cou des rayons du soleil !

Ce costume simple, décent, commode et peu cher aurait été trouvé par les habitants de Paris plus qu'inconvenant... Qui sait même si un sergent de ville, me rencontrant ainsi habillée, ne m'eût pas conduite au poste !

Il me fallut donc m'entourer de trente-deux cerceaux d'acier, les recouvrir d'une trentaine de mètres de percale ou de mousseline, et étaler sur tout cela cinquante mètres de soie. En un mot, dépenser pour une seule toilette plus que je n'avais dépensé pour toutes mes toilettes d'un an au désert.

Ce détail commença par me calmer sur les charmes de Paris.

Du reste, je ne me sentais plus Parisienne du tout ; il me semblait que j'étais une étrangère à Paris. Je formai alors le dessein de l'étudier et de le parcourir comme j'avais étudié et parcouru les autres ville de l'Europe, désireuse de savoir par expérience l'effet que Paris et les Parisiens produisent aux étrangers.

D'abord, cette pluie, cette boue, qui m'avaient

enchantée dès mon arrivée, finirent par me lasser, et je revins à croire que le ciel toujours bleu valait mieux que le ciel toujours gris, et qu'à tout prendre, le bleu était plus joli que le gris.

Je m'étais installée au Grand-Hôtel, voulant mener pour tout de bon la vie des étrangers à Paris.

Cet hôtel est beau, confortable. — Certes il ne peut être comparé aux hôtels de l'Égypte, mais il a aussi ses désagréments.

Le premier est de n'avoir pas un maître d'hôtel ; lorsqu'on veut se plaindre, réclamer, on ne sait comment faire. Il y a bien la boîte aux réclamations ; mais quand vous y jetez une plainte, généralement on ne répond pas, et, si l'on répond, ce n'est que le lendemain.

Un autre inconvénient encore plus désagréable, c'est que l'hôtel a ses fournisseurs. Il en a pour la lingerie, les confections, la chaussure, la parfumerie, les cravates, les gants, pour tout enfin ce qui est nécessaire et ce qui est d'une utilité nulle. C'est son droit, me direz-vous. Certainement. Mais ce qui me paraît un droit plus contestable, c'est celui qu'il s'arroge d'imposer cesdits fournisseurs aux voyageurs.

Les fournisseurs du Grand-Hôtel ne sont comparables qu'aux sept plaies de l'Égypte, avec cette seule différence qu'ils sont, hélas! plus de sept.

Vous êtes tranquillement dans votre lit à dormir encore. Pan! pan! voilà quelqu'un qui frappe.

« Qui diable peut venir me réveiller à cette heure indue? » vous dites-vous en vous frottant les yeux.

Pan! pan! une seconde fois. Allons, décidément l'on vient pour une affaire urgente, pressée; une dépêche sans doute. Et vous sautez à bas de votre lit, vous passez une robe de chambre, et vous ouvrez.

Une dame entre, referme la porte et pose un immense carton par terre.

« Madame, vous dit-elle, je suis la lingère de l'hôtel, je viens vous montrer de charmantes confections... »

Et elle se met à déballer malgré vous. Furieuse d'avoir été réveillée de si bonne heure, vous lui dites avec humeur :

« Mais, madame, je n'ai fait demander aucune lingerie, je n'ai besoin de rien.

— C'est égal, madame, je suis la lingère de l'hôtel. »

Vous avez grande envie de lui dire que ce n'est pas une raison pour vous déranger. Mais elle ne vous en laisse pas le temps : en un instant votre chambre est encombrée de marchandises !

« Mais, madame, je vous le répète, je n'ai besoin de rien, et vous devez voir à mon costume que j'ai quitté mon lit pour vous ouvrir. »

Alors elle vous fait mille excuses d'être venue trop tôt, mais elle vous retient bon gré, mal gré, une bonne demi-heure sans vous faire grâce de rien. Lorsque enfin vous vous êtes débarrassée de la mégère et de son carton, vous vous recouchez transie de froid.—Vous vous rendormez tant bien que mal; mais le sommeil n'a pas encore clos vos paupières que, crac, voilà un nouveau bruit qui vous réveille.

Allons, bon ! qu'est-ce encore ? Vous repassez votre robe de chambre, vous ouvrez une seconde fois. — Un monsieur entre, et vous dit : Je suis le coiffeur de l'hôtel, je viens vous offrir mes services.

— Mais je n'ai pas fait demander de coiffeur !

— C'est égal, je viens montrer à madame les brosses, les peignes, les tresses, les faux chignons de la parfumerie de ***.

— Mais je n'en veux pas, je ne veux absolument rien ! »

Ledit coiffeur, sans vous écouter, ouvre ses cartons, en sort sa marchandise, et se met à vous en énumérer la bonté et les avantages.

Vous êtes un grand quart d'heure avant de parvenir à vous débarrasser de ce monsieur et de ses cartons.

Ennuyée de ne pouvoir dormir en paix, vous vous mettez à votre toilette, mais vous êtes dix fois interrompue par le pan! pan! des autres fournisseurs du Grand-Hôtel, ce qui manque complétement de charme.

Si vous vous laissez entraîner par leur bavardage, si vous avez le malheur de leur acheter quelques objets, on vous traite en Russe ou en Anglais, c'est-à-dire qu'on vous fait payer trois fois la valeur.

N'allez pas vous plaindre aux gens de l'hôtel de l'importunité des fournisseurs : — ce serait peine perdue, car le portier, les garçons de quartiers, tous les serviteurs en général ont une part de bénéfice sur ce qui vous est vendu, et vous comprenez l'intérêt qu'ils ont à voir les voyageurs rançonnés.

Si vous faites venir un coiffeur, un marchand quelconque, qui ne soient pas de ceux que l'hôtel patronne, on les met carrément à la porte en leur interdisant l'entrée.

Car pour entrer à l'hôtel il faut payer patente.

Enfin j'ai vu par moi-même que les étrangers, dès leur arrivée à Paris, sont pas mal exploités.

J'ai acquis aussi la triste expérience que ce pan! pan! continuel des fournisseurs assermentés du Grand-Hôtel ne vous laisse ni le temps de dormir, ni le temps de vous habiller. Vous avez une visite, ils entrent; — vous sortez, ils vous retiennent. — Du matin jusqu'au soir ils ne vous laissent pas un instant de répit. — C'est à fuir cet hôtel célèbre!!

Autre inconvénient.

Malgré la grandeur colossale de cet immeuble, il paraît qu'on n'a pas pensé à réserver un local pour en faire une chambre mortuaire, afin d'avoir où déposer les gens qui meurent pendant leur séjour dans l'hôtel.

Ainsi, dans la chambre à côté de moi, voici ce qui s'est passé. Un Allemand est mort; on l'a laissé trois jours durant, sans se soucier que l'odeur du cadavre pouvait arriver chez moi et chez les habitants des chambres voisines, et nous incommoder.

On l'a embaumé dans cette même chambre. Pour sortir et pour rentrer chez moi, il me fallait passer devant la porte et suivre un corridor dont l'air était empesté. Je ne savais plus que faire pour désinfecter mon appartement.

Ce voisinage m'a donné le cauchemar !

Croirait-on que le lendemain de la levée du corps, des voyageurs étaient déjà installés dans cette même chambre!! Je me suis dit alors avec effroi : « Qui sait si moi aussi je n'ai pas hérité de la chambre d'un embaumé ! »

Ceci se passait dans l'appartement à ma gauche. A ma droite est morte une jeune Anglaise. Le lendemain, le corps a été enlevé ; on l'a emporté dans la chapelle protestante, je crois. Cela se passait à dix heures du matin. Eh bien, à dix heures un quart, on mettait dans cette même chambre un jeune couple !

Je suppose qu'on a changé les draps, mais certainement le lit est resté le même ; et pourtant je me suis laissé dire que les parents des malheureux qui meurent dans l'hôtel sont obligés de payer une certaine somme en guise de dommages-intérêts aux propriétaires de l'hôtel !

Voilà quelques-uns des inconvénients et des désagréments dudit Grand-Hôtel, dont la réputation est européenne.

Parlons à présent de ses agréments.

Sa salle à manger est splendide. Comme salle de

bal ou de concert, elle est d'un effet merveilleux ; mais comme salle à manger proprement dite, elle est d'un goût atroce.

Le salon de lecture est grand, spacieux et commode. En s'installant à une fenêtre, on voit entrer et sortir tout le monde, on voit le mouvement des voitures de la cour, le départ et l'arrivée des voyageurs. C'est très-amusant; on se croirait aux eaux !

Les dames anglaises passent une grande partie de leur journée dans ce salon; elles y apportent leurs broderies et leurs livres et causent avec les uns et les autres... L'Anglais est très-liant... en voyage.

Un jour que j'étais assise près d'une fenêtre de ce salon, en feuilletant distraitement un livre que j'avais trouvé sur la table, je vis entrer un jeune homme portant le bonnet des Turcs qu'on appelle le *tarbouche* ou *fes*. Il vint s'asseoir à côté de moi, sortit un petit encrier de sa poche, une plume en roseau et un petit calepin, et se mit à écrire à la turque, tenant son papier à la main. A son type, il me fit l'effet d'être Syrien..... Une superbe femme, portant une toilette splendide, passa près de nous, nous frôlant de sa robe. Mon voisin la regarda avec une profonde admiration et s'écria

d'un air bien senti : *Gusel qare!...* (jolie femme!).
Machinalement je répondis : *Èvet* (oui). Étonné,
il m'adressa la parole en bon français.

« Quoi! madame, vous comprenez le turc?

— Un peu, » lui dis-je.

Heureux de retrouver quelqu'un qui semblait
connaître sa langue, il se mit à me parler de son
pays. Je ne m'étais pas trompée, il était bien
Syrien : c'était un Turc de Damas.

Je lui demandai si c'était son courrier qu'il
allait faire.

« Non, me dit-il. Je prends des notes sur Paris
et les Parisiens. Un frère que j'ai laissé à Damas,
et qui n'est jamais venu en Europe, m'a recommandé de lui donner quelques détails sur Paris,
sur les usages et les mœurs des Français. J'étudie
donc la France à son intention et je note mes impressions. Par le prochain courrier je lui enverrai
une partie de mon travail, qui ne manquera pas
de l'étonner et de l'intéresser. »

Comme je voulais, moi aussi, étudier Paris en
étrangère et savoir l'effet que nous produisons aux
étrangers, à ceux-là surtout que nous appelons
barbares et peu civilisés, je trouvai là une occasion superbe de compléter mes propres observations.

« Savez-vous, monsieur, lui dis-je, que je serais très-curieuse de lire vos notes? Car je suis, moi aussi, à la recherche des mêmes impressions... »

Un Turc ne sait pas refuser lorsqu'il s'agit de faire plaisir. Mon Syrien me répondit donc avec la meilleure grâce du monde que, puisque cela pouvait m'intéresser, il s'empresserait de me traduire ses notes.

Et il tint parole.

Je pense, ami lecteur, que comme moi vous pouvez être curieux de savoir l'effet que notre ville, nos lois, nos usages produisent sur les Orientaux. Je vous donnerai donc ici la traduction des notes telle qu'elle m'a été donnée par cet habitant de Damas.

Traduction littérale.

« Mon bienveillant frère, qu'Allah soit avec vous!

« Me voici depuis deux mois à Paris. Me conformant à votre désir, qui est un ordre pour votre frère dévoué, je me suis mis à étudier les mœurs de ces Français dont on nous vante si souvent les progrès dans les idées, la perfection des coutumes et des lois.

« La première chose qui m'a frappé, c'est que, malgré cet état si avancé de civilisation, le Français est traité dans tous les détails de la vie comme un enfant qu'on ne peut laisser marcher sans lisières, et qui a besoin sans cesse de quelqu'un à ses côtés pour le guider ou pour redresser ses torts. Ainsi il y a une foule d'hommes habillés en semi-militaires, le tricorne sur la tête, l'épée au côté; ce sont eux qui ont la haute main sur tout; on les voit partout, même dans les églises les jours de grande fête; ils poussent les gens qui viennent prier Dieu, leur disant par où ils doivent entrer et par où ils doivent sortir. On prétend que sans cela il y aurait du désordre dans les églises.

« Bénissons le Dieu très-haut qui permet que dans nos mosquées il règne le plus parfait recueillement et l'ordre le plus irréprochable, sans le secours d'aucune milice armée!

« Il y a ici un grand nombre de beaux édifices qu'on appelle théâtres. On y représente des scènes réelles ou fictives de la vie, des souvenirs du temps passé, des tournois et des batailles. Tout cela est accompagné de chant, de musique et de danse. Là aussi cette milice appelée police est en nombre : il paraît que sans elle tout irait mal.

« A propos de ces théâtres, sachez que c'est un grand scandale. On y voit des femmes qui oublient complétement les lois de la pudeur : elles se montrent dans des costumes inconvenants; souvent même elles n'en ont pas, car il est remplacé par un tricot collant et couleur de chair.

« Pourtant, comme aucune pièce n'est jouée qu'après avoir été examinée par une commission nommée par le gouvernement, il paraît que ce dernier approuve ces exhibitions de femmes, puisqu'il les autorise.

« Au champ des courses, c'est la même chose : on voit la police partout. Bref, c'est elle qui règle et dirige tout; ce qui fait, je le répète, que les Français ressemblent à un troupeau d'enfants toujours placés sous la férule du maître d'école. Cela ne vous étonne-t-il pas, ô mon bienveillant frère, que ce peuple tant vanté pour sa force, sa sagesse et son intelligence, en soit encore à ne pas savoir se conduire sagement tout seul?

« Du reste, j'ai vu tant d'autres choses qui me paraissent surprenantes, que je ne m'étonne plus de rien. Ainsi, il est des femmes qu'on appelle de plusieurs noms : cocottes, lorettes, filles de marbre. Ces femmes ont des chevaux, des voitures, des toilettes très-riches; elles n'ont pas de fortune et dépensent, dit-on, des sommes considérables. Comment cela se fait, je tâcherai de vous l'expliquer.

« Elles se marient pour un certain temps avec un ou plusieurs hommes, car c'est le monde renversé : ici ce sont les femmes qui ont un harem d'hommes!

« Les hommes payent l'honneur de ces sortes de mariage très-cher. On pourrait donc dire qu'ils achètent ces femmes; mais, comme elles ne vendent pas leur liberté, ils ne les achètent que provisoirement, se ruinent à ce métier, et quand vous leur parlez de ces femmes, ils vous disent mille horreurs; ils vous assurent qu'elles n'ont ni cœur, ni conscience, ni instruction... Alors pourquoi les payent-ils si cher?

« Mais le plus drôle est que ces mêmes hommes se vendent à leur tour, lorsqu'ils se marient avec des jeunes filles sages et honnêtes!

« N'est-ce pas étonnant?... Acheter très-cher des femmes qu'on méprise, et se vendre très-cher à celles qu'on sait sages, honnêtes, bien élevées!

« Ne trouvez-vous pas comme moi, mon frère, que ce n'est pas logique du tout?

« Ce qui est encore incompréhensible chez les hommes, c'est qu'une fois mariés, ils laissent à leurs femmes la liberté de sortir, de recevoir qui bon leur semble.

« Si ma petite sœur, votre honorée femme, lit cela, elle va s'écrier : Sont-elles heureuses, les Françaises!... Eh bien, non; car, si elles sont exposées à pécher par la liberté qu'on leur laisse, elles n'en trouvent pas pour cela plus d'indulgence. Jugez plutôt : un mari a le droit de tuer sa femme si elle faillit à l'honneur... C'est dur et sévère de tuer une femme! Bénissons notre prophète, qui nous a appris que dans ce cas, le mieux était de pardonner, de marier la femme avec le coupable, ou bien de l'enfermer dans une chambre jusqu'au moment où la douce fleur du pardon aurait éclos dans notre cœur... Bénissons Dieu de nous donner la force de nous venger d'un crime par le pardon et non par un second crime comme on le fait en France!...

« N'allez pas croire, ô mon illustre frère, qu'ici les hommes n'ont qu'une seule femme. En état de mariage, ils ont d'abord leur femme qu'ils nomment légitime, celle qui les a achetés, et souvent fort cher... ensuite ils ont une ou deux femmes, de celles qu'on achète; et, le croiriez-vous? souvent l'argent de la première passe dans la poche des autres.

« Une chose que j'ai encore plus de peine à comprendre, et je crois que vous serez de mon avis, c'est qu'il y a ici deux genres d'enfants... Je ne sais comment vous expliquer cela, car c'est vraiment incompréhensible... Les uns s'appellent naturels, les autres légitimes. Les enfants naturels n'ont ni nom ni père, et souvent pas de mère, — et pourtant ils n'ont pu venir tout seuls au monde. — On les renie, ces pauvres êtres, on les méprise, on dit d'eux : ce sont des bâtards !... ce qui est un terme injurieux.

« Je trouve cela bien barbare, un père qui refuse son nom, son affection à son enfant !

« Et nous qui croyons les Français si avancés ! Si cela est de la civilisation, prions Mahomet qu'elle ne pénètre jamais sur les rives du Jourdain et sur la grande montagne du Liban !

« Du reste, si les maris ont, à Paris, plusieurs femmes, il paraît que quelques-unes de ces dernières ont aussi plusieurs maris.

« Assez pour aujourd'hui, mon honoré frère ; par le prochain courrier je vous en dirai davantage.

« Je prie Dieu et Mahomet, son prophète, de

répandre sur vous les parfums du bonheur, les fleurs du contentement.

« Sidi-Ameth Effendi. »

Les réflexions de ce bon Effendi sur nous autres Français m'amusèrent beaucoup; je m'empressai de les transcrire et lui fis promettre qu'il me lirait sa prochaine lettre.

Mais deux jours après, une bonne et charmante amie à moi, la princesse O..., vint me voir.

« Je suis furieuse! me dit-elle. Il faut que je parte pour Pétersbourg.

— Pour Pétersbourg? Je voudrais bien y aller, moi, lui répondis-je. Je reviens d'Égypte, où l'on est à moitié sauvage; la prétendue civilisation de Paris m'ennuie et me fatigue; je visiterais la Russie volontiers.

— Bravo! me dit gaiement la princesse. Venez avec moi : cela me consolera de quitter Paris, que j'adore. »

J'ai l'habitude de prendre une décision promptement.

« Quand partez-vous, princesse?

— Ce soir même, me dit-elle. — Toutes mes caisses sont faites, fermées; je venais prendre congé de vous, et rester avec vous jusqu'à l'heure de mon départ.

— Ce soir, c'est un peu tôt : je n'ai rien de prêt, et je ne puis partir comme cela.

— Baste! me dit la charmante femme, vous allez voir. »

Et, quittant son chapeau, son châle, elle se mit à faire mes caisses. Je l'aidai : l'idée de partir m'enchantait.

A cinq heures nous arrivions au chemin de fer du Nord, elle heureuse de m'enlever, moi riant comme une folle de mon escapade.

J'avais écrit à la hâte à quelques parents et amis que j'allais à la campagne, et que dans huit jours ils auraient de mes nouvelles. — Huit jours après, en effet, ils recevaient de moi une lettre de Saint-Pétersbourg.

La bonne princesse était un joyeux compagnon de route ; mais, pressée de me faire les honneurs de sa ville natale, elle voulait me persuader qu'il fallait faire le voyage tout d'un trait. Je protestai énergiquement, et nous ne prîmes nos billets que jusqu'à Cologne, lui avouant que j'avais le plus grand désir de voir sa cathédrale.

Nous arrivâmes à Cologne le lendemain, à six heures du matin. — Il faisait un froid de loup ;

mais comme c'était un dimanche, nous rencontrâmes une foule de jeunes Allemandes, tête et bras nus, allant à l'église. Leurs gros bras étaient marbrés de taches violettes, leurs joues brûlées par le froid. Rien en elles n'accusait ce type allemand qui pourtant a inspiré tant de poëtes.

De Cologne nous allâmes coucher à Berlin, où la princesse retrouva une famille polonaise de ses amis, ce qui nous engagea à passer quelques jours dans cette ville.

Berlin est bien la ville la mieux bâtie, la plus régulière que je connaisse ; mais elle est triste et monotone ; — on s'y sent pris d'un spleen tout anglais.

Les soldats de ce bon M. de Bismarck sont bien droits, bien raides, ils se promènent d'un air orgueilleux, et sûrs d'eux-mêmes.

Le théâtre commence à cinq heures et il finit à neuf.

A dix heures les rues sont désertes : on a sonné le couvre-feu, toutes les portes sont fermées.

Jamais je n'ai vu une capitale d'un aspect moins séduisant.

De Berlin nous nous sommes décidées, la princesse et moi, à aller d'un trait à Saint-Pétersbourg.

Les voitures des chemins de fer prussiens, rendons-leur cette justice, sont bien préférables aux affreuses boîtes des chemins de fer français. — Les caisses sont grandes, bien garanties contre le froid, les fauteuils deux fois larges comme les nôtres. — Il y a huit places par voiture, comme chez nous, mais on y est à son aise; les fauteuils sont faits de façon que l'on peut s'en faire un lit très-confortable. Le chemin de fer de Berlin à Kœnigsberg prépare déjà aux chemins de fer russes, qui sont d'un luxe et d'un confort à faire rougir de honte tous les directeurs de nos chemins de fer français. — J'en parlerai longuement plus tard.

J'avais toujours entendu parler de la sévérité de la douane russe, j'étais curieuse d'en avoir un échantillon.

La princesse, avant d'arriver à Kœnigsberg, où se trouve la douane russe, me dit : « A propos, chère, vous savez qu'il est impossible de faire entrer un livre, un imprimé quelconque, dans mon aimable pays; et nous avons eu l'imprudence d'en mettre pas mal dans vos caisses.

— Je crois bien, j'ai trente-sept volumes!

— Eh bien, on va vous les saisir.

— Mais non, me récriai je, je n'entends pas cela, j'ai besoin de mes livres. »

Il se trouvait dans notre wagon un général russe et le directeur général d'un ministère.

Ces messieurs me dirent : « Si vous tenez à vos livres, madame, vous pouvez en faire votre deuil d'avance, car notre douane est inflexible, elle vous les prendra.

— Je parie bien que non, leur dis-je avec dépit.

— Nous parions que oui, » me répondirent-ils.

Je tins vingt-cinq roubles contre ces messieurs, qui ajoutèrent en riant qu'ils me volaient mon argent.

La princesse me le dit aussi.

« Eh bien, nous verrons ! — Seulement, lorsque nous serons arrivés à la douane, ne me parlez plus, laissez-moi agir à ma guise, et tenez-vous à côté de moi pour écouter et voir ce que je ferai. »

Dès que le train fut arrêté, l'officier de police vint demander les passeports. J'avais le mien bien en règle dans ma poche, mais, désirant savoir ce qu'on fait à ceux qui n'en ont pas, je répondis à l'officier : « Je n'ai pas de passeport, » et cela d'un air si calme et si sûr de moi-même, qu'il me regarda stupéfait.

Il me dit :

« Madame est sans doute avec ces messieurs ?

— Non, je suis seule... »

L'officier me salua et sortit du wagon, me laissant libre d'en faire autant.

« Oh! oh! me dit le général russe, voici une première victoire qui me fait bien augurer pour vous de notre pari... »

Nous descendîmes dans une immense salle, et là commença cette affreuse, irritante, bête, stupide, sauvage et arbitraire cérémonie de la visite des bagages. Chacun était pressé d'en finir avec les siens. Moi, je me tenais à l'écart, voulant arriver la dernière, et m'amusant beaucoup de la façon dont ces demi-Cosaques opéraient. Les souliers pliés dans un journal étaient dépliés et repliés dans un papier blanc, les livres de messe, les guides, tout était saisi ; une malheureuse marchande de modes poussait les hauts cris en voyant qu'on lui enlevait son livre de comptes... Une petite fille tenait dans ses bras un carton qui contenait une belle poupée. « Elle est neuve, » dirent les douaniers, et ils la prirent sans se préoccuper des larmes de l'enfant... La princesse était derrière moi, les deux Russes aussi. « Vous voyez, vous voyez, me dirent-ils tout bas, ce que sont les douaniers cosaques !... Voulez-vous annuler le pari ?

— Non, dis-je en riant, je le double si vous

voulez. Seulement, pas un mot ; n'ayez par l'air de me connaître. »

Il ne restait plus qu'à visiter mes bagages ; les douaniers s'en rapprochèrent, les ouvrirent, fouillèrent, regardèrent tout ; — puis ils sortirent tous les livres, voire même les manuscrits. — Je restai impassible ; mais au moment où ils allaient refermer mes caisses, je leur dis :

« Pardon, messieurs, vous oubliez mes livres et mes manuscrits...

— Madame, on ne peut introduire en Russie ni livres, ni aucune espèce d'imprimés ; nous avons l'ordre de tout saisir.

— Vraiment, messieurs ? C'est charmant et très-commode pour les voyageurs ! Mais je vous ferai observer que je ne suis ni Russe, ni Polonaise, et que par conséquent vous n'avez pas le droit de me traiter à la cosaque.

— Mais, madame, on vous rendra vos livres dans deux jours, à la censure, s'ils ne contiennent rien de mauvais...

— Ce n'est pas dans deux jours que je veux avoir mes livres, mais à l'instant même, et je vous prie de remettre tous ces papiers et ces livres au plus vite dans mes caisses. — Je leur dis cela avec tant de fermeté que les douaniers se regardèrent d'un air étonné, et ils appelèrent leur chef. Celui-ci me répéta la formule : « Rien d'imprimé ne peut entrer en Russie. »

Je repartis d'un air sec :

« Je ne suis, monsieur, ni Russe ni Polonaise, voici mon passeport. Je suis un auteur français; vous n'avez aucun droit de m'ennuyer, réservez votre pouvoir pour les sujets de Sa Majesté le czar... Je vous dis que je veux mes livres, et je prétends que vous ne me gardiez ni un seul volume, ni une feuille de papier. »

Le douanier en chef me regarda avec hésitation, puis, ouvrant mes caisses lui-même, y replaça tous mes livres et mes papiers avec soin, les referma, et me tendit gracieusement mes clefs en me saluant très-poliment.

Je lui rendis son salut, et je me tournai du côté de la princesse et des deux Russes, qui n'en revenaient pas de ce qu'ils avaient vu. — Il paraît que je venais d'opérer un miracle.

Mon calme et mon aplomb m'avaient fait gagner mon pari, qui me fut payé de la meilleure grâce du monde.

Cela fut raconté à Saint-Pétersbourg, et chacun vint me demander si réellement j'étais parvenue à faire passer des livres.

Tout le monde trouvait la chose impossible.

La princesse me fit descendre à Saint-Pétersbourg dans un hôtel français, situé en face de l'hôtel Demoutt, donnant d'un côté sur la Moïka, de l'autre sur la petite Millionne. Cet hôtel, appelé hôtel de France, est tenu par M. Croissant. — On y est admirablement bien. Les appartements sont meublés luxueusement et confortablement, la cuisine y est excellente... C'est le meilleur hôtel que j'aie jamais rencontré dans le cours de mes nombreux voyages.

Je ne m'étendrai pas dans ce volume sur Saint-Pétersbourg, ayant l'intention de publier à part mes impressions de voyage en Russie.

Je veux pourtant constater une chose dès à présent, c'est que la Russie est assez mal connue en France.

La société russe est bien la société la plus séduisante du monde entier; on y rencontre une politesse exquise dans les formes et dans le langage. — Les Russes parlent le français avec une pureté, une élégance que leur envierait le plus pur Parisien. Ils sont instruits et connaissent à fond toute notre littérature.

J'ai eu l'honneur de visiter le superbe palais de marbre du grand-duc Constantin, qui se trouve admirablement situé sur les bords de la Néva. De ses fenêtres on aperçoit au loin la citadelle de Cronstadt et les flots bleus de la mer Baltique. — Cet immense palais, construit entièrement en marbre tant à l'intérieur qu'à l'extérieur, produit un effet magique. La façade est en marbre bleu marié de marbre blanc ; les soubassements sont en marbre noir. Au rez-de-chaussée se trouve une grande salle dallée en marbre blanc, avec des statues aux quatre coins. — Un escalier taillé dans des proportions grandioses conduit au premier. Là se trouve une très-curieuse collection d'armes antiques de toutes formes, de tout genre et de tout siècle. — A côté de cette galerie est située la bibliothèque du grand-duc Constantin, bibliothèque d'un choix exquis, d'une richesse immense, et qui prouve l'instruction et les goûts littéraires de son maître.

Je tiens à citer l'anecdote suivante à ce propos.

Un de nos orateurs les plus éminents, dans un discours prononcé à la Chambre, disait un jour en parlant de la Russie : « Messieurs, en Russie, tout est à la surface ! Un seul exemple vous prouvera la vérité de mon assertion. Vous voyez un grand et beau palais sur la porte duquel est écrit en lettres majuscules et dorées : « Bibliothèque impériale. » Vous entrez, vous ne trouvez rien, pas un seul volume; les quatre murs, voilà tout. »

Eh bien, cette assertion de notre orateur peut être, si l'on veut, très-spirituelle, mais elle est complétement inexacte. L'exemple est mal trouvé.
— Pendant huit jours que j'ai passés à la bibliothèque impériale de Pétersbourg, je ne pouvais me lasser d'admirer la valeur et le nombre des ouvrages qu'elle possède.

Dans les salles du bas sont rangés sur d'immenses tables tous les manuscrits, les livres hébreux, arabes, chinois et turcs. — Il y a des Bibles illustrées de toute beauté, ainsi que des papyrus d'Égypte. — Dans une autre salle on voit les autographes encadrés sous verre; on peut les lire, et il y en a de très-curieux.

Il y a même une petite salle à part pour les manuscrits français, ce qui m'a beaucoup intéressée.

Ces manuscrits, pillés probablement dans les châteaux et les hôtels de ceux qui furent obligés d'émigrer pendant la Révolution, enlevés même peut-être en partie dans les résidences royales, ont été achetés par les Russes; ils ont une valeur historique incontestable. Tous les gens qui ont joué un grand rôle dans les siècles derniers y ont laissé des souvenirs sous forme de lettres, impressions, notes, journaux.

Le général-gouverneur de la bibliothèque, qui est un homme affable et courtois, me les a laissé feuilleter tout à mon aise ; il m'autorisa même à en prendre des copies et à les publier. Je compte bien, si je retourne un jour à Pétersbourg, lui rappeler cette offre gracieuse, car il y a là des pages qui seront d'un grand intérêt pour nous.

Les salles du haut sont tapissées de tous les livres modernes qui ont paru en France et ailleurs. Il y a trois salons de lecture bien chauffés, avec d'épais tapis pour amortir le bruit des pas.

Enfin, en toute conscience, la bibliothèque de Pétersbourg est aussi belle et aussi riche que n'importe laquelle, sans excepter celle de Paris.

On peut donc dire à notre orateur que « *si è ben trovato, non è vero.* »

Du reste, on a écrit tant de choses si extraordinaires sur la Russie, qu'une inexactitude de plus ou de moins ne veut rien dire.

La ville de Pétersbourg est bâtie dans de grandes proportions ; les rues sont presque toutes aussi larges que nos boulevards, bordées de constructions en pierre de taille qui manquent cependant souvent de bon goût et d'élégance. — Le ruisseau traverse le milieu des rues, ce qui fait qu'elles sont inclinées vers le centre. — C'est très-gênant pour ceux qui vont en voiture, car on a le sentiment de verser à chaque instant. Le ruisseau seul est bordé de pierres, le reste est pavé en bois, ce qui adoucit extrêmement le bruit des voitures. C'est à cause de cela qu'il était défendu par la police de fumer dans les rues : on craignait des incendies. Tous ceux qui étaient surpris avec un cigare allumé étaient conduits au poste et soumis à une forte amende. — Cela amenait quelquefois des scènes fort comiques.

Depuis l'an passé, il est permis de fumer dans la rue.

Rien n'était drôle comme de voir la mine déconfite des étrangers, qui, se promenant avec distraction le nez en l'air, le cigare à la bouche, se voyaient soudain accostés par un policeman qui leur disait :

« Veuillez me remettre votre cigare, monsieur. »

Sachant ce que cela voulait dire, ils suivaient le cosaque tout en maugréant contre les usages russes.

Le czar Nicolas se promenait souvent dans Pétersbourg tout seul, les mains dans ses poches, comme un vrai badaud parisien, et dans ses moments de bonne humeur il ne dédaignait pas de faire la police en amateur, il arrêtait lui-même les délinquants.

Voici ce qui arriva une fois à un de nos compatriotes.

Le journal officiel russe, tout comme notre *Moniteur*, a la fréquente habitude de publier certains petits entrefilets qui ont force de loi. Dans un de ces avertissements officiels au public il était dit qu'il était expressément défendu à tous les sujets fidèles du czar de s'accorder l'honneur insigne de lui adresser la parole ou de lui remettre une supplique.

Or, un jour, l'empereur Nicolas aperçoit dans la rue un acteur français, Vernet, engagé au théâtre de Pétersbourg, acteur dont la verve comique le faisait beaucoup rire. Il s'avance vers lui, et se met sans façon à causer de choses et d'autres avec lui.

L'artiste était tout heureux et très-fier de cette faveur; il y répond avec courtoisie, sans soupçonner ce que cet honneur lui vaudra. — Dès que Sa Majesté l'eut quitté, un Cosaque policier lui mit la main au collet et le conduisit au poste.

« Mais à propos de quoi me conduisez-vous en prison? demanda l'acteur.

— Pour avoir osé adresser la parole à Sa Majesté l'Empereur, ce qui est expressément défendu par la loi. »

L'acteur a beau protester et dire que c'était Sa Majesté qui lui avait adressé le premier la parole ; — que le respect, voire-même la simple politesse, exigeaient qu'il lui répondît...... on ne l'écoute même pas et on l'emprisonne.

Le soir arrive, l'empereur se rend au théâtre avec toute sa famille. L'heure de lever la toile est passée, le public s'impatiente. Le régisseur paraît et annonce qu'il va se voir forcé de changer le spectacle, parce que l'acteur Vernet a disparu depuis ce matin et qu'il est impossible de le retrouver.

L'empereur, se souvenant avoir causé le matin même avec ledit acteur, devine ce qui a dû arriver ; il envoie un de ses aides de camp avec l'ordre de mettre le prisonnier en liberté et de le lui amener dans sa loge. Le czar lui exprime ses regrets pour les heures de prison qu'il avait passées grâce à lui, et lui demande ce qu'il pourrait bien faire pour lui être agréable.

Vernet répond :

« Ah ! une seule chose, Sire, c'est de ne plus jamais m'adresser la parole. »

Cette bonne et charmante princesse O... fut

pour moi, en effet, un excellent cicérone. Elle me présenta dans plusieurs salons et me donna des détails curieux sur la société russe, sur les usages et les mœurs des habitants.

Une chose m'a frappée tout particulièrement, c'est la folie du jeu dont tous les Russes sont possédés. Dans tous les salons on joue, et très-gros jeu ; c'est une rage, une frénésie. On se trouve chez des hauts fonctionnaires, chez des gens du meilleur monde, eh bien, on se croirait dans de vraies maisons de jeu. Les femmes ne font pas exception. Je crois que le gouvernement spécule sur cette passion effrénée de la société russe. Les cartes coûtent fort cher, car on paye les plus communes un rouble (quatre francs), et jusqu'à deux roubles les plus fines. L'État perçoit un droit équivalent. Il est à peu près impossible de faire entrer en Russie des cartes par contrebande ; la douane est trop sévère : le seul fait d'avoir chez soi des cartes étrangères expose le délinquant à une forte amende et à la prison.

Jouer est donc une forte dépense : car dans une seule soirée de baccarat on peut user vingt jeux de cartes. Comme cela ne fait pas le compte des maîtres de maison, dont le budget se trouverait ainsi grevé par un impôt considérable, ils ont imaginé de prélever sur ceux qui gagnent le prix des cartes, deux ou trois roubles, quelquefois quatre par jeu. On laisse cela sur la table; c'est pour les domestiques, dit-on. Certainement, le bénéfice est pour eux, mais les maîtres en profitent bien un peu. Cet usage est tellement reçu que lorsqu'on prend un domestique à son service dans une maison où l'on joue beaucoup, on lui dit : « Vous n'aurez pas de gages; vous fournirez même l'huile et les bougies, et vous aurez pour vous le prix des cartes. » C'est un moyen d'avoir des serviteurs gratis et d'être éclairé pour rien. Dans les maisons où l'on joue peu, on fait grâce de l'éclairage, mais les gages restent toujours supprimés.

N'allez pas croire que cet usage de laisser l'argent des cartes sur la table ne soit pratiqué que chez des bourgeois ou chez des femmes du demi-monde. Non, il est général. Un soir, chez le général Gortschakoff, le gagnant ayant oublié cette petite formalité, le général lui dit carrément :

« Mon cher, vous oubliez de payer les cartes. »

L'empereur seul fait les frais des cartes chez lui.

Cet usage peut être logique au fond, mais dans

la forme il heurte d'une singulière façon tous nos préjugés occidentaux. J'ai eu bien de la peine à m'y habituer, et lorsque je voyais, chez un général, un sénateur, un grand seigneur quelconque, le gagnant déposer sur la table, devant la maîtresse de la maison, vingt-cinq ou trente roubles, je me sentais rougir pour elle.

Mais enfin chaque nation a ses usages; nous en avons peut-être aussi en France, qui choquent beaucoup les Russes

Si j'écrivais un roman ayant pour titre : *Comme quoi une belle comtesse épouse son portier*, ou bien encore : *Amour d'une comtesse pour son portier*, ou *vice versa;* si je brodais sur ce thème, une jeune fille de grande famille amoureuse de celui qui lui tire le cordon, et celui-ci, naturellement, la payant de retour; si, pour dénoûment, je faisais, comme dans les bons contes de fées, de mon portier un prince qui épouserait la belle, au grand contentement des parents ;

Le lecteur se dirait : « Quelle absurdité! et comme ces romanciers abusent de l'impossible! »

Les critiques grincheux diraient, eux : « Madame Audouard a mis un titre incroyable, tapageur, invraisemblable, pour attirer l'attention du public! » Même ce critique qui fait des romans et les intitule, en lettres de sang : *Un Assassin*, dirait cela, lui aussi, je le gagerais.

Eh bien, pourtant, cette histoire d'une jeune fille aimant son portier, lequel portier se trouve être un prince, qui épouse la demoiselle, à la grande satisfaction des parents, est parfaitement vraie. J'ai vu, de mes yeux vu, ce qui s'appelle vu, le héros et l'héroïne de ce roman ; j'ai même assisté à leur mariage.

Mais je me contenterai de vous narrer simplement cette histoire, ici, en quelques lignes. Je me garderai bien d'en faire un roman, pour ne pas courir le danger d'être taxée d'invraisemblance.

Une chose curieuse, c'est que la vérité a plus besoin d'atours que le mensonge lui-même! Et il était bien dans le vrai l'auteur qui a dit :

« Ouvrez à deux battants la porte au mensonge et à la vérité, et soyez sûr que ce sera le mensonge qui entrera le premier. »

Cela tient peut-être à ceci :

Lorsque, fort de la pensée qu'on ne fait que retracer un drame réel, une comédie à laquelle on a assisté, que l'on met en scène des personnages vivant ou ayant vécu, on ne cherche pas à donner à son récit un air de vraisemblance, on le narre comme on l'a vu... Tout le monde alors crie à la fable et à l'impossible!

Tandis que, lorsqu'on invente le sujet, que l'on crée des personnages fictifs qui doivent se mouvoir dans une certaine action, on est fortement préoccupé par la pensée de rester dans la limite du possible et de ne mettre en scène que des types qui n'offrent rien de trop extraordinaire et un dénoûment naturel. La fable alors paraît la vérité; on dit : « Ça doit être vrai. »

Voici donc mon histoire sans le moindre atour, la moindre broderie. Elle est jolie, originale, et les héros, en chair et en os, vivent.

La princesse O... m'avait présentée au comte X..., qui a une fille charmante. La jeune comtesse avait dix-huit ans, de l'esprit, de l'instruction. Son père est aimable, spirituel. J'allais souvent passer mes soirées chez eux ; nous causions de mille choses ; on me demandait des détails sur Paris ; moi, j'en demandais sur la Russie.

Un soir, on vint à parler chasses.

« Je crois, dis-je au comte, que vos chasses à l'ours sont superbes et très-dramatiques.

— Hélas! s'écria la jeune fille, j'ai failli être la victime d'un de ces drames! »

Et à ce souvenir, ses yeux se mirent à briller d'un éclat fiévreux, ses joues s'empourprèrent...

« Vous, la victime ! Mais comment cela ? Vous chassez donc aussi, mademoiselle ? lui dis-je.

— Oh ! répondit le comte, vous voyez en moi le plus faible et le plus complaisant des pères. Pierrine adore l'équitation, la chasse, — elle a tous les goûts d'un jeune homme. Elle m'a tant tourmenté pour la conduire à la chasse que, plusieurs fois, elle m'y a accompagné.

— Eh bien, comte, mais la chose est assez naturelle ! — En France, les femmes chassent aussi.

— Oui, madame, poursuivit le comte ***, mais vos chasses en France n'offrent pas les dangers qu'offrent nos chasses à l'ours. Ainsi, dans la dernière que j'ai faite il y a un an, Pierrine a failli être tuée...

— Contez-moi donc cela, je vous en prie, car je ne me doute pas le moins du monde comment se fait la chasse à l'ours...

— Raconte toi-même à madame, dit le père à sa fille...

— Non, non, dit celle-ci en rougissant beaucoup, raconte, toi, mon père, tu narres mieux que moi. »

En voyant les yeux brillants de la jeune fille et

cette couche inaccoutumée d'incarnat qui colorait ses joues, je me dis : « Elle a couru un danger, mais il y a eu un sauveur !... »

Le comte prit la parole.

« Nos chasses à l'ours sont certainement très-émotionnantes, me dit-il. Volontiers je vous en expliquerai tous les détails, mais peut-être cela n'aura-t-il pas un grand intérêt pour vous, madame ?

— Mais au contraire, et si vous le permettez même, j'écrirai votre récit : la femme écoutera avec plaisir, et l'auteur en fera son profit.

— Alors, madame, me voilà mis à mon aise, je vais vous donner tous les détails auxquels, comme chasseur, j'attache un grand prix.

— J'en serai enchantée. En France ces chasses sont peu connues, vous allez me fournir un chapitre à mon livre de voyage. » — Je laisse donc la parole à mon collaborateur russe.

« La chasse à l'ours commence à l'entrée de l'hiver, vers la fin de novembre, qui est l'époque des fortes gelées, lorsque celles-ci rendent accessibles les marécages séculaires de ces contrées, et que les neiges encore peu profondes permettent au chasseur de suivre aisément les traces de l'animal.

« La chasse en automne, sur piste noire, est celle

qui offre le plus de chances de succès ; elle réussit surtout lorsque des dégâts réitérés commis dans les blés et dans les abeilles sauvages assurent les chasseurs de la présence de l'animal.

« Le plus souvent c'est la mère et ses petits, suivis du menin (*piastun* en langue du pays), c'est-à-dire de l'oursin mâle de la dernière portée, auquel la femelle confie les soins, la garde, et pour ainsi dire l'éducation de ses nourrissons; c'est la mère, dis-je, que l'on dépiste en automne : car, comme elle est forcée de chercher une nourriture plus abondante, elle rôde aux alentours des villages et des habitations éparses çà et là dans la forêt (*puszeza*). La femelle dévaste les champs de blé. Elle s'éloigne peu, par égard pour ses petits qui ne sauraient encore la suivre ; sa présence alors est facile à constater.

« L'hiver, au contraire, est la saison qu'on choisit de préférence pour chasser l'ours mâle, tant à cause de la beauté de sa fourrure à cette époque de l'année que parce que les habitudes de cet animal, pendant la saison de l'hiver, rendent la chasse plus sûre et plus facile.

« Solitaire jusqu'en janvier, le mâle vit à part, reste au gîte ; il y passe souvent des journées entières sans bouger, et si, sollicité par la faim, il le quitte pour chercher sa nourriture, il s'en éloigne peu, et il ne manque jamais d'y rentrer le matin au lever du soleil.

« Frugal jusqu'à l'abstinence, quelques racines lui suffisent : c'est son temps de jeûne. Ces *barlogi* (gîtes), connus de la plupart des chasseurs, leur offrent une proie certaine, quoique très-dangereuse.

« Sournoisement tapi dans son antre, formé de branches, de plantes et d'arbustes déracinés, de foin et de feuilles sèches, on dirait que cet hôte redoutable de la forêt s'y apprête aux travaux et aux combats qui l'attendent. Il y change de poil, comme s'il voulait reparaître plus jeune et plus beau aux yeux de sa future compagne, qui, une fois débarrassée du soin de ses nourrissons, viendra avec le printemps le convier à de nouvelles amours.

« De profonds marécages couverts d'ajoncs vierges (que l'on ne trouve que là et en Amérique), d'épais fourrés défendus par d'immenses abatis d'arbres dont les troncs énormes forment à eux seuls de vraies barricades, rendent l'accès de ces gîtes souvent impossible, et toujours très-difficile.

« L'ours, lui, y arrive moitié rampant, moitié sautant, car il devine avec un rare instinct que, là, il est plus en sûreté contre les attaques de ses ennemis-nés, les chasseurs.

« Ces espèces d'oasis sauvages au milieu de ces forêts se nomment dans la langue du pays *maticzniki*. Il y en a que jamais pied d'homme n'a foulées, car elles sont tout à fait inabordables. C'est là que, d'après une légende populaire très-répandue, se retirent les ours incapables de pourvoir à leur existence, soit à cause de leur grand âge, soit à cause des blessures qu'ils ont reçues. Ils y viennent pour finir leur jours en paix, loin des embûches des chasseurs vigilants et impitoyables.

« Ces oasis sont leur hôtel des invalides.

— Comment, dis-je étonnée, les ours, que l'on dit si bêtes, auraient autant d'intelligence que ça ?

— Mais oui, madame ; la suite de mon récit vous prouvera que l'ours a reçu de dame nature une intelligence qui vaut bien celle d'autres animaux qu'on dit civilisés. Du reste, ce qui tendrait à prouver la vérité de cette légende, c'est que jamais dans les forêts on ne retrouve aucun ossement d'ours. C'est encore dans ces retraites inexpugnables que la femelle va mettre bas ses petits.

« Depuis la mi-janvier, l'ours abandonne son gîte pour n'y plus revenir. Il recherche la femelle, la suit, mais de loin, tant qu'il n'est pas assuré qu'il ne rencontrera pas un rival plus fort et plus hardi que lui. Les procédés qu'il emploie pour surveiller celle sur laquelle il a jeté son dévolu, et pour se rapprocher d'elle sans danger, prouvent une grande prudence jointe à beaucoup d'habileté et d'adresse. On a donc tort de dire : « Lourd et bête comme un ours ! »

« Il n'est pas jusqu'à cette œuvre peu gracieuse de la création que la calomnie n'ait atteint.

« Le chasseur, ou plutôt l'intrépide et aventureux braconnier, va souvent chercher l'ours au gîte. Il s'y rend seul, armé d'une espèce de pique ou épieu ferré aux deux extrémités, appelé en langue du pays *oszczep*. Il porte aussi une espèce de coutelas nommé *ronatyna* et une hache (*topor*), dont d'ailleurs il se sert rarement, et seulement en cas de danger imminent. L'ours, provoqué par le chasseur, vient d'ordinaire s'enferrer de lui-même sur l'épieu meurtrier que lui présente son courageux et adroit adversaire.

« L'arme à feu est dédaignée généralement par ces chasseurs-là, comme étant trop peu sûre ; ensuite, le braconnier craint que le bruit de la détonation ne le trahisse.

« Ce genre de chasse est exclusivement propre aux braconniers ; il offre peu d'intérêt et moins de danger qu'on ne le croirait : avec du sang-froid on s'en tire toujours.

« La chasse par excellence, celle que font les vrais chasseurs, et surtout les seigneurs, c'est la chasse aux traqueurs. Lorsque les gîtes sont d'un abord difficile, on emploie des chiens de basse-cour pour lancer la bête, la harceler, ralentir sa marche, et prévenir chasseurs et traqueurs de la direction qu'elle prend.

« Lorsqu'une famille d'ours est signalée dans les environs, ou bien lorsque la présence d'un mâle est constatée, on s'assure des pistes, des sentiers que fréquente l'animal et par lesquels il rentre au gîte, ou bien encore des endroits préférés par la mère pour le repos du jour. La piste de rentrée d'hier est sûrement celle par laquelle la bête sortira aujourd'hui : c'est donc sur ces dernières traces qu'il faut placer les chasseurs qui sont les meilleurs tireurs, ou ceux à qui l'on veut faire les honneurs de la journée ; la rencontre avec l'animal lancé est presque immanquable.

« Tout ces apprêts prennent quelques jours, car les allures de l'animal doivent être attentivement étudiées si l'on veut être sûr de la réussite de la chasse.

« Les gardes forestiers y mettent tout leur zèle, toute leur science, toutes les ruses du métier, et pas mal n'en faut pour ne pas donner l'éveil au prévoyant et fin adversaire.

« La veille, sur des données propices, on fixe la chasse au lendemain vers les dix heures du matin ; chasseurs et traqueurs se réunissent au rendez-vous commun, qui est toujours fort éloigné de l'endroit où le gîte est signalé, car le moindre bruit donnerait l'alarme à l'ours, et alors la chasse serait manquée : l'animal irait errer pendant tout le jour, se déroberait sans cesse, et ne rentrerait dans son gîte que quelques jours après. Quelques-uns même l'abandonnent et vont s'en faire un nouveau dans un endroit plus inaccessible.

« Lorsque tout le monde est arrivé au rendez-vous, on charge les armes; chacun choisit son voisin, si celui-ci n'est point désigné par le propriétaire de la chasse d'après les données qu'il a (ou qu'il doit avoir) sur le tir, l'adresse et le sang-froid de ses hôtes.

« Puis, silencieusement, s'efforçant de ne point faire crier la neige sous leurs pas et de ne pas frôler les branches des arbres, chasseurs et traqueurs s'avancent vers l'endroit désigné. Ces derniers prennent la direction du vent, tandis que les chasseurs vont dans la direction contraire pour ne pas être découverts par l'ours, une fois lancé.

« Les traqueurs entourent le gîte d'un vaste demi-cercle dont les deux extrémités viennent aboutir à la ligne des chasseurs, qui ferment ainsi la corde de cet arc vivant.

« Le nombre des uns et des autres varie selon l'étendue du désert de la *puszcza*; mais la règle à observer est que les traqueurs, en étendant les bras, puissent se toucher, et que la distance qui sépare les chasseurs n'excède pas dix à quinze pas, condition absolue pour ne pas permettre à l'ours de se dérober, et pour se prémunir contre les dangers d'une attaque de l'animal blessé.

« Lorsque enfin tout le monde est à son poste, lorsque le signal va être donné, un petit frémissement d'impatience et d'émotion fait palpiter le cœur des plus braves.

« Vous ne pouvez vous douter, madame, de ces émotions-là, me dit mon aimable narrateur en interrompant son récit.

— Mais si vraiment, cher comte, lui répondis-je, je les comprends un peu, car lorsque j'étais petite fille, j'habitais le château de Saint-Julien, situé au pied des montagnes de la Garde. On y faisait chaque année des battues aux loups; et, plus d'une fois, mon père, cédant à mes prières, a consenti à me prendre avec lui. Ensuite, j'ai chassé le lièvre, le lapin... J'adore la chasse!

— Alors, s'écria le comte tout joyeux, ceci me met fort à l'aise. Je craignais de vous fatiguer en me laissant aller à vous raconter des détails qui pourraient vous paraître futiles et sans intérêt; mais comme vous avez chassé, comme vous aimez la chasse, vous en comprendrez toute l'importance. »

Et il continua ainsi :

« Nous en sommes donc au signal donné: chacun attend avec anxiété; les cœurs palpitent d'émotion. Le maître de la chasse convie ses invités à vérifier leurs armes, à s'assurer de l'amorce et du jeu des platines. — Il met à côté des chasseurs les moins experts des gardes forestiers (simples paysans, braconniers par excellence), armés d'épieux et de haches; le point d'honneur est de rester seul.

« Les cors ébranlent le silence des bois; un cri immense, prolongé, se fait entendre sur toute la ligne des traqueurs et en dessine en quelque sorte le contour. Ce cri est d'abord lent, monotone, plaintif en quelque sorte; c'est à ce moment que des gens, soit à cheval, soit en traîneau, arrivent au galop et amènent les chiens confiés à leur garde, qu'on a tenus à l'écart à cause de leur indiscrétion criarde et tapageuse.

« C'est le moment où la chasse commence. Les cris deviennent aigus, formidables; les traqueurs avancent, en rétrécissant toujours le cercle, et en battant les arbres et les branches de leurs gros bâtons.

« Le départ de l'animal dépend en grande partie de son caractère. — Si l'ours est vieux, plus expert ou plus paresseux, il attendra patiemment qu'on arrive jusqu'au gîte. Si les cris, le bruit, ne suffisent pas pour le lancer, on se sert alors des chiens. L'ours, assis sur ses pattes de derrière, calme et majestueux, s'apprête au combat, mais il ne bouge pas. Alors on tire sur lui un coup de fusil, ce qui le décide finalement à partir.

« Mais si la bête est jeune, alerte, vive, dès les premiers symptômes menaçants elle est aux aguets, et aux premiers cris elle part à une grande distance, sans attendre l'attaque des chiens.

« Chaque départ, n'importe les conditions dans lesquelles il se fait, est toujours suivi d'un rugissement terrible qui retentit dans toute la forêt ; — rugissement que les échos se renvoient avec force, et qui fait envoler au loin tous les oiseaux cachés dans le feuillage.

« Les cris des traqueurs deviennent plus aigus; ils excitent les chiens du geste et de la voix.

Ceux-ci font alors entendre des aboiements qui sont d'abord moitié belliqueux, moitié craintifs, et qui bientôt deviennent ardents et furieux. — Parfois un long et douloureux hurlement se fait entendre; il annonce l'agonie de l'un d'eux, de celui qui, plus téméraire que les autres, a osé le premier s'approcher de la bête.

« L'ours détale avec une grande agilité; le tir en est difficile et très-incertain à quarante pas de distance. Harcelé par les chiens, il leur fait tête, et assomme ceux qui se trouvent à portée de ses griffes. S'il s'arrête court au moment où, débouchant du fourré, il aperçoit le chasseur, celui-ci doit bien se garder de bouger, de donner signe de vie : le moindre mouvement ferait que l'animal tournerait brusquement casaque, et alors on ne le verrait plus de toute la journée, à moins que, blessé et serré de près par les chiens et les traqueurs, il dédaignât de prendre des précautions; alors sa défense devient terrible : il arrache des arbustes, s'en fait une lourde massue; il se dresse sur ses deux pattes, s'accule à un arbre, et, là, il regarde, choisit sa victime ou son adversaire, puis il se précipite sur lui avec une vitesse qu'on est loin de soupçonner. — Souvent il grimpe prestement sur un arbre, allant de branche en branche, d'un arbre à l'autre, pour tomber à l'improviste sur son ennemi. — Son moyen le plus habituel de vaincre ce dernier est de poser sa lourde patte sur sa tête : alors ses griffes se resserrent, elles s'enfoncent dans la peau du malheureux, et l'ours, comme certains sauvages du nouveau monde, emporte accrochée à sa patte, comme un trophée sanglant, la chevelure et toute la peau de la tête de l'infortuné chasseur. — Cette vilaine bête a un rare talent pour scalper, et toutes les fois qu'un homme est tué ou blessé par lui, c'est toujours à la tête. — On retrouve le crâne de l'homme dépouillé de la peau et de la chevelure. »

Je ne veux pas me faire plus brave que je ne le suis, — cette partie de la narration du comte me donna le frisson, et je m'écriai que, dussé-je passer ma vie entière en Russie, jamais la fantaisie ne me prendrait de chasser cette vilaine et méchante bête.

« Hélas ! me dit Pierrine, c'est pourtant de cette terrible mort-là que j'ai été menacée...

— Grand Dieu ! m'écriai-je, est-il possible ?

— Oui, elle a couru un grand danger, et elle n'en a été sauvée que par un miracle, ou plutôt par le dévouement d'un brave jeune homme. Tantôt je vous conterai cela, et, lorsque vous connaîtrez toutes les péripéties de nos chasses, vous comprendrez mieux encore comment ce malheur a failli lui arriver et le dévouement courageux de celui qui l'a sauvée.

« Rien n'égale, comme je vous le disais, l'agilité de l'ours ainsi traqué. — Il grimpe sur les arbres; il franchit les ravins. Les rôles sont changés, c'est l'ours qui donne la chasse aux chasseurs. — Mais, les balles tombant dru sur lui, généralement il finit par succomber avant d'avoir atteint son premier adversaire. Pourtant, des accidents fréquents viennent sans cesse rappeler la prudence aux chasseurs trop confiants ou trop inexpérimentés.

« Si, en se dérobant à travers bois, l'ours à votre aspect se dresse sur ses pattes de derrière, rugit et semble menacer, vous pouvez être sûr d'avoir affaire à un poltron qui, au premier coup de feu, prendra la fuite à toutes jambes. Si on ne peut faire autrement, on doit lui loger une balle dans l'épaule droite, à l'endroit où la peau, recouverte d'un poil rare, permettra au projectile de pénétrer jusqu'au cœur : c'est alors un ours mort ; à cent pas de distance, il s'abattra pour ne plus se relever...

« Pourtant, si l'on suit sa piste, il faut se tenir sur ses gardes, car au moment de l'agonie il peut faire un suprême effort et se ruer sur vous.

« Mais si, à trente pas de distance, l'ours qui vous a aperçu marche droit à vous les oreilles en arrière, la tête baissée et presque cachée entre les pieds de devant, qu'il croise en marchant comme pour la préserver, alors on doit ne pas le quitter du regard, et conserver tout son sang-froid, car c'est un rude adversaire que l'on a devant soi. — Il faut le laisser venir à bout portant, à une distance qui vous permette de lui envoyer une seconde balle si la première l'a manqué...

« Il faut se garder de tirer à plus de vingt pas, ajuster à la tête, à la naissance de l'oreille s'il se peut, afin que la balle lui traverse le cervelet; mais il ne faut pas viser au défaut de l'épaule, car la balle irait s'enrouler dans le poil touffu, et pénétrerait à peine dans les chairs. — Et alors, furieux, l'ours se précipiterait sur le chasseur, il le terrasserait avant qu'il eût le temps de tirer un second coup et que les autres chasseurs pussent lui porter secours.

« Comme je vous l'ai dit, les blessures faites par les ours sont terribles, car ces animaux vous empoignent la tête avec leurs larges pattes; leurs griffes s'y enfoncent profondément, et ils ne les retirent qu'en enlevant la peau...

« Le chasseur adroit et expert tue la bête du premier coup, en lui brisant le crâne avec sa balle ; alors, l'ours roule à ses pieds, pour ne plus se relever.

« Chaque chasse fournit des épisodes curieux et quelquefois, hélas ! très-dramatiques.

« Ainsi, l'an passé, l'automne nous avait surpris dans un de mes châteaux, qui se trouve sur la lisière d'une grande forêt où l'ours abonde. — On vint un jour me signaler la présence d'un *menin* qui faisait de grands dégâts dans les blés et dans les abeilles sauvages.

« J'envoyai sur-le-champ des traqueurs à la découverte de son gîte, et j'invitai des voisins, car une chasse à l'ours est un événement. Pierrine me supplia de lui permettre d'être des nôtres ; je consentis à ce qu'elle nous suivît en traîneau.

« Or, la piste découverte, comme je vous l'ai expliqué, les traqueurs l'entourèrent en décrivant un cercle dont mes invités et moi nous formions l'arc. Je plaçai le traîneau de Pierrine derrière nous, et je mis en faction à côté d'elle deux habiles braconniers.

« La chasse commença ; les chiens firent entendre leurs premiers aboiements ; l'ours, jeune et vigoureux, les attendit de pied ferme. Il en étrangla deux, puis il prit son élan et vint droit du côté où j'étais. Comme ma fille était derrière moi, tous les chasseurs, d'un muet accord, resserrèrent le rang pour plus de sûreté. Les deux braconniers placés en garde auprès d'elle firent reculer le traîneau et s'avancèrent vers nous pour lui faire un double rempart au cas où la bête trouverait moyen de franchir le premier obstacle. — J'étais absorbé par l'approche de l'ours et tout préoccupé de la pensée qu'il fallait l'abattre du premier coup, surtout pour préserver ma fille d'un accident. Il n'était plus qu'à soixante pas de moi ; j'épaulais mon fusil et je le visais déjà, quand un cri déchirant, un cri d'épouvante retentit derrière moi : c'était la voix de Pierrine. Je laissai tomber mon fusil, et je me retournai prestement vers elle..

« Quel spectacle affreux m'attendait!... Tenez, madame, je frémis encore ; rien qu'à ce souvenir une sueur glacée perle sur mon front. »

En effet, le comte était tout ému, et sa fille avait comme un frissonnement nerveux.

Il reprit après quelques minutes :

« Oui, un spectacle affreux s'offrit à mes yeux. Le traîneau s'était éloigné ; un second ours, dont nous ignorions la présence marchait droit sur ma fille, qui, paralysée par la peur, restait blottie à

sa place, les mains sur ses yeux et se préparant à
la mort. L'ours n'était plus qu'à quelques pas
d'elle, et moi je me trouvais à plus de cent pas !...
Sans prendre le temps de ramasser mon fusil, je
me précipitai vers Pierrine, et plusieurs chasseurs me suivirent. — Mais nous serions arrivés
trop tard, la bête se dressait déjà pour saisir ma
pauvre enfant, lorsqu'un homme qui nous parut
sortir de dessous terre se précipita sur l'animal,
son épieu d'une main, son *topor* (hache) de l'autre,
se jeta sur l'ours et le terrassa. — Tous deux rou-
lèrent par terre, et une lutte s'engagea. — A cet
instant je rejoignis ma fille... Elle était saine et
sauve ! — Je songeai alors à prêter main-forte à
son sauveur, qui était aux prises avec ce terrible
adversaire. Les autres chasseurs m'avaient aussi
rejoint, mais notre embarras fut grand. Impossible d'user d'une arme à feu, car l'homme
étreignait la bête et nous pouvions l'atteindre en
voulant le sauver. — Nos cœurs battaient avec
force en voyant cette lutte inégale. Ma fille, remise
de son saisissement, avait sauté à bas de son
traîneau, et, voyant le danger de celui qui venait
de la sauver d'une mort atroce, elle nous criait :

« Mais il va mourir, lui ! Sauvez-le donc ! sauvez-le !... »

« Le sang-froid d'un traqueur vint à notre aide :
il saisit une corde, en fit une espèce de nœud coulant et le passa prestement au cou de l'animal, qui,
bientôt, à moitié étranglé, lâcha sa proie. Un coup
de revolver que je lui tirai à bout portant l'acheva.
L'homme était dans un état piteux ; il essayait de
se soulever sur son séant ; mais son sang coulait
en abondance ; ses forces étaient épuisées. J'allais
lui prodiguer des soins, quand je vis à cinquante
pas une autre lutte engagée : c'était l'ours traqué,
que nous avions oublié un moment, qui venait,
lui aussi, d'attaquer un chasseur. Redoutant un
nouveau malheur, je me précipitai vers lui. Celui-
là encore nous donna bien du mal ; il était jeune
et vigoureux. Nous avions eu la male chance de
tomber sur deux bêtes enragées. Lorsque je le vis
à terre et râlant, je revins au blessé. Ma fille était
agenouillée près de lui ; elle étanchait et lavait le
sang qui coulait de ses blessures. C'était un beau
jeune homme de vingt-cinq ans, portant le costume des braconniers, costume fait en grande partie de peaux de bêtes.

« J'avais hâte de quitter cette maudite forêt et
de mettre ma fille à l'abri d'une nouvelle émotion.
Je fis donc placer le blessé le plus commodément
possible dans un traîneau, et nous reprîmes tous

le chemin du château, qui heureusement n'était pas très éloigné. Une fois là, nous prodiguâmes des soins empressés à ce courageux jeune homme. Un médecin fut appelé ; il déclara que les blessures n'étaient pas dangereuses ; en effet, quinze jours après, il était remis.

« Voilà, madame, ajouta le comte, le récit de cette fameuse chasse. Pardonnez-moi le décousu de ma narration, mais, hélas ! je ne suis pas romancier. Oh ! si je l'étais, je vous aurais fait de cela une scène palpitante d'intérêt. »

Pierrine me parut assez troublée par ce souvenir.

« Cela se voit bien, dit-elle, cher père, que tu n'es ni auteur ni romancier ; ton récit a été bien froid en comparaison de la réalité. »

Je pris la main de Pierrine et lui dis en la regardant dans les yeux :

« Vous me compléterez le récit, n'est-ce pas ? »

Elle comprit ce à quoi je faisais allusion, car elle rougit beaucoup. Pour dissimuler l'embarras que je venais de faire naître, j'adressai au plus vite la parole à son père.

« Vous ne me dites pas, cher comte, qui était ce libérateur et ce qu'il est devenu.

— C'est vrai, j'oubliais de vous faire la biogra-

phie de mon héros et de donner un dénoûment à
mon histoire, me répondit le comte avec un bon
gros rire qui me fit supposer que si le dénoûment
existait, il ne s'en doutait pas.

« Avais-je tort de dire que je n'étais pas romancier ? »

Mais au moment où le comte voulut reprendre
son récit, un jeune homme entra dans le salon
portant à la main des lettres et des journaux.

« Eh parbleu, le voilà ! dit le comte ; il se présente à vous en chair et en os. »

C'était le concierge !!

« Comment, c'est lui ? m'écriai-je.

— Mais oui, lui-même, madame. »

Puis, s'adressant à Michano :

« Je viens précisément de conter à madame
notre fameuse chasse de l'an dernier et l'héroïque
courage dont tu as fait preuve. »

Michano rougit légèrement ; il s'inclina avec la
meilleure grâce du monde, très-bas surtout devant la jeune maîtresse de céans. C'était, en effet,
un très-beau garçon ; sa tournure était distinguée ;
on l'aurait pris facilement pour un grand seigneur.

« Monsieur le comte est vraiment trop bon d'appeler mon courage héroïque ; ce que j'ai fait, tout le monde l'aurait fait à ma place. Mademoiselle était en danger, le désir de la sauver aurait donné du courage au plus poltron... »

Michano dit cela d'un air simple, sans la moindre affectation, sans chercher même à paraître modeste.
— Puis, comme il avait hâte de changer le sujet d'une conversation qui probablement l'embarrassait, il se rapprocha du comte, et lui dit à mi-voix :

« Le général K... vous fait demander si vous n'irez pas faire sa partie ce soir.

— Dis que je vais y aller, » répondit le comte.

Michano salua très-respectueusement, il est vrai, mais plutôt en grand seigneur qu'en serviteur...

J'étais intriguée et étonnée au dernier point. Mille questions se pressaient sur mes lèvres... Pourquoi avait-il l'air si distingué? Pourquoi s'exprimait-il en français avec élégance et facilité? Pourquoi... Le comte alla de lui-même au-devant de mes pensées.

« C'est un drôle de garçon, n'est-ce pas? me dit-il, — instruit, bien élevé, parlant très-bien le français, comme vous avez pu vous en convaincre, connaissant à fond la langue turque, parlant le russe aussi, et ayant des allures de grand seigneur...

— Mais qui est-il donc? demandai-je.

— Ah! voilà!! je n'en sais rien moi-même. Souvent je me suis demandé d'où diable il sortait, car à coup sûr ce ne peut être un paysan...

— Oh certes non! dit vivement Pierrine; nos paysans sont loin de posséder les manières et l'instruction de Michano...

— Mais puisqu'il est à votre service, comment ne savez-vous pas qui il est? demandai-je.

— Comme je vous l'ai dit, reprit le comte, après l'accident de la chasse, nous le transportâmes au château. Là il fut soigné; ma fille surtout lui prouva sa reconnaissance en ayant mille attentions pour lui. Pendant toute sa convalescence nous le traitâmes comme un ami.

« Lorsqu'il fut entièrement guéri, son costume m'ayant fait croire qu'il n'était peut-être qu'un pauvre braconnier, je lui demandai ce que je pourrais faire pour lui être utile et agréable, le priant instamment de me mettre à même de lui prouver toute ma gratitude.

« Il hésita un moment, puis me fit la réponse suivante :

« — Je ne suis, monseigneur, qu'un pauvre diable vivant du produit de mon braconnage. Cette vie aventureuse me lasse. Si vous aviez une place à m'offrir dans votre maison, j'accepterais avec empressement, et vous auriez en moi un serviteur fidèle... »

« La place de portier étant vacante, je la lui proposai. Cela parut lui convenir. — Huit jours après, il était installé chez moi, et depuis il ne nous a plus quittés. — Il est honnête, intelligent. Le service qu'il nous a rendu fait que ni ma fille ni moi nous ne le traitons en domestique ; il est comme l'enfant de la maison. Je cause souvent avec lui, et j'ai toujours été frappé de sa distinction et de son instruction. — Pour prendre à mon service le sauveur de ma fille, je n'ai certes pas songé à lui demander ses papiers. Plusieurs fois j'ai cherché à savoir qui il était, mais toujours il élude mes questions : la délicatesse me fait donc un devoir de ne pas chercher à lui arracher un secret qu'il ne veut pas me livrer. — Voilà, madame, comment il se fait que je ne sais pas pourquoi Michano ressemble plutôt à un grand seigneur qu'à un paysan !

— Et, ajouta Pierrine, voilà pourquoi tu ignores si ce n'est pas réellement un grand seigneur qui te tire le cordon !

— Oh ! ceci, dit le comte en riant, n'est pas probable : un grand seigneur ne descend jamais aussi bas... Cela doit être, ou bien un homme venu en Russie, chassé de chez lui par des revers et voulant tenter fortune à l'étranger, ou bien un aventurier aux abois ayant pris cette place en attendant mieux. »

Là-dessus le comte nous souhaita le bonsoir, et je restai seule avec Pierrine. Comme toutes les personnes ayant trop de choses à se dire, nous gardâmes le silence pendant quelques instants. — La discrétion mettait un frein à ma curiosité, et elle ne savait trop comment aborder sa confidence. — Enfin, elle se rapprocha de moi, me prit la main, et, baissant les yeux, elle me dit :

« Vous avez deviné, n'est-ce pas, que je l'aime?

— Je le crains plutôt, lui répondis-je. — Dans les romans, il y a toujours un beau jeune homme qui sauve la vie à une belle jeune fille; après quoi, ils s'adorent et s'épousent. — N'est-ce pas cela à peu près? En général, les romans sont des histoires vraies plus ou moins bien racontées, et je vois qu'il est presque inévitable pour une jeune fille d'aimer celui qui lui a sauvé la vie; mais pour vous, ma chère Pierrine, quel peut être le dénoûment de cet amour? Il ne saurait être que funeste; il faut donc combattre à tout prix ce sentiment. »

Elle secoua sa blonde tête, et me dit :

« Ce n'est pas possible, madame : cet amour est

né en même temps dans notre cœur, car lui m'aime aussi. »

Je ne pus m'empêcher de sourire du petit air fier et convaincu qu'elle prenait en me disant cela.

« Il serait bien difficile, ce beau monsieur, s'il ne vous payait pas de retour ; mais croyez-moi, chère enfant, ce roman est dangereux, et il faut le rompre au plus vite. — Tâchez d'oublier votre sauveur, et mariez-vous !

— Jamais ! s'écria Pierrine. Ou je l'épouserai, lui, ou je ne me marierai pas.

— Mais c'est de la folie. Vous êtes la fille du comte X..., vous êtes jeune, belle et riche : épouser votre portier est impossible.

— Écoutez-moi, chère madame, et promettez-moi de ne pas trop vous moquer de moi. »

Et, en disant cela, la charmante enfant avait appuyé sa tête sur mon épaule ; les flots de sa blonde chevelure recouvraient presque entièrement son visage, en faisant un voile à sa pudeur effarouchée. Elle était charmante ainsi.

« Non, certes, je ne me moquerai pas de vous ; mais je vous gronderai peut-être. Voyons ce secret.

— Je suis sûre, me dit-elle, que Michano n'est pas un aventurier comme le dit mon père, ni un simple paysan ; je crois que c'est un très-grand seigneur, qu'il s'est fait notre concierge par amour pour moi, et qu'un beau jour il viendra décliner ses titres et ses qualités en me demandant en mariage. »

Je ne pus m'empêcher de sourire et je dis à Pierrine en l'embrassant :

« Je sais, ma chère enfant, que vous êtes assez jeune pour vous souvenir des contes de fées que vous avez lus; mais, hélas! voyez-vous, dans la vie réelle les choses ne se passent pas ainsi. C'est triste, désolant; pourtant il faut en prendre son parti. Les fées se sont envolées loin de nous; la prose a envahi notre terre; et, comme les muses de la poésie ont la prose en horreur, elles nous ont dit adieu à tout jamais. Il est donc imprudent de bâtir ses rêves d'avenir sur leur gracieuse intervention. Croyez-moi, si Michano était un grand seigneur, l'amour le plus ardent ne l'aurait pas poussé à endosser votre livrée; il se serait contenté de porter vos couleurs et de demander votre main à votre père. »

Je quittai Pierrine très-peu convaincue, je crois, de la logique de mon raisonnement; — je me promis d'user de toute mon influence sur elle pour lui faire comprendre que ses rêves pouvaient avoir de funestes résultats.

4.

Mais, le lendemain, la princesse O... vint me voir.

« Je vais à Moscou, me dit-elle ; venez avec moi. Pour bien connaître la Russie, il faut avoir vu cette ville. Pétersbourg n'est pas la vraie capitale de la Russie : le contact des étrangers, le séjour de la cour, lui ont enlevé son cachet. »

J'avais envie de voir Moscou ; j'avais aussi le plus grand désir de rester le plus longtemps possible avec cette charmante princesse O... ; je partis donc le soir même avec elle.

Nous restâmes quinze jours à Moscou. Dès mon retour à Pétersbourg, ma première visite fut pour le comte X... et pour sa fille. Je les trouvai tous les deux dans le salon, lui, lisant un journal de Paris, elle, brodant.

En montant l'escalier, je cherchai des yeux l'heureux Michano dans sa loge. Il n'y était pas. Je craignis que pendant ces quinze jours quelque catastrophe ne fût arrivée ; je consultai le visage de Pierrine, je n'y trouvai aucune trace de chagrin ; bien au contraire, le bonheur le plus grand l'illuminait ; une douce quiétude brillait dans son regard.

Cela m'intrigua beaucoup. J'aurais désiré rester seule avec elle pour la questionner ; mais le comte se crut obligé, par galanterie, de nous tenir compagnie, et il me fut impossible de dire un seul mot à sa fille. Cependant, en prenant congé d'elle, elle me serra la main d'une façon expressive et me dit tout bas :

« Venez demain, à trois heures précises. »

Je fus exacte au rendez-vous ; j'étais curieuse de savoir ce qui pouvait causer son contentement.

En arrivant chez elle, je la trouvai dans son salon, mais le père y était aussi.

« Allons, me dis-je, je ne saurai encore rien. »

Pierrine me reçut avec empressement ; elle avait l'air gai, mais elle était émue, inquiète. Elle me laissa causer avec le comte, tandis qu'elle — pour se donner une contenance — allait d'une fleur à l'autre, redressant la tige d'un arbuste, arrangeant la mousse d'un autre, et jetant des regards dérobés vers la porte.

« Qu'attend-elle ? qu'a-t-elle ? » pensais-je.

Tout à coup la porte s'ouvrit à deux battants ; un valet de pied annonça M. le prince *** (permettez-moi d'être discrète et de taire son nom). Le comte se retourna, surpris d'entendre prononcer un nom qu'il ne connaissait pas. Pierrine s'assit brusquement, saisissant d'une main fiévreuse une broderie.

Eh bien, lecteur, cette blonde et rêveuse fille du Nord avait eu raison de croire que toutes les fées n'avaient pas disparu de notre planète ; car une de ces fées avait transformé le pauvre braconnier, le portier du comte, en un prince Charmant. C'était bien Michano en chair et en os qui était là devant nous, portant un riche costume circassien qui lui seyait à merveille.

Le comte se leva pour recevoir ce visiteur inconnu, puis, reconnaissant Michano dans celui qui venait de se faire annoncer le prince ***, il resta stupéfait, interdit.

Pierrine baissait les yeux ; pas le moindre étonnement ne se trahissait sur son visage, ce qui me fit supposer qu'elle avait été avertie.

Le prince ***, ou Michano, si vous le préférez, s'inclina devant le comte et lui dit :

« Monsieur le comte, j'ai l'honneur de vous demander la main de mademoiselle votre fille. »

Ce pauvre comte se frottait les yeux pour s'assurer qu'il n'était pas le jouet d'un rêve. Moi, je regardais autour de moi pour voir si la bonne fée protectrice des amoureux n'était pas là, accompagnant son protégé.

Le comte se remit enfin.

« Avant que je réponde à votre demande, dit-il au prince, soyez assez bon pour m'expliquer ce mystère. »

Et il offrit de la main une chaise au personnage mystérieux, qui s'assit après s'être incliné devant la jeune fille et moi.

Vous dire, lecteur, tout ce que dit Michano pour expliquer comment on l'avait d'abord trouvé simple braconnier et pourquoi il était entré au service du comte, serait manquer aux lois de la délicatesse et de la discrétion, car ce serait vous dire le nom du prince ***. Je puis pourtant vous faire une demi-confidence. Un jour, un des plus grands princes de la Circassie ou de la... enfin je ne puis pas vous dire au juste de quel pays, se révolta contre la Russie, qui, pour le punir, le dépouilla de ses biens et de sa fortune. Ce pauvre prince mourut en exil, laissant un fils. La terre de l'exil parut dure à ce fils, devenu un homme, car il n'avait pas d'argent pour en adoucir les rigueurs. Un Russe, qu'il rencontra à ..... et à qui il se fit connaître, l'assura que s'il allait implorer la clémence de l'empereur de Russie, celui-ci, bon et clément, lui rendrait sa fortune et ses biens. Michano partit donc pour Pétersbourg. A son arrivée dans cette ville, ses ressources étaient épuisées, et, pour comble de mauvaise chance, la cour et l'empereur étaient absents. Excellent chasseur, il se mit à braconner pour avoir de quoi vivre en attendant qu'il eût atteint le but de son voyage. Il y avait deux mois qu'il vivait ainsi lorsque le hasard, ce dieu malin, le fit trouver dans la forêt où chassait le comte et le plaça juste à point pour sauver Pierrine. Vous savez, ou vous devinez le reste. La jeune fille soigna avec dévouement son sauveur. Lui, — la trouva belle et bonne; il l'aima. Alors il demanda au comte une place dans sa maison en se disant : « Cela me permettra de faire les démarches que j'ai à faire, et si, dans la modeste position où je suis, celle que j'aime ne me dédaigne pas, quelle gloire pour moi ! comme je pourrai être sûr de son amour ! »

Ce triomphe, il l'avait remporté, car Pierrine l'avait aimé simple braconnier et misérable portier !...

La veille seulement, il lui avait tout avoué dans une lettre, lui demandant l'autorisation de demander sa main à son père.

Il est vrai que l'imagination exaltée de la jeune comtesse avait d'avance fait un prince de son amoureux.

Toutes les démarches auprès de l'empereur avaient été faites par lui dans le plus grand secret, et aujourd'hui, il arrivait avec son titre en règle, possesseur de toute sa fortune, demander la main de celle qu'il aimait...

Le comte n'eut pas besoin de beaucoup de perspicacité pour voir que, depuis longtemps, ces enfants s'aimaient. — Michano avait un beau nom, de la fortune, il était le sauveur de sa fille, il n'avait donc aucune raison de le refuser, aussi accorda-t-il la main de Pierrine à son ex-portier...

Il fallait voir la joie de cette charmante enfant, et avec quel air mutin elle me disait pendant qu'on faisait les apprêts de son mariage :

« Vous voyez bien que j'avais raison, qu'il était prince !... Vous voyez bien que les fées existent toujours ! »

Nécessairement, elle me demanda de prolonger mon séjour pour assister à son mariage, ce que je fis avec plaisir.

Pendant cette cérémonie, une chose m'a bien amusée. — Peu de personnes connaissaient l'histoire de Michano; le père avait dit tout bonnement : « Ma fille épouse le prince de... ».

Mais son beau costume ne le changeait pas au point qu'on ne reconnût en lui le concierge à l'élégante tournure que bien des gens avaient remarqué, et de tous côtés on entendait cette réflexion : « Tiens, c'est drôle, comme le prince rappelle le portier du comte! » D'autres répondaient : « Cela ne l'empêche nullement d'être un fort bel homme, et d'avoir une tournure aussi élégante que distinguée... — C'est que, ajoutaient d'autres personnes, le portier Michano est lui aussi un fort beau garçon, qui ressemble à s'y tromper à un grand seigneur... »

J'ai laissé Pierrine princesse de X..., heureuse et amoureuse. Décidément les romanciers sont dans le vrai, lorsqu'ils font devenir la jeune fille éprise de celui qui lui a sauvé la vie.

Voilà mon histoire du portier épousant une jeune et belle comtesse ; la voilà dans toute sa simplicité véridique.

On m'assurait que généralement l'automne était assez beau à Pétersbourg, mais en 1864 il n'en a pas été ainsi ; en novembre il faisait déjà un froid glacial, la Néva commençait à se recouvrir d'une couche de glace... je me surprenais à regretter mon soleil du Caire. « Attendez, me disait-on, que la glace ait un mètre d'épaisseur sur la Néva, vous verrez comme ce sera beau ! Dès que le canon a donné l'assurance qu'elle est assez solide, on va s'y promener en traîneau, on fait des parties charmantes.

— Oh! charmantes... des promenades où l'on peut perdre son nez ou un doigt en chemin, merci! »

C'était ma réponse invariable.

Alors on se moquait de moi, on m'assurait que cela n'arrivait jamais, que c'était un conte inventé par les Français, que le froid était une très-bonne chose, que c'était excellent pour la santé ; que du reste je devais rester pour voir le palais de glace que l'on construit chaque année ; que ce palais aux mille ciselures, brillamment illuminé, est d'un effet féerique ; que la cérémonie du baptême dans la Néva est très-curieuse ; qu'il était impossible que je ne la visse pas...

Tout en reconnaissant que j'avais encore une foule de choses intéressantes à voir, cette bise glaciale qui me coupait la respiration dès que je mettais le nez dans la rue me donnait la plus grande envie de partir.

Le froid m'a donc empêchée de voir deux choses qui doivent certes être très-curieuses. D'abord, ce baptême dans la Néva. Chaque année, à Pâques, on casse la glace à coups de hache, on fait un trou d'un mètre environ de circonférence, on apporte tous les enfants nouveau-nés, les mères les déshabillent ; un homme se tient auprès de ce trou, il prend l'enfant par un pied, il se penche vers l'abîme et il plonge le pauvre petit ange dans cette eau glacée !...

Ensuite il le jette dans les bras de la mère, qui

vite le plie dans une couverture de laine, et il prend un autre enfant pour recommencer l'opération. Il arrive quelquefois que l'enfant lui glisse des mains et disparaît dans le gouffre béant, qui l'entraîne sous la glace ; alors l'homme, sans s'émouvoir, demande un autre enfant. Si la mère importune trop par ses cris de douleur et son désespoir, les hommes de la police l'emmènent chez elle...... Le peuple présent ne s'apitoie que médiocrement sur la mort horrible de cet enfant ; il dit : « Il a été au ciel !... »

Nécessairement, ce genre de baptême envoie à l'autre monde tous les enfants chétifs, malingres ; seuls ceux qui sont doués d'une robuste constitution y résistent. Cela peut avoir du bon au point de vue de la beauté, de la force constitutionnelle de la race; mais au point de vue de l'humanité, cela laisse à désirer, il me semble.

Beaucoup d'hommes russes se plongent eux aussi dans les flots de la Néva en commémoration du baptême de Notre-Seigneur dans le Jourdain...

Mais les eaux du Jourdain ont toujours une douce chaleur, exposées comme elles le sont, été et hiver, aux rayons du soleil : voilà sans doute pourquoi Jean-Baptiste a choisi cette façon de baptiser ; mais les eaux de la Néva n'ont aucune ressemblance avec les eaux du Jourdain, puisque pendant six mois de l'année on passe dessus en voiture et en traîneau.

Rien n'est plus difficile à trouver à Pétersbourg qu'une voiture de louage fermée; toutes les *drochkis* qui circulent dans la ville par la neige et la bise sont d'affreuses petites machines à deux roues, découvertes; on y monte avec une extrême difficulté, on en descend de même, et on y gèle.

Mais si les carrossiers russes ne font pas preuve d'une grande intelligence, les architectes méritent, eux, de justes éloges. Les maisons sont construites de telle façon que sans feu on n'y souffrirait même pas du froid : doubles portes, doubles fenêtres, tout cela solidement installé; tous les appartements ressemblent à des serres chaudes; d'autant plus que les Russes, soit par goût, soit par hygiène, remplissent toutes les chambres d'arbustes, de plantes et de fleurs de serre.

Pas un ménage, même le plus pauvre, qui n'ait ses appartements ornés de fleurs et de verdure.

Nos architectes français devraient bien aller faire un tour en Russie pour y apprendre comment on doit construire les maisons pour que la bise hivernale n'y puisse avoir accès! Mais, me dira-t-on, à Paris il fait moins froid qu'en Russie!

C'est vrai, très-vrai ; il y fait pourtant assez froid pour que l'hiver, malgré un feu d'enfer, on grelotte quelquefois dans les appartements, ce qui prouve que les doubles portes et les doubles fenêtres ne seraient pas inutiles; on brûlerait moins de bois... (Le bois, cet objet de première nécessité, qui pourra bien manquer un jour à nos petits-enfants, sinon à nous !...)

La Pâque, en Russie, est aussi curieuse à voir dans le palais de l'empereur que sur la Néva... Ce jour-là, Sa Majesté baise tout le monde sur la bouche, en disant : « Jésus est ressuscité !.. »

Il donne ce baiser pascal aux membres de sa famille, à ses aides de camp, à ses chambellans et jusqu'à ses factionnaires : quatre ou cinq cents baisers, c'est beaucoup !...

Si on entre facilement à Pétersbourg, même lorsqu'on n'a pas ou qu'on cache son passeport, il n'en est pas de même pour en sortir. Le 30 novembre, la neige tombait fine et drue, et se changeait aussitôt en glace. Malgré les aimables instances de mes amies, et surtout de la princesse O..., je voulus quitter ce pays avant qu'il fût complétement devenu un bloc de glace et que j'y eusse laissé mon nez, car je commençais à sentir que l'histoire des nez et des mains gelés pourrait bien être vraie. J'éprouvais le désir d'aller me dégeler au soleil du Caire. Retourner en Égypte en passant par Paris et Marseille aurait été sans doute le plus simple ; mais je voulais aller à Varsovie, qui était dans ce moment en état de siége, pour voir par mes yeux ce que devient une ville polonaise mise en état de siége par des Russes !

Voici donc l'itinéraire que j'adoptai : Varsovie, Vienne, Pesth, le Danube, Constantinople et la côte de Syrie. A la gare du chemin de fer de Pétersbourg à Varsovie, lorsque je demandai mon billet de place, on ne consentit à me le livrer que sur la présentation de mon passeport, ce qui m'apprit qu'il est plus difficile de sortir de l'empire moscovite que d'y entrer...

En France, les voyageurs sont créés et mis au monde pour faire gagner de l'argent à messieurs les administrateurs et à messieurs les actionnaires des chemins de fer. Ils sont leur chose... Choses que l'on jette dans le premier coin venu, que l'on entasse les unes sur les autres sans se préoccuper autrement d'elles.

Le bien-être et la commodité des voyageurs sont des détails auxquels ne pense pas du tout une société française de chemin de fer ; elle ne s'occupe des voyageurs que pour leur faire payer leur place, leur bagage, et tous les suppléments possibles. Cela, fait, lesdits voyageurs peuvent se débrouiller comme ils voudront ; qu'ils aient des places ou qu'ils n'en aient pas, qu'ils soient bien ou mal, commodément ou non, c'est un détail pour messieurs les employés des compagnies !...

Les chemins de fer ne sont pas faits en France pour les voyageurs, ce sont les voyageurs qui sont faits pour les chemins de fer !...

Quand il y avait des diligences, sur une même ligne on avait au moins plusieurs services organisés ; maintenant, pour chaque ligne, un seul chemin de fer ; le choix est impossible : les compagnies le savent, et elles ont fait d'affreuses cages où elles parquent, où elles entassent pêle-mêle les voyageurs : en placer le plus possible dans le plus petit nombre de voitures, voilà la seule chose qui les préoccupe.

S'assurer que tout le monde a payé, voilà la seule mission des employés ; pour cela faire, ils vous importunent dix fois dans une heure ; au milieu de la nuit ils vous réveillent pour vous demander brusquement : « Vos billets, messieurs ! » Tout le monde a voyagé en chemin de fer, tout le monde sera donc de mon avis... Dès qu'on a mis le pied dans la gare, on sent que l'on est devenu la chose, la victime, le patient de la compagnie; on est enrégimenté!... Les employés vous bousculent, vous rudoient : « Pas par là, monsieur !... Par ici, madame !... Votre billet !... » Tout cela est dit sur le ton que prend le sergent pour exercer les soldats.

Demandez un renseignement, un service, à un employé de chemin de fer, il vous regarde d'une drôle de façon; il a l'air de vous dire : « Est-ce que vous croyez que la compagnie me paye pour que je sois utile et agréable aux voyageurs? »

Non-seulement, en France, les voyageurs sont loin d'être commodément dans ces cages que l'on a construites pour les transporter; mais encore on a inventé une foule de petites tracasseries pour leur rendre la vie dure. Un mari accompagne sa femme à la gare; il désire rester le plus longtemps possible avec elle, lui porter son sac, l'installer en wagon. Arrivé à la porte de la salle d'attente, l'employé lui barre brusquement le passage, il se voit traité comme le serait un malfaiteur qui essayerait de forcer une porte... C'est, me dira-t-on, pour éviter que des personnes voyagent sans billet !... Mais cela leur serait-il possible?... Une fois en voiture, on vous demande votre billet!... La personne donc qui monterait en wagon sans avoir pris sa place serait bien vite découverte. Du reste, en Prusse, en Allemagne, en Suisse, en Russie, on laisse fort tranquillement tout le monde libre de suivre dans la salle d'attente, même en voiture, les personnes qui partent, et pas plus là qu'en France on ne s'avise de voyager sans billets... C'est donc notre pays qui a le privilége de ces mille petites vexations inventées pour faire un supplice même d'un voyage d'agrément !...

Les chemins de fer, en Russie, ne ressemblent certes pas aux nôtres. Là, au rebours de chez nous, ils sont créés, arrangés, installés pour les voyageurs ; les compagnies se préoccupent très-fortement du confort, du bien-être des voyageurs ; les voitures sont larges, spacieuses, un corridor conduit dans les salons, dans les coupés : de cette façon l'employé n'ouvre jamais la porte du salon où vous êtes, pas plus la nuit que le jour ; il ne vous expose pas à un courant d'air malsain. Les salons sont carrés, une table au milieu, quatre canapés, un dans chaque angle ; ces canapés sont larges, confortables, on y est parfaitement à l'aise. On peut circuler dans ce salon, qui même l'hiver a une température douce, car il possède un bon poêle et des doubles portes et fenêtres. Dans chaque voiture il y a un salon aux deux extrémités, et trois coupés de chaque côté, plus un cabinet de toilette et un indispensable.

Dans ce corridor on peut se promener, fumer, regarder par les croisées, les ouvrir si bon vous semble, sans importuner les voyageurs qui sont enfermés dans les salons ou dans les coupés.

Les coupés sont à quatre places, et ils sont plus grands que nos fameuses voitures à huit places, et ils sont arrangés de façon à former deux lits excellents.

D'autres lits suivent les trains. Les voyageurs de première ont droit chacun à un de ces lits, un passage couvert y conduit : là on a un bon matelas, des draps et des couvertures; on peut se coucher tout à fait.

Je comprends que le voyage de cette façon-là soit un plaisir et un agrément; mais il devient une intolérable fatigue en France. On ne peut ni s'allonger, ni se tenir debout; on n'a souvent même pas le temps de boire et de manger.

Espérons donc que nos administrateurs de chemins de fer auront honte à la fin de se voir distancés de telle sorte par ceux qu'ils assurent être à moitié sauvages, par les Russes, et qu'ils installeront leurs wagons à l'instar des wagons russes.

Du reste, à la tête des administrations russes se trouvent des Français ; le directeur, M. Hoskier, est Français ; un de nos anciens députés de la Gironde, M. de Tranchère, administrateur.

Dans le règlement qui régit tous les chemins de fer français on n'a pas fait figurer l'article *Urbanité, complaisance envers les voyageurs.*

Ceux qui ont fait ce règlement se sont peut-être dit que le peuple français étant le peuple galant par excellence, il était inutile d'imposer de par règlement la politesse aux employés. Peut-être se sont-ils dit encore que cet article-là ne rendrait pas un centime de plus à la caisse, tout le monde étant forcé de prendre le chemin de fer, et la concurrence n'existant pas.

Donc les employés français ne sont pas astreints à la politesse ; aussi certains d'entre eux s'en donnent à cœur joie d'être impolis.

Ceux dont la nature est aimable, malgré l'absence dudit article, sont polis, et ils n'en ont que plus de mérite, il est vrai ; mais, hélas ! c'est la minorité. Mon amour-propre de Française a beaucoup souffert pendant mes voyages en Russie ; l'exquise politesse, la prévenance empressée de tous les employés sans distinction me charmaient ; mais je me disais :

« Que doivent penser les Russes qui voyagent en France?

« Quelle triste opinion de notre nation doivent leur donner les employés des chemins de fer ! »

Il est vrai qu'en Russie, l'article premier du règlement des employés est : *Politesse, prévenance envers les voyageurs.*

Quoique le peuple français soit le peuple modèle, le peuple par excellence, je conseille pourtant aux administrateurs de mettre aussi sur leurs règlements le même article.

En Russie, les trains arrivent toujours aux heures indiquées ; on n'y compte pas plus d'accidents qu'en France, sinon moins ; et pourtant sur tous les parcours les voyageurs ont le temps voulu pour manger, pour se rafraîchir. J'ai vu ceci à une gare. Nous étions à table, à moitié du dîner on sonne le départ ; tout le monde se récrie, on fait appeler le conducteur du train : « Nous n'avons pas terminé notre repas ! » s'écrie-t-on en chœur. Le conducteur fort poliment nous dit :

« Eh bien, nous ne partirons que dans dix minutes. »

En effet nous avons eu dix minutes pour achever notre repas ; tout le monde a été satisfait ; le mécanicien a chauffé un peu plus, et nous sommes arrivés tout de même à l'heure réglementaire à la station suivante.

Les troubles de la Pologne étaient à peine apaisés ; Varsovie était encore en état de siége. Dès que nous sommes entrés sur le territoire polonais, des soldats et des gendarmes russes se sont installés dans notre convoi ; à chaque station il y avait non-seulement des factionnaires, l'arme au bras, mais tout un peloton de soldats.

Le sol de la Pologne de ce côté-là est plat; il est couvert de forêts ; le chemin de fer les traverse tout le temps. Par mesure de précaution, les Russes avaient coupé — non, je me trompe, incendié — la forêt, de chaque côté du chemin de fer, à la distance de cent mètres. Le mécanicien, une fois arrivé sur le sol polonais, avait si bien ralenti le mouvement, qu'un cheval lancé au petit galop nous aurait facilement suivis. On avançait avec crainte et prudence.

Ces gendarmes, ces soldats, cette forêt incendiée, tout cela avait un air lugubre.

Nous avons mis près de trois jours pour aller de Pétersbourg à Varsovie : ces trois journées ne m'ont pas plus fatiguée que sept heures en chemin de fer français.

La première chose que j'ai remarquée à Varsovie, c'est l'état déplorable du pavé et la façon désastreuse dont les voitures sont suspendues : on est heurté, cahoté absolument comme dans les arabas turques.

L'état de siége ne donnait pas précisément un air de fête à Varsovie; toutes les figures étaient pâles, austères; les maisons, en deuil de leurs habitants, avaient leurs fenêtres fermées; l'herbe qui poussait dans les rues n'était guère foulée que par les pieds des chevaux des Cosaques faisant la ronde.

Dès huit heures du soir on ne pouvait plus sortir que muni d'un laissez-passer et porteur d'une lanterne.

Le noir était proscrit; pour le porter, il fallait une permission.

Hélas! j'étais en deuil, et ce n'était pas un deuil politique que je portais, mais celui d'un ange adoré... Personnellement, je n'ai rien contre les Russes. Je l'ai dit, je les trouve instruits, aimables et affables; la nation n'est pas responsable des sottises ou des cruautés froides de cette mégère sans cœur et sans entrailles, ambitieuse, menteuse et trompeuse, de cette plaie du monde, *la politique*. Donc, tout en n'ayant rien contre les Russes, en leur rendant même la justice qui leur est due, je ne puis que blâmer énergiquement celui qui a eu la pensée de défendre aux Polonais d'exprimer leur douleur par la couleur sombre de leurs vêtements. Pourquoi ne pas décréter aussi que ceux qui seraient vus ayant le visage pâli par la douleur, les yeux rougis par les larmes, seraient emprisonnés? La mesure alors aurait été complète. Voilà un raffinement de cruauté auquel les tyrans de l'antiquité n'auraient jamais songé!

J'étais donc vêtue de noir. Dès le lendemain de mon arrivée, je me promenais dans les rues de Varsovie, un homme de la police m'arrête. Il me parlait en polonais, et je ne comprends pas un mot de cette langue. Un policier russe plus haut placé s'approche fort poliment de moi et me dit :

« Il vous demande, madame, de lui montrer votre permis de deuil. »

A l'indignation que me causa cette demande, je pus deviner combien les Polonais on dû être irrités d'une pareille mesure.

Je répondis aux policiers :

« Heureusement pour moi, je ne suis pas Polonaise et n'ai que faire de vos ordres et prescriptions ; mais, comme Française, je suis bien aise de vous dire que cette tyrannie morale est inique, et que si j'étais Polonaise, portant le deuil d'un être cher et regretté, je casserais la tête à celui qui oserait venir me demander si j'ai obtenu de la police le droit d'en porter le deuil. Cette mesure inqualifiable est une tache pour le nom de celui qui l'a inventée et une honte pour ceux qui la font exécuter. »

Je m'éloignai, les laissant stupéfaits de ma sortie.

Varsovie est une très-ancienne ville, mais elle n'est devenue la capitale du royaume de Pologne que sous le règne du roi Sigismond III, de la famille des Wasa de Suède. Ce prince fit beaucoup pour son embellissement, et l'érigea en capitale. Cracovie était, avant cette époque, la capitale de la Pologne; la diète n'a été transférée à Varsovie qu'en 1566.

Sous le règne de Ladislas IV, fils de Sigismond III, les habitants de Varsovie érigèrent une colonne en l'honneur de ce prince, leur bienfaiteur. Cette colonne, que l'on voit encore aujourd'hui sur une place, est ornée d'une statue en bronze doré représentant le roi Sigismond.

Varsovie est située sur une élévation, à gauche de la Vistule. Elle est composée de la Cité et de quatre villages qui forment ses faubourgs: ce sont Szulec, Leszno, Grzybov et Praga; ce dernier, célèbre par les massacres qu'y fit le fameux maréchal Souvaroff, est de l'autre côté de la Vistule ; un pont de deux cent soixante-trois toises le relie à la ville.

Le faubourg de Cracovie est composé de grandes rues, bordées de superbes palais entre cour et jardin. On compte jusqu'à cent trente palais à Varsovie. Les plus beaux sont le palais du comte Potocki, qui contient de précieuses collections ; celui du comte Zamoyski, jadis nommé le *palais bleu* : ce palais avait été bâti par le roi Auguste II, qui en fit don à la dame de ses pensées, Orzelska. Le palais de l'ancienne et illustre famille des Radziwill est aussi remarquable par son élégance de style et sa richesse d'ornementation. Toutes les principales rues de Varsovie sont larges ; elles ont pu être bien pavées, mais dans ce moment-ci leur pavé peut rivaliser avec celui de la ville d'Avignon, qui est *dallée* avec des petits cailloux pointus pris au bord du Rhône.

Varsovie a plusieurs belles places, entre autres celle de Saxe, où se trouve le palais de ce nom, ancienne demeure des deux rois Auguste. Ce palais est entouré d'un superbe jardin qui est deux fois plus grand que les Tuileries et orné de statues anciennes dont quelques-unes sont très-belles. Ce jardin est le rendez-vous de la société de Varsovie ; chaque jour la musique militaire vient s'y faire entendre.

Dans le faubourg de Cracovie se trouve la place de Copernic, dans le milieu de laquelle on voit une statue de ce célèbre astronome, qui était Polonais. Il est né en 1473 à Thorn, ville aujourd'hui prussienne, mais qui était polonaise à cette époque.

La Pologne peut d'autant plus s'enorgueillir d'avoir donné le jour à ce génie, que c'est dans sa capitale d'alors, dans Cracovie, qu'il a fait ses études. C'est là qu'il s'est adonné à l'étude des mathématiques et de l'astronomie. Il parcourut l'Italie, et après avoir suivi les leçons des professeurs qui illustraient à cette époque les villes de Bologne et de Rome, et avoir fait ample moisson de gloire et de savoir, Copernic est revenu mourir dans sa patrie ; son oncle Wazelrod, évêque de Warmie, le fit nommer chanoine. Il mourut en Pologne en 1543. Il rendit le dernier soupir le jour même où on lui apporta le premier exemplaire de l'ouvrage dans lequel il exposa le système qui porte son nom.

La ville de Varsovie a voulu illustrer le souvenir de ce savant Polonais, et elle lui a élevé cette statue.

Le château royal, situé sur une hauteur qui domine la Vistule, est un des beaux châteaux royaux de l'Europe. Construit par Sigismond, agrandi par Auguste II, il a été achevé sous Stanislas-Auguste Poniatowski. De vastes salles d'une architecture majestueuse, décorées avec élégance et richesse, contenaient les trésors artistiques et héroïques de la Pologne. Toute l'histoire glorieuse de ce pays y était retracée sur la toile par d'excellents pinceaux : on pouvait, sur les murs de ces salles, apprendre l'histoire de la splendeur et des malheurs de cette nation. Il y avait beaucoup de toiles de Bacciarelli ; tous les portraits des rois de Pologne, les bustes en marbre de tous les héros polonais, se trouvaient là. J'ai dit tout cela *était*, car beaucoup de ces richesses historiques se trouvent à présent, m'a-t-on assuré, dans la capitale de la Russie.

Lazienki était la résidence d'été des souverains. Au milieu d'un immense jardin parsemé de lacs, de bosquets, d'allées ombreuses, de statues, se trouve un charmant petit palais, celui de Lazienki. En face du palais, et en plein air, est construite une salle de spectacle des plus originales et aussi des mieux imaginées. Les représentations que l'on y donne le soir, alors que tout le jardin est brillamment illuminé, sont d'un effet magique. Tous les décors sont naturels : lorsqu'on aperçoit un lac, il n'est point peint sur du carton, mais c'est un vrai lac, les barques sont de vraies barques et les bosquets de superbes bosquets...

C'est une idée des plus heureuses que ce théâtre largement coupé et dessiné dans la nature même. Il serait à souhaiter qu'une compagnie fît dans le bois de Boulogne, à Paris, un théâtre pareil. Figurez-vous des gradins en plein air; en face de vous un lac, des pelouses, des bosquets, et sur ce lac, sur ces pelouses, on vous jouerait un drame, une comédie ou un opéra dont l'action doit se passer au milieu de ces décors-là! Je crois qu'un pareil théâtre aurait beaucoup de succès à Paris.

Lazienki est brillamment illuminé chaque soir.

Varsovie possède deux théâtres : l'un où l'on joue l'opéra et le ballet, et l'autre où l'on joue la comédie et le drame, en langue polonaise.

Le ballet de Varsovie a le pas sur tous les ballets du monde; toutes les danseuses y sont jolies, gracieuses; jolies comme des anges, elles dansent comme des démons. Les décors sont luxueux.

Au moment où j'étais à Varsovie, le théâtre de l'Opéra était le rendez-vous des officiers et employés russes ; les Polonais se faisaient remarquer par leur absence. Dans le théâtre polonais, au contraire, la foule était grande ; mais les Russes n'y allaient pas.

Depuis, les journaux m'ont appris que ce dernier théâtre a été fermé par ordre de l'empereur de Russie, et que la malheureuse troupe s'est trouvée sur le pavé, réduite à la misère.

Lorsque les Cosaques ne se promenaient pas, la pique au poing, dans les rues de Varsovie, lorsqu'elle était la capitale de la Pologne et non pas une province russe, cette ville devait être une gracieuse et aimable cité ; mais lors de mon séjour l'état de siége répandait sur elle comme un long voile de deuil ; le deuil était dans l'air, et là, la police ne pouvait l'atteindre.

Aussi je n'y ai pas fait un long séjour ; je me sentais prise de nostalgie et je commençais à aimer beaucoup moins la Russie que je ne l'avais aimée à Pétersbourg. Chaque peuple est bien chez lui ; mais lorsqu'il veut franchir ses limites, il y perd souvent plus qu'il n'y gagne.

Mais la politique ne comprend pas cela ! les diplomates n'entendent pas de cette oreille !

Oh ! les diplomates ! oh ! les politiques ! quelles funestes plaies pour le monde ! Ce sont des génies de l'enfer, toujours prêts à souffler les horreurs de la guerre ici-bas.

Dire qu'aujourd'hui, en juin 1866, aujourd'hui où la civilisation a, dit-on, atteint ses dernières limites, des rois, des ministres, pour agrandir leurs États, recommencent les mémorables et néfastes hauts faits des Huns, et que l'Europe va bientôt en être réduite à l'état où elle se trouvait en 451, lorsque Attila et ses Huns livraient des batailles, suivies de carnage, de destruction et de pillage, aux Francs et aux Visigoths! Oui, en 1866 nous en sommes encore là!

On se bat partout : les ponts sont coupés, les villes assiégées, les habitants ruinés... N'est-ce pas à croire que les Huns sont ressuscités et que l'âme d'Attila s'est incarnée dans le corps de Bismark (1)?

Triste! bien triste!

Notre prétendue civilisation pourrait bien n'être que la quintessence de la barbarie.

Mais ne parlons pas de politique : les femmes, dit-on, n'y entendent rien; et puisque ces rois de la création représentent la sagesse du monde, puisque les hommes croient qu'il est du devoir des peuples civilisés d'arroser la terre de sang humain,

---

(1) Maintenant que la guerre est terminée, mon opinion a changé. (7 septembre 1866.)

de mettre tout à feu et à néant, de semer la ruine et la désolation, nous, faibles femmes, inclinons-nous et contentons-nous de faire de la charpie et de prier Dieu d'éclairer les hommes et de faire fleurir dans leur cœur et sur la terre la paix, la douce et bienfaisante paix.

Je quittai Varsovie péniblement impressionnée. Si j'avais été enchantée du chemin de fer de Pétersbourg à Varsovie, celui qui va de cette dernière ville à Vienne est bien le plus sale, le plus incommode que j'aie vu, sans excepter ceux d'Italie. Les voitures sont faites sur le modèle des wagons français, c'est tout dire; ce sont d'affreuses cages. Les rares buffets qu'on trouve en route sont tellement peu propres et si dénués de tout, qu'entre Varsovie et Vienne on meurt littéralement de faim.

Le train dans lequel j'étais était encombré de juifs polonais. Certes, je suis très-tolérante et n'ai rien contre les juifs, quant à leur religion; mais quant à leur physique, c'est autre chose. Les juifs polonais sont d'une saleté dégoûtante. Ils portent une longue robe, tellement luisante et râpée qu'on n'en peut plus soupçonner la couleur primitive; leur longue barbe est malpropre; deux longues boucles de cheveux bien frisés tombent de chaque côté de leur figure, formant un nouveau genre de favoris. On devine à la courbure de leur échine qu'ils ont l'habitude de la plier constamment. Ils ont un air cauteleux, fin et insinuant qui fait qu'on éprouve de la crainte à les laisser approcher. On sent en eux la patte du chat, dont les longues griffes savent se renfermer pour attendre le moment, sinon de griffer, du moins d'accrocher.

Les juifs ne sont pas aimés en Pologne, et franchement, en les voyant, j'ai compris ce sentiment de répulsion qu'ils inspirent. Ils font une foule de métiers, dont le plus honnête est l'usure. On les dit tous très-riches. Leur richesse date du roi Casimir, surnommé le Grand (1340). Ce prince, sage et éclairé du reste, avait le cœur ardent et tendre; une juive aux grands yeux lançant des flammes, à la taille ronde et bien prise, s'empara du cœur du sensible monarque; elle devint sa maîtresse et sut prendre un tel empire sur lui, qu'elle l'amena à accorder le monopole de tous les métiers lucratifs, et du change de l'argent, aux hommes de sa race. Dès ce moment, cette race étrangère se mit à sucer tout l'argent de la Pologne; ils remplirent leurs coffres-forts et se consolèrent, par la vue de ce métal si cher à leurs yeux, de l'antipathie qu'on leur témoignait. Pendant plusieurs siècles les juifs conservèrent tous les monopoles, et leur position fut excellente au point de vue matériel, tout cela grâce aux beaux yeux d'une des leurs.

Mais en 1818 des mesures sévères furent adoptées contre eux et contre leurs exactions; ils se virent forcés de se livrer aux travaux d'agriculture, ce qui leur déplut beaucoup : le change et l'usure convenaient mieux à leurs goûts. On les força à quitter les grandes rues et à se retirer dans les quartiers éloignés : c'est ainsi que fut formé le quartier dit ville des juifs... Le juif Lévi a chanté les malheurs de cette race proscrite, à cette époque; il a parlé en termes chauds et colorés de la triste position qu'on lui avait faite... Mais peut-on s'apitoyer beaucoup sur le sort de gens ayant leurs caves pleines d'or? sur des gens qui ont pour l'eau et le savon une haine qui ne peut être comparée qu'à l'amour qu'ils ont pour l'or?...

Ces juifs m'ont rendu le voyage insupportable. Le train en contenait une nuée; aux buffets ils se faufilaient partout; j'en avais tout autour de moi, et cette vue était aussi désagréable pour mes yeux que pour mon odorat.

Les routes sont peu accidentées en Pologne, aussi les voyages y deviennent monotones : on parcourt de grandes plaines et des forêts interminables. La plaine qui s'étend entre Varsovie et Vienne était rendue plus triste encore pour moi par les monticules de terre surmontés de croix que j'apercevais de loin en loin, et qui indiquaient que là, à ces places, des centaines d'hommes avaient trouvé la mort et avaient été ensevelis. Cette vue me serrait péniblement le cœur : en face de cette désolation présente, je songeais au passé de cette nation, célèbre depuis dix siècles par ses malheurs.

Je songeais à l'instabilité des choses d'ici-bas et des royaumes de la terre, dont la Pologne est un exemple frappant. Jadis elle se déroulait sur un plateau, le plus grand de l'Europe, ayant pour limites la mer Noire d'un côté et la mer Baltique de l'autre ; l'an 800 la voyait déjà fière et glorieuse sous le règne de Piast ; elle possédait toutes les côtes de la Baltique depuis les bouches de l'Oder jusqu'aux golfes de la Finlande ; elle était composée alors de la grande Pologne, du fleuve Warta, et de la petite Pologne, de la haute Vistule, de la Silésie, des monts Krapaks, de la Livonie. En 1340, Jagellon, grand-duc de Lithuanie, devint roi de Pologne, et elle vit son territoire augmenté de toute la Lithuanie. La Courlande devint en 1541 un fief polonais.

6

Elle a eu, sans compter la dynastie des Piasts, trente-neuf souverains dont les règnes ont été glorieux...

Ceci me rappelle un Parisien, homme très-instruit et charmant du reste, qui voulait persuader un jour devant moi à un Polonais que la Pologne n'a pas eu d'autres rois, après le légendaire Piast, que Sigismond, Jean Sobieski et Poniatowski...

Je mets ici, à son intention, les noms des rois de Pologne.

Mieczyslaw Ier, an 992.
Boleslaw Chrobry le Grand, an 1026.
Mieczyslaw II, an 1034.
Casimir Ier, an 1056.
Boleslaw II, an 1081.
Ladislas Hermann, an 1103.
Boleslaw III, an 1139.
Ladislas II, an 1159.
Boleslaw IV, an 1173.
Casimir le Juste, an 1194.
Mieczyslaw Stanry, an 1202.
Leszek le Blanc, an 1229.
Ladislas Laskonogi, an 1231.
Boleslaw Wstydliwy, an 1289.
Leszek le Noir, an 1290.

Henri Probus, an 1290.
Przemyslaw Ier, an 1296.
Waclaw, an 1305.
Ladislas Lokietek, an 1333.
Casimir le Grand, an 1370.
Louis, an 1382.
Hedvige, an 1390.
Ladislas Jagellon, an 1434.
Ladislas Warnenczik, an 1444.
Casimir Jagiellonczyk, an 1492.
Jean Albert, an 1501.
Alexandre Jagiellonczyk, an 1506.
Sigismond Ier, an 1546.
Sigismond Auguste, an 1572.
Etienne Batory, an 1586.
Henri de Valois, an 1589.
Sigismond III, an 1632.
Ladislas VII, an 1646.
Jean-Casimir, an 1672.
Michel Korybut, an 1693.
Jean Sobieski, an 1696.
Auguste II, an 1734.
Auguste III, an 1763.
Stanislas Leszczynski, an 1766.
Stanislas Auguste Poniatowski, an 1798.

On le voit, en 992 elle était déjà un État constitué, avec un souverain. La Prusse n'existait pas encore, elle était province polonaise ; et à présent la Pologne est morcelée ; la Prusse, grande et orgueilleuse, a pris sa part dans le partage de son ancienne suzeraine.

La Russie en 990 était plongée dans la barbarie ; Novgorod la riche excitait la cupidité des races du Nord. Rurik, le fondateur, Oleg, le conquérant, l'administrateur, n'étaient point parvenus à faire de ce pays un foyer de civilisation, tant s'en faut, car elle n'a été introduite dans cet empire que sous le règne de Pierre le Grand (1680).

Tandis que la Pologne était déjà un pays des plus civilisés ; les lettres, les arts, les sciences y florissaient. Aujourd'hui, elle est assujettie et forcée de courber la tête sous le joug de la Russie !

L'histoire des peuples, je le répète, prouve que rien n'est stable ici-bas.

J'en étais là de mes réflexions lorsque le convoi s'arrêta. Je vis que l'on descendait les bagages tout comme si nous étions arrivés au but de notre voyage, et pourtant je n'apercevais autour de nous que quatre ou cinq mauvaises petites baraques.

« Bon! me dis-je, je me suis trompée; je suis montée dans un wagon allant dans quelque petit village, au lieu de monter dans celui de Vienne. »

J'allai me renseigner au chef de gare, qui m'apprit que j'étais bien sur le chemin de la capitale autrichienne; que nous étions à Granica; que les convois polonais s'arrêtaient là, et que le lendemain matin un convoi autrichien nous prendrait. Granica n'a pas un seul hôtel; près de la gare se trouve une espèce de cabaret, avec une salle basse, noire et enfumée; c'est là que nous avons dû passer la nuit. Le train contenait au moins trois cents personnes; tout ce monde s'est campé dans la salle, les uns sur les tables, les autres par terre; les privilégiés ont eu une chaise. Des lits, il ne fallait pas y songer : ce cabaretier a juste deux chambres, une pour lui, l'autre qu'il loue à l'employé du télégraphe. Les corridors étaient encombrés, il faisait un froid glacial; tout le monde voulait se mettre à l'abri le plus possible.

Ledit cabaretier n'avait pas de provisions pour nourrir tout ce monde, et il refusait de donner à manger, nous assurant qu'à Granica il n'y avait aucune provision, que tout arrivait de Vienne. En effet ce bourg se trouve dans les steppes. Donc tout ce monde, pour tromper la faim, buvait et fumait.

Dans mon wagon se trouvait une dame que j'avais connue en Russie, la générale C... Elle voyageait avec sa petite fille, âgée de huit ans. Lorsque nous nous sommes vues toutes deux forcées de passer la nuit au milieu de tous ces gens, méli-mélo de juifs, de soldats, de commis-voyageurs et de gens comme il faut, la perspective d'une pareille nuit nous mit au désespoir. Je proposai à la générale d'aller prier le chef de gare de nous laisser passer la nuit dans la salle d'attente. Mon idée lui sourit beaucoup, mais nous avons vainement cherché cet employé : il avait disparu, emportant les clefs, prévoyant sans doute les demandes que bien des personnes lui feraient. Les employés subalternes nous dirent qu'ils avaient la consigne de ne laisser entrer personne même dans les wagons.

Amener des voyageurs, en plein hiver, dans un bourg où il n'y a pas seulement une auberge ; condamner trois cents personnes à passer la nuit dans un cabaret où il y aurait place tout au plus pour trente, est un procédé vraiment inqualifiable.

La générale et moi, nous ne savions plus à quel saint nous vouer ; la petite fille pleurait, disant qu'elle voulait manger ; notre estomac nous faisait la même demande d'une façon très-impérative ;

nous étions fatiguées, brisées; une nuit passée debout ou assises par terre nous souriait peu; tout comme la fillette, volontiers nous aurions pleuré. Un jeune homme qui paraissait être chez lui dans ce cabaret, voyant notre position fâcheuse, s'approcha de nous et adressa la parole en langue russe à la générale. C'était l'employé du télégraphe, qui possédait une chambre dans cet immeuble; il la mettait à notre disposition.

Il va sans dire que nous acceptâmes avec empressement.

Il nous installa dans un petit bouge situé au rez-de-chaussée, dans le fond du corridor; il y avait un lit, deux chaises et une table. Ce taudis nous fit l'effet d'un somptueux palais; nous allions y être à l'abri de cette fumée, de ce vacarme. Le jeune homme poussa l'amabilité jusqu'à nous apporter du thé et un gros pain noir, que nous nous mîmes à dévorer. Ensuite nous couchâmes la fillette. Mais notre chambre ne fermait pas à clef; il y avait un va-et-vient de toute espèce de monde dans le corridor; les juifs surtout y avaient établi leur domicile; ils ouvraient notre porte. Nous nous vîmes forcées de nous barricader en mettant le lit devant. Ils étaient à moitié grisés par la bière; ils se mirent alors à cogner pour nous empêcher de dormir. Nous tombions de lassitude ; j'étais exaspérée contre ces enfants d'Israël. J'avais un revolver dans mon sac de voyage; je le pris et, au moment où ils faisaient le plus de tapage, j'ouvris brusquement la porte et leur montrai le canon de mon pistolet. Il paraît que j'avais l'air assez décidée à faire feu, car ils poussèrent un cri d'effroi et s'envolèrent comme une nuée de noirs corbeaux vers l'autre bout du corridor. Plus un seul n'osa, de la nuit, s'aventurer vers notre porte. Mais c'est égal, nous saluâmes l'arrivée de la blanche aurore avec une grande joie.

A six heures on vint nous dire de nous rendre à la douane ; là la douane russe fouilla tous nos effets, vérifia une fois encore nos passeports. Pourquoi tout cela? Je n'en sais rien. Généralement un gouvernement vous gratifie de ces aimables visites lorsqu'on arrive chez lui, mais jamais lorsqu'on le quitte. L'état de siége étant encore en Pologne, peut-être voulait-on s'assurer si quelque proie de la glaciale Sibérie ne s'enfuyait pas vers un sol plus hospitalier.

Enfin à huit heures à peine nous en avions fini avec toutes ces formalités et nous montions en wagon ; mais voilà qu'après sept minutes de marche le train s'arrête ; nous voyons qu'on décharge encore les bagages. Un cri d'effroi s'échappe de toutes les poitrines : « Va-t-on nous laisser encore douze heures ici ? — A la douane ! » nous dit-on de nouveau. Il a fallu défaire une seconde fois nos caisses, que les Autrichiens ont mises sens dessus dessous. J'ai vu bien des douanes, bien des douaniers, mais je n'ai jamais vu des douaniers plus brutaux, plus mal appris, plus impertinents que les douaniers autrichiens. Nos passeports ont été vérifiés avec soin.

Cette cérémonie a pris deux heures ; à dix heures nous avons pu enfin nous mettre en route.

Ce voyage de Varsovie à Vienne est bien le plus désagréable que j'aie fait de ma vie.

Tout le monde connaît Vienne. Des personnes trouvent cette ville charmante ; moi, je l'ai trouvée animée, bruyante, mais antipathique.

Je n'en dirai rien dans ce moment-ci. Du reste, je craindrais, en relatant mes impressions de voyage en Autriche, de manquer d'impartialité ; car mes vœux étant pour l'Italie, je ne puis que détester l'Autriche...

On juge mal qui on aime...

On juge plus mal encore qui l'on déteste !

J'aime donc mieux vous conter une petite histoire qui vous fera connaître un usage jadis très-répandu en Pologne, usage qui était prosaïquement original.

La générale C... était descendue, à Vienne, au même hôtel que moi ; nous passions nos soirées ensemble le plus souvent. Un soir, elle me raconta l'histoire suivante :

« Ma mère était, me dit-elle, de famille polonaise, elle habitait Varsovie ; son père, ardent patriote, détestait nécessairement les Russes... Ma mère partagea d'abord ce sentiment ; mais voilà qu'un jour elle rencontre dans le monde un brillant officier de l'armée russe qui faisait partie de l'état-major du général de divison en garnison à Varsovie. Cet officier était jeune, beau, distingué d'esprit et de tournure ; il devint amoureux de ma mère, qui était, elle aussi, jeune, jolie et distinguée. Il lui parla d'amour avec tant de passion, les sentiments qu'il exprimait avaient si bien l'air de partir d'un cœur noble et généreux, que ma mère ne tarda pas à le payer de retour.

« Un jour, l'officier russe vint demander la main de ma mère... Pour que vous compreniez la fin de l'histoire, il faut que vous connaissiez, me dit la générale, un ancien usage polonais... Lorsqu'un jeune homme demandait une jeune fille en mariage, les parents ne répondaient ni oui ni non à sa demande, mais ils l'invitaient à venir dîner chez eux un jour indiqué ; or, ce jour arrivé, si le futur n'était pas agréé, on servait au dîner un canard accommodé aux navets noirs.

(Serait-ce à cet usage que l'argot aurait emprunté l'exclamation : *Des navets !*)

« Si, au contraire, on l'acceptait pour gendre, le fameux plat ne figurait pas au dîner...

« On comprend facilement avec quelle anxiété un jeune homme bien épris devait attendre l'arrivée de l'entrée.

« Si le canard était servi, l'usage voulait que le jeune homme goutât à ce mets, bien qu'il dût le trouver amer, et qu'ensuite il se levât de table et s'éloignât sans mot dire. A ces dîners-là on invitait toute la famille et tous les amis ; c'est donc devant une nombreuse société que le jeune homme était éconduit ou accepté, ce qui augmentait la blessure faite à son amour-propre. S'il était accepté, le dîner se passait sans canard, on fiançait les jeunes gens.

« L'officier amoureux de ma mère soupçonna bien que le fameux canard lui serait servi, car il connaissait les sentiments de haine qui armaient la famille de celle qu'il aimait contre tout ce qui s'appelait russe... Mais il était très-épris et il était aimé, il voulut triompher du canard. Pour cela il s'entendit avec ma mère. Voici ce qu'ils imaginèrent. Ma mère déroba un plat, le donna à son futur gendre, qui y fit placer deux colombes se becquetant et portant autour du cou l'anneau nuptial; lesdites colombes étaient entourées de fleurs d'oranger artificielles. Ce plat fut apporté soigneusement caché par le valet de chambre de mon père : il le plaça sous un paletot dans l'antichambre que les domestiques traversaient pour se rendre dans la salle à manger. Ledit domestique, rusé et madré, en voyant cuire le canard à la cuisine, eut l'air de se réjouir beaucoup...

« Quel bonheur ! — s'écriait-il d'un air triomphant, voilà le fameux plat qui va désoler mon maître, mais qui me fait grand plaisir à moi, car, voyez-vous, un domestique chez un garçon est cent fois plus heureux, il a une foule de petits bénéfices...
— Eh bien, répondent les serviteurs de la maison, soyez satisfait, nos maîtres ne veulent pas d'un Russe pour gendre. »

« Un domestique prenait les plats à la cuisine et il les passait au valet de chambre, qui servait. Quand le moment fut venu de servir le fameux canard aux navets noirs, le domestique du futur de ma mère prit le plat des mains du domestique

et il lui dit en riant : « Oh ! laisse-moi porter ce fa-
« meux plat qui laisse mon maître garçon ! » L'autre
y consentit facilement : comment lui refuser une
faveur si minime ! Prestement il lança au loin par
une fenêtre ouverte le malencontreux palmi-
pède, et il prit son plat à lui qu'il donna au domestique ; celui-ci le posa sur la table sans même
le regarder...

« Le futur de ma mère avait montré depuis le commencement du dîner un visage calme et souriant.
« Le sot, disait mon grand-père à ma grand'mère,
« il ne se doute même pas du sort qui l'attend !... »

« Le moment venu où l'on sert ce plat, les con-
vives, curieusement, lèvent la tête ; ils attendent
eux aussi avec impatience le plat *parlant*.

« A la vue de ces deux colombes se becquetant
avec leurs anneaux nuptiaux au cou, un cri d'admiration sortit de toutes les bouches. « Bravo !
« bravo ! cria-t-on à la ronde, voilà une poétique
« contre-partie donnée au canard !... » Et chacun
de se lever, de serrer la main au jeune homme
pour le complimenter !...

« Mon grand-père et ma grand'mère étaient stupéfaits ; ils n'y comprenaient plus rien. Ma grand'-
mère courut enfin à la cuisine ; furieuse, elle inter-
pella ses gens sur ce qu'elle appelait une trahison

indigne. Ceux-ci jurèrent, protestèrent que c'était un canard, un gros et superbe canard qu'ils avaient fait cuire et envoyé; qu'ils n'avaient pas vu l'ombre d'une colombe.

« Que voulez-vous, madame, dit hypocritement
« le valet de chambre coupable, il est une fée pour
« les amoureux, et ceux-là s'aiment tant que la
« fée aura opéré pour eux ce miracle de changer
« le canard en colombes! »

« Ma grand'mère était superstitieuse; elle rentra dans la salle à manger, se disant : « Comment re-
« fuser un gendre qu'une fée protége?... »

« Ma mère était allée se blottir câlinement sur les genoux de son père; elle lui disait tout bas :

« Que tu es bon, petit père. Je l'aime tant!

« — Mais... voulut dire mon grand-père.

« — J'en serais morte si tu m'avais empêchée de
« l'épouser, » ajouta vite ma mère en l'interrompant.

« Les invités, eux, continuaient à féliciter le futur, la future, les parents. Ceux-ci, pris au piége, n'osèrent rien dire. La fillette avait dit : « J'en
« serais morte; » le père n'osait pas prononcer un *non* qui aurait tué celle qu'il aimait tendrement... La mère songeait à la fée...

« Ensuite, cela aurait fait un scandale. C'était

en dehors des usages ; on n'aurait pas pu expliquer aux assistants comment le canard s'était changé en deux colombes...

« Le futur fut agréé de force, et, avant que les parents, interdits, eussent trouvé une parole, les invités buvaient déjà à la santé des futurs époux, et mon grand-père, selon l'usage, avait déposé le baiser de fiançailles sur le front de ma mère.

« Un mois après, le jeune officier était le mari de ma mère.

« Voilà, ajouta la générale, le procédé, poétique du reste, dont mon père s'est servi pour triompher du prosaïque et malencontreux canard. »

J'ai trouvé l'anecdote charmante. Je voulus savoir d'où était venu cet usage de répondre de cette façon à une demande en mariage, mais la générale m'a assuré qu'elle l'ignorait, et que cette coutume remontait à la nuit des temps en Pologne.

DE VIENNE A CONSTANTINOPLE

LE DANUBE, PESTH-BUDE

Le Danube, grand et majestueux fleuve, peut être comparé à un coursier indompté ; ses flots capricieux roulent avec fracas, au gré de leur fantaisie, sans se soucier de leur lit naturel. La main de l'homme n'a pas encore enchaîné ce géant insoumis, n'a pas encore encaissé ses eaux vagabondes ; aussi, fort de sa puissance, il bondit, se précipite, n'écoutant que son seul bon plaisir ; tantôt il se divise en bras innombrables et forme des îlots verdoyants ; tantôt, quittant son lit, il envoie ses flots inonder la plaine voisine, puis, soudain, les ramenant et les resserrant, il se met à couler dans un lit étroit dont des rochers escarpés forment l'encadrement ; ses eaux alors ont un si petit volume qu'on dirait que des puissances souterraines les ont englouties ; mais bientôt elles ressortent avec fracas, et l'on voit un fleuve large et profond rouler avec bruit et colère ; plus loin, il devient calme et sûr, il offre une navigation tranquille et paisible aux plus gros navires. Mais cela

dure peu, l'on arrive aux fameuses Portes-de-Fer.
A cet endroit le fleuve est hérissé de rochers qui
ont les formes les plus bizarres; pendant la nuit,
volontiers on les prendrait pour des diables qui,
la fourche infernale à la main, viennent se mettre
là, en rangée de bataille, pour accrocher des proies
au passage.

Ces rochers, rapprochés l'un de l'autre, font
une espèce de pont; les eaux basses, on pourrait
traverser le Danube en sautant de l'un à l'autre, si
beaucoup d'entre eux n'étaient pointus comme des
aiguilles de géant.

Lorsque les neiges fondues et les averses ont
fait accroître les eaux du fleuve, on peut passer en
bateau ce passage dangereux; mais, lorsque les
eaux sont basses, il faut quitter le bateau, monter
dans de mauvaises petites carrioles, et faire le trajet par terre, ce qui est très-ennuyeux, à cause
des bagages surtout; et ce qui rend les voyages sur
le Danube désagréables, ce sont bien assurément
les changements de bateaux et ces parties de la
route faites en voiture.

On a d'abord l'embarras de se transporter d'une
embarcation à l'autre ; ensuite, si on ne surveille
pas avec vigilance ses colis, si on les perd de vue
une seule minute, on est sûr de ne plus les re-

trouver ; un autre voyageur s'en empare, et naturellement, si votre malle est lourde et neuve, il vous en laisse une très-légère et usée... Si vous avez des valeurs, vous êtes forcé de ne pas les quitter un instant, sans quoi vous êtes volé.

Ces bateaux font un service d'omnibus ; ils desservent trente et une stations sur le haut Danube, soixante-douze sur le bas Danube ; ils sont donc encombrés de gens de toutes les classes et de toutes les nations : Hongrois, Bavarois, Wurtembergeois, Moldaves, Valaques, Bulgares, Syrmiens, Serviens, Turcs, Grecs, Autrichiens, etc. On comprendra facilement qu'au milieu de ce méli-mélo les précautions ne sont pas inutiles. Au point de vue de la curiosité, cette foule offre un intérêt tout particulier ; on peut faire pendant ce voyage des études de mœurs très-variées.

Aucun autre fleuve ne traverse autant de pays différents, et ne relève d'un aussi grand nombre de suzerains que le Danube. Dans un parcours de trois cents lieues, il longe ou traverse une foule de pays, de nations tout à fait différentes, dont la langue, les mœurs ne se ressemblent nullement.

C'est grâce au Danube que l'échange des produits de l'industrie et de ceux du sol peut s'opérer entre l'Europe centrale et l'Orient.

Ce fleuve est riche en souvenirs historiques, en ruines célèbres des siècles passés. Là, ce sont des ruines byzantines que l'on aperçoit; non loin de Pétronell sont celles de la Carnumtum des Romains, mise en ruines par ce fameux roi des Huns, Attila. Aujourd'hui encore on y trouve des vestiges d'antiquités romaines; un arc de triomphe est encore debout; il est très-beau, le peuple de ce pays l'appelle *la Porte des Païens*.

Après avoir passé le défilé de Kazan, une des parties les plus pittoresques du Danube commence; le fleuve a 28 mètres de profondeur et 87 mètres seulement de largeur. Cette masse d'eau est encaissée entre des rochers qui s'élèvent perpendiculairement dans les airs; la main du temps leur a donné mille formes singulières. A leur cime on voit planer des aigles gigantesques. On éprouve dans cet endroit un saisissement : ce spectacle a de la beauté, de la grandeur, une grandeur austère.

Plus loin, la cime du mont Sterbées s'élève à une hauteur de 2,100 mètres. A gauche, le long de la rive rocheuse et escarpée, on retrouve des vestiges de la route de Trajan, et l'on aperçoit des vestiges du pont que jetèrent les légions romaines sur le Danube. Non loin du charmant village d'Ogradina, sur la rive droite, on voit les Tablettes de Trajan.

Voici la description qu'en a donnée le savant Grisselini :

« Le pied de la montagne forme un escalier écrasé par la nature, d'une longueur de plus de 20 mètres, qui conduit à une inscription en grandes lettres. Deux génies ailés tiennent en rouleau déployé une tablette ; de chaque côté il y a un dauphin ; les queues vont se perdre dans un toit ou dans une voûte ornée de denises en quartiers carrées, et dans le quartier central on a sculpté l'aigle romaine avec des ailes déployées. C'est sous ce toit que souvent les bergers serbes des environs s'arrêtent et allument du feu, de sorte que tous ces ouvrages ont été noircis et couverts de suie ; l'inscription en a souffert, et les lettres sont effacées ; seulement les premières lignes sont encore lisibles.

IMP. CÆSAR. NERVÆ S.
NERVA TRAJANUS AUG. GER
PON. MAX. I. P.
M.

De Moldava à Gelumbaez, en passant par Poletin, en face d'Ogradina, au-dessous des Tablettes de

Trajan, on retrouve les vestiges d'une route en escalier ; les marches, taillées au ciseau, sont parfaitement visibles à de certains endroits ; on en retrouve pendant tout un parcours de 12 lieues.

Cette route, nous dit Grisselini, fut construite, sous le règne de l'empereur Tibère, par des soldats des légions romaines; elle servait à remorquer et à diriger les bateaux quand le courant était très-fort.

Ce qui est excessivement curieux, c'est que les habitants de cette contrée vivent sans frayer avec leurs voisins; ils ont un type romain pur, on pourrait dire qu'ils en ont conservé le costume et les usages; ils sont, eux, les derniers vestiges humains des Romains ! Certes, les savants et les amateurs d'antiquités ne sauraient faire un voyage plus intéressant et plus riche en moisson d'objets d'art et en souvenirs historiques que celui des bords du Danube, mais il faut faire ce voyage à cheval, à petites journées, s'arrêtant partout où il y a des ruines, et le littoral en est parsemé.

Pour le simple voyageur, pour celui même qui n'a pas le bonheur d'être savant, mais qui a le goût du beau, le Danube, avec son cours capricieux, ses rives si différentes d'aspects, est plein de charme et d'intérêt.

7.

Ici, la forme des clochers nous apprend que la foi illumine de ses rayons bienfaisants ce sol-là; la mosquée turque avec ses blancs minarets nous indique que les sectateurs de Mahomet peuplent ce coin de terre ; plus loin, c'est la croix des Grecs que nous apercevons.

Dans la riche et belle Syrmie, on aperçoit de verdoyants pâturages et de jaunes mûriers.

A Ujlok, ancien fort perché sur une roche escarpée, on voit un couvent de moines franciscains. Ce couvent, bâti dans de larges proportions, avec une architecture sévère, fait un effet superbe; à ses pieds se déroule une forêt de chênes séculaires.

Rien n'offre un coup d'œil plus gracieux et plus pittoresque que les deux villes de Pesth et de Bude, jointes l'une à l'autre par ce magnifique pont suspendu, l'une des plus belles conceptions dans ce genre, et qui, bien sûr, n'a pas de rival sous le rapport de l'élégance des formes et de la perfection du travail.

De ce pont on a la plus belle vue du monde : le Danube calme et majestueux, au loin une immense plaine, à gauche de riantes collines groupées coquettement, enfin la ville même de Bude, ou *Ofen*, avec ses châteaux crénelés, témoins de son ancienne splendeur et derniers vestiges de son passé.

La citadelle et le Blocksberg, perchés sur leurs rochers, semblent contempler d'un air méprisant la ville toute moderne de Pesth, avec ses rues droites, ses maisons uniformes et bourgeoises.

Bude représente le régime féodal et aristocratique, Pesth le nivellement des classes, le commerce et l'industrie, la civilisation, si l'on veut. L'une est grande, l'autre est jolie.

Si Bude a l'air de se montrer fière de ses rochers, de ses manoirs à demi détruits, Pesth étale avec orgueil ses beaux quais, ses vastes magasins fournis avec abondance des produits de tous les pays. Les vastes édifices modernes qu'elle possède suppléent, aux yeux de certaines gens, par la grandeur de leurs dimensions, à la beauté architecturale qui leur manque.

Les deux villes se toisent donc d'un petit air belliqueux, et leurs habitants suivent leur exemple.

Bude et Pesth communiquent entre elles par le pont suspendu dont je viens de parler et par un vaste tunnel qui traverse toute la montagne. On a le château de Bude sur la tête, on passe devant le théâtre allemand et l'on arrive au cœur même de la ville.

Sur la partie supérieure de Bude se trouve la vieille forteresse, dont les remparts sont transformés en jardins. De là on embrasse un immense et gracieux panorama.

Bude possède plusieurs autres grandes places, entre autres celle de Saint-Georges, où s'élève la colonne de la Trinité, érigée en 1715, en souvenir de la peste terrible qui ravagea cette cité. Une sainte relique se trouve dans l'église de Saint-Sigismond : c'est la main de saint Étienne, parfaitement conservée... dit-on.

Le château royal, commencé pendant le règne de Charles VI, dévasté par une invasion des Turcs, est une belle construction ancienne, à laquelle se rattachent bien des souvenirs. Dans son arsenal on voit un précieux petit drapeau rouge qui a appartenu aux croisés.

Cette ville a plusieurs faubourgs. Celui de *Wasserstadt* fut nommé ville des Juifs pendant la domination turque, parce que les musulmans y reléguèrent tous les juifs qui habitaient dans les autres quartiers. Ce nom lui est resté. On y voyait aussi une mosquée, comme souvenir des Turcs, mais on en a fait depuis une église chrétienne.

Les montagnes qui entourent Bude sont richement dotées par la nature ; elles possèdent des eaux thermales fort renommées pour la cure de certaines maladies. Ces eaux chaudes étaient déjà connues et appréciées par les Romains. Les Turcs, pendant leur domination, mirent beaucoup de soin à les embellir.

Les principales sources sont celle qui s'échappe au sud du *Blocksberg* et celle qui sort de terre au nord du *Josephsberg*.

Les principaux bains qu'elles alimentent sont ceux de *Bruck*, *Taiger*, *Block*, *Koning*, etc. Le fameux docteur *Heinrich* possède et dirige le *Reigenberg*, qui est le meilleur et le plus agréable bain des environs. La fondation de ce bain remonte au roi Mathias de Hongrie ; sa source est chaude à 38 degrés de Réaumur.

Le *Bruckbad* (Ruda-Perdo) est admirablement situé, tout près du Danube, sur la pente des rochers du Blocksberg. Il a plusieurs sources et quatre-vingt-dix-neuf baignoires. Ce bain est fait dans le genre des bains de Turquie : rien qu'une large salle ornée d'une gracieuse colonnade. Il y a aussi les anciens bains musulmans, dont le prix est à la portée de toutes les bourses. Les hommes et les femmes s'y baignent pêle-mêle ; la morale n'est sauvegardée que par un léger costume.

A l'extrémité de Bude se trouve l'établissement

de *Csaszar-Perdo*, ayant cent quatre baignoires et des chambres meublées à des prix très-modérés.

Les eaux de Bude sont excellentes, les environs de cette ville sont ravissants, et comme, au bout du compte, elle n'est pas très-éloignée de Paris, je ne m'explique pas pourquoi les Français, si grands amateurs d'eaux et se faisant un point d'honneur de quitter Paris l'été, ne vont pas à Bude de préférence à bien d'autres établissements thermaux. Je connais pourtant bien peu de villes d'eaux qui offrent des sites aussi riants et où l'on puisse vivre à meilleur compte.

Notez encore que ces bains de *Csaszar-Perdo*, quoique appartenant aux frères de la Charité en vertu d'une donation qui leur a été faite par la famille *Marzilanys* en 1810, offrent même aux baigneurs des récréations mondaines des plus agréables. Ces bons frères dirigent l'établissement avec zèle et intelligence, et ils ne mettent pas leurs malades à un régime par trop monacal. — Ainsi tous les jours un excellent orchestre, composé exclusivement de Bohèmes (Tchèques), vient se faire entendre dans la cour; une autre troupe de *zingari* vient exécuter quelquefois des danses qui sont jolies et surtout très-originales. Tous les mercredis un grand bal est offert aux baigneurs. Ce bal est superbe : la grande cour et la salle sont changées en salons ; les fleurs, l'eau, la lumière, se marient et produisent un effet magique.

La cave et la cuisine sont excellentes : les frères de la Charité s'y connaissent à merveille et font honneur à leur réputation.

Ah ! si les Parisiennes savaient comme on est bien à Bude, quelles jolies promenades on peut y faire, elles viendraient à coup sûr y passer leur été ! Et alors je leur recommanderais d'aller, comme première excursion, rendre visite au tombeau du saint musulman *Schamihs Gul-ler Baba*, qui se trouve sur une petite colline derrière Bude. *Gul-ler Baba* veut dire père des roses. Ce tombeau, de forme ronde, pareil au dôme d'une mosquée, est bâti depuis deux cents ans. Les derviches turcs viennent quelquefois le visiter, car ce saint est très-vénéré parmi eux. Jamais ils ne s'en vont sans avoir planté quelques rosiers autour du mausolée ou sans y avoir déposé quelques gros bouquets de roses.

Voici ce que dit la légende turque sur ce saint :

« Il eut une seule femme, qu'il aima beaucoup ; elle était, disait-il, fraîche comme un bouton de rose, et elle adorait les roses parce qu'elles étaient ses sœurs. Mahomet, jaloux de sa beauté, l'enleva de la terre alors qu'elle n'avait vu fleurir encore que seize fois les rosiers de mai. *Schamihs*, désespéré, se retira sur cette colline, s'y bâtit de ses mains une toute petite maisonnette qu'il entoura d'un champ de roses. Il n'aima plus rien ici-bas... que ces fleurs jolies qui lui rappelaient celle qu'il avait surnommée *Gul gusel* (rose jolie).

« Cultiver ses rosiers et prier Dieu étaient ses seules occupations. Il en arriva à un tel degré de mysticisme que — à ce que prétendent les musulmans — Dieu se mit en communication avec son humble serviteur *Schamihs*, qui put alors lire dans l'avenir. On venait de toute part consulter le saint, et comme on le trouvait toujours priant au milieu de ses roses, on l'appela *Gul-ler Baba* (père des roses). Les musulmans assurent même que les roses de son jardin qu'il offrait à ceux des visiteurs pour qui il était bien disposé avaient des vertus magiques, comme celle, par exemple, de fixer l'amour le plus inconstant. Les musulmans venaient en masse quêter une rose du Gul-ler Baba. Aujourd'hui encore les derviches turcs apportent des rosiers ; dès que les roses sont fleuries, ils les prennent et les emportent comme de précieuses reliques. »

Ce saint m'est, je dois le dire, très-sympathique, et j'ai pris de confiance une rose, remplaçant mon larcin par un gros rosier. Il aimait bien sa femme, il a été constant à sa mémoire... Il aimait les roses, les reines des fleurs, et vivait au milieu de leur doux parfum... Certainement ce bon *Gul-ler Baba* était pour le moins un poëte s'il n'était pas un saint.

Ce qui est aussi très-poétique, c'est la beauté des femmes de Pesth et de Bude. Dans aucun coin du monde on ne trouve des types d'une beauté aussi parfaite.

Pour pouvoir visiter Pesth et Bude en détail, il faut s'arrêter à Pesth quelques jours. On prend le bateau à Vienne jusqu'à la capitale de la Hongrie, et l'on reprend huit jours après l'autre bateau pour continuer sa route.

C'est ce que je fis.

On me signala, à mon hôtel, l'arrivée du bateau; je me rendis à bord étourdiment sans drogman, sans songer que j'ai la maladresse de ne pas savoir un mot d'allemand. J'allai droit à une baraque en bois qui me fit l'effet d'être le bureau :

« Une place première, dis-je, pour Constantinople, par Kustendje. »

Le monsieur du bureau me baragouina je ne sais quoi en allemand.

Je commençai alors à m'apercevoir que j'avais commis une imprudence...

« Billet première Constantinople...

— Ya, ya, » me répondit-il...

Il avait compris !... j'étais tout heureuse... mais, hélas ! je n'étais pas au bout de mes tribulations... Il me tendit un papier gribouillé en allemand.

« Combien est-ce ? » lui dis-je.

Encore et toujours il me répond dans sa satanée langue.

Le dialogue devenait difficile ; il ne comprenait pas un mot de français, moi pas un mot d'allemand ; le moyen de s'entendre !

Cependant la machine chauffait, je voyais que le bateau se préparait à lever l'ancre, je n'avais pas la moindre envie de séjourner plus longtemps en Hongrie. Je commençais à être très-embarrassée... Si jamais j'ai regretté d'être si peu polyglotte, c'est certes bien ce jour-là.

Une idée que je crus excellente me traversa l'esprit. Je tirai mon porte-monnaie de ma poche, l'ouvris, et, prenant mon billet en main, je lui fis signe de se payer... La vue de l'or fit épanouir sa figure et lui avait ouvert l'intelligence ; il vida avec un sans-gêne parfait le contenu de mon porte-monnaie et se mit à compter : Un, deux, trois, quatre cents francs, puis quatre cents francs encore. Huit cents francs une place de Pesth à Constantinople, je n'en revenais pas, cela me paraissait exorbitant... On levait l'ancre, je voulais partir, je laissai mes huit cents francs, pris mon billet, et sautai sur le pont, tout en me disant :

« C'est tout de même fièrement cher, mais lorsqu'il prend cette somme, ce bon employé, il sait ce qu'il fait, il ne saurait se tromper, une première coûte donc huit cents francs. »

Je n'étais pas sur le pont depuis une minute que le bateau s'ébranlait, la machine lançait de noirs tourbillons de fumée, nous étions en route. Ce bateau était assez grand, mais le pont était encombré de colis de toutes sortes, il ne restait pas une place de deux mètres pour les voyageurs, qui pourtant étaient très-nombreux. Je demandai à un garçon de vouloir bien m'indiquer ma cabine; il me regarda d'un air étonné et me répondit :

« Des cabines, il n'y en a pas; il y a le salon des dames, mais il est au complet; il n'y a plus de lit libre.

— Comment, plus de lit ! m'écriai-je ; où voulez-vous que je passe ces trois ou quatre jours? au milieu de ce pont, par hasard, et de ces marchandises?

— Ma foi, madame, me répondit-il sans s'émouvoir, vous ne serez pas la seule dame à n'avoir pas de lit et à passer la nuit sur une chaise; plus de vingt sont dans la même position que vous! »

La pensée que nous serions vingt à souffrir ne me consolait pas du tout... J'allai trouver le capitaine et lui dis que je trouverais assez juste qu'une compagnie qui vous fait payer huit cents francs pour vous transporter de Pesth à Constantinople vous donnât au moins un lit et une cabine.

« Mais, madame, la place ne coûte pas huit cents francs, mais seulement deux cent cinquante, » me répondit-il.

Je lui assurai que j'avais fort bien payé huit cents francs, et deux messieurs qui étaient sur le pont s'avancèrent en me disant :

« Mais nous étions au bureau, nous aussi, et lorsque nous avons vu que l'homme qui est au guichet, à qui vous avez tendu votre porte-monnaie, prenait cette somme-là, nous avons cru que vous preniez plusieurs places. »

Le commandant était stupéfait; il me conseilla

de faire une réclamation à la compagnie, une fois arrivée à Constantinople, et ces messieurs m'offrirent de donner leur témoignage...

L'espoir illusoire de rentrer dans mon argent ne me consolait pas du tout de n'avoir pas un lit. Le capitaine le comprit, et il me dit en riant que, puisque j'avais payé ma place si cher, il était assez naturel que j'eusse au moins une cabine; il m'en fit préparer une sur le pont.

Si ces lignes tombent un jour sous les yeux de l'Allemand du bureau des bateaux du Danube à Vienne, qu'il suive le conseil que je lui donne : Apprendre mieux son barême, et puiser avec plus de modération dans la bourse des voyageurs qui, comme moi, sont assez naïfs pour la lui tendre tout ouverte.

Je fus d'autant plus heureuse de l'amabilité du commandant, qui voulait bien mettre à ma disposition un petit coin où je pouvais me retirer, que le bateau était encombré d'une foule de voyageurs. Les Roumains et les Valaques y étaient en grand nombre. Ils rentraient chez eux après avoir été vider leurs bourses sur toutes les tables de jeu de l'Allemagne.

Les Valaques sont très-joueurs; aussi, pendant toute la durée de la traversée, ceux qui étaient à bord se sont-ils livrés avec frénésie à leur passion pour la dangereuse dame de pique.

Plus d'une fois je vis leur partie devenir orageuse, et ce qui m'étonna beaucoup, c'est qu'ils s'accusaient mutuellement d'un manque de délicatesse qu'on pourrait appeler d'un autre nom.

Et pourtant, leurs parties terminées, leurs injures dites et reçues, ils paraissaient être tous entre eux les meilleurs amis du monde ; ils causaient, riaient, se tutoyant, n'ayant pas l'air de se souvenir qu'ils s'étaient dits : « *Filous.* »

Un soir, une de ces parties fut troublée par un incident dramatique qui donna lieu à de curieuses discussions.

Deux messieurs jouaient au baccarat ; de fortes sommes étaient engagées ; le perdant dit à celui qui tenait la banque :

« Je fais tout...

— Je tiens, » dit l'autre ; et il donne les cartes.

L'adversaire prend ses deux cartes, les regarde, et se renverse dans son fauteuil, tenant toujours ses cartes à la main.

« Voulez-vous carte ? » dit le banquier.

L'autre ne répond rien.

Le banquier prend ce silence pour un refus, se donne une carte à lui-même, et il abat neuf...

Le partner reste impassible.

« Auriez-vous neuf aussi ? » lui demande le banquier.

Même silence.

Tout le monde le regarde avec un certain étonnement, car ses yeux fixement ouverts avaient quelque chose d'étrange.

On le secoue : il était mort de la rupture d'un anévrisme.

Voici la discussion qui suivit.

Le banquier disait :

« J'ai joué le tout, donc j'ai gagné la somme entière, et elle m'appartient. »

Un parent du défunt répondait :

« Un mort ne peut pas jouer !

— Mais il vivait lorsqu'il a dit : « Je tiens le « tout ! »

A quoi le parent ripostait :

« D'accord, mais lorsque vous avez dit : « Voulez-« vous carte ? » il était mort. Du reste, il n'avait que cinq, probablement il aurait tiré, et en prenant votre carte vous auriez peut-être perdu.

— Il n'est mort qu'après coup, et à cinq on ne tire pas.

— Mais supposons, disait le parent, qu'au lieu

de gagner vous ayez perdu, auriez vous-payé dans ce cas ?

— Certainement oui ! » répondait le gagnant.

La galerie était divisée en deux camps, et la discussion semblait vouloir s'éterniser indéfiniment.

Dans le fait, le cas était assez difficile à juger, et, pour mon compte, je ne sais trop de quel côté était le bon droit. Mais, ce que je sais très-bien, c'est que de voir ces gens débattant un intérêt d'argent devant ce cadavre chaud encore était une chose pénible. Ces gens me firent l'effet de loups se disputant de la chair fraîche.

Il y avait deux jours et demi que nous naviguions sur le Danube, quand, un soir, vers le minuit, le bateau s'arrêta net, et un sourd craquement se fit entendre. Il va sans dire que ce craquement fut suivi de cent cris perçants poussés par toutes les voyageuses; elles accoururent sur le pont en criant, à qui mieux mieux, que nous sombrions, et se souçiant fort peu de la légèreté transparente de leur costume.

Le bateau venait de s'ensabler, et comme il avait d'un côté trois pieds d'eau et de l'autre côté au moins quinze, il était couché sur son flanc d'une façon peu rassurante. On s'empressa de déplacer les colis et de porter le poids sur le côté le plus haut; ensuite le capitaine fit exécuter quelques manœuvres dans le but de le désensabler, comme par exemple de faire chauffer la machine à blanc, ce qui me causa assez de frayeur.

Mais toutes ces manœuvres ne réussirent pas à nous faire sortir de cette fâcheuse situation, dans laquelle nous restâmes pendant vingt-quatre heures; nous y serions restés probablement davantage si le hasard n'avait pas conduit un autre vapeur dans nos parages; ce fut lui qui nous aida à nous remettre à flots en nous remorquant.

Comme je l'ai dit déjà, notre bateau était encombré de voyageurs, dont une grande partie n'avait pas de lit et passait la nuit sur une chaise ou sur le canapé de la salle à manger. Cela n'empêchait nullement qu'on prît des voyageurs à chaque station, sans les prévenir du triste sort qui les attendait à bord; aussi y avait-il un méli-mélo, un tumulte affreux; on ne savait plus où se tenir, le pont étant sale et encombré de toutes sortes de marchandises.

Un désagrément beaucoup plus grave était celui-ci. Ces bateaux sont installés pour soixante ou quatre-vingts voyageurs au plus; ils ont des provisions de bouche, des services, du linge, de tout enfin, pour soixante personnes; ces provisions sont calculées pour un nombre de jours fixés. Or, nous étions cent cinquante voyageurs au lieu de soixante, et nous avions passé vingt-quatre heures ensablés, c'est-à-dire augmenté d'un jour le nombre de jours fixés ; les provisions s'étaient donc épuisées bien vite, et nous nous trouvions à la ration. De plus, la salle à manger ne pouvant contenir que quatre-vingts à cent personnes, on était obligé de faire deux couverts, l'un à cinq heures, l'autre à six. Un grand nombre de personnes, afin d'être du premier dîner, ne quittaient pas la salle à manger de toute l'après-midi, les autres faisaient le coup de poing pour avoir des places. Celles qui étaient du second dîner étaient les personnes calmes et ennemies de la foule ; j'étais de celles-là, mais aussi quel dîner! Tout froid nécessairement.

Ensuite, on nous donnait les mêmes assiettes, les mêmes couverts qui avaient servi aux autres, sans prendre la peine de les laver ; on se contentait de les essuyer un peu ; tout cela était sale, graisseux, dégoûtant. J'ai vécu, à bord de ce bateau, de café et de pain sec.

Certes, rien n'est beau et poétique comme les rives du Danube entre Vienne et Gernawoda, mais, pour pouvoir y donner l'attention qu'elles méritent, il faudrait jouir à bord des bateaux d'un peu plus de confort.

Après avoir passé l'endroit où les rivières de Talan et de Musabey, qui servent de frontières à la Bulgarie et à la Dobrudscha, viennent se jeter en bouillonnant dans le Danube, un peu au-dessous de la ville de Silestria, on aperçoit le prolongement du mont Balkan. Les bohémiens se sont creusé des espèces de grottes dans ces montagnes; ils vivent là pêle-mêle, à l'état tant soit peu sauvage.

Bientôt après, on arrive à la ville de Rassowa, où se trouvent encore les débris d'une ancienne muraille qui s'étendait de là à la mer Noire.

A partir de ce point, le fleuve change subitement de direction, il se dirige vers le nord. Bientôt après on arrive à Gernawoda, endroit où l'on prend le chemin de fer pour aller à Kustendje.

A deux heures du matin, notre bateau s'arrête brusquement, et l'on nous crie : « Vite, vite, dépêchez, on est arrivé. »

Il faisait très-froid; réveillés à notre premier sommeil, être forcés de nous habiller à la hâte, n'avoir rien de chaud à boire, tout cela nous parut malsain et peu agréable; tout le monde était de fort mauvaise humeur.

On nous criait pourtant à chaque minute : « Vite, vite, le bateau va repartir. » A la lettre, on a jeté tout le monde dehors, à moitié éveillé et à moitié habillé. La bise soufflait glaciale ; nous avons eu dix minutes à aller à pied pour rejoindre le chemin de fer, et nous étions chargés de nos sacs et de nos couvertures.

Ce chemin de fer part du milieu du désert; aucune salle d'attente, aucun abri.

Comme les employés ne comptaient pas sur l'arrivée du bateau avant six ou sept heures du matin, nous avons passé trois heures en plein air, à battre la semelle pour nous réchauffer.

Ce chemin de fer est loin d'être bien installé et confortable, mais, tel qu'il est, il rend de grands services. Comme il traverse la Dobrudscha, pays désert et inhabitable, il n'a d'autres voyageurs que ceux qui arrivent par le Danube. Les mois pendant lesquels le Danube n'est pas navigable, ce malheureux chemin de fer ne fait rien ; ses entrepreneurs ne doivent pas s'enrichir, et les actionnaires ne doivent pas recevoir de bien larges dividendes, je présume.

Cette route raccourcit beaucoup ; le trajet de Czernawoda à Kustendje n'est que de trois heures, tandis que le trajet par eau est de plus de deux jours.

Mais rien d'affreux comme le pays traversé par cette ligne de chemin de fer ; le terrain est marécageux ; souvent l'eau arrive jusqu'aux portières des wagons ; il s'échappe de ces marais une odeur malsaine et fétide.

La seule station, le seul lieu habité que l'on traverse, c'est Midjidji, ville d'origine toute nouvelle. Elle est habitée par vingt mille Tartares. Ces pauvres gens étant pourchassés par la Russie, le gouvernement turc, les prenant en pitié, leur a permis de s'établir dans cette ville, d'y vivre en paix et à leur guise. La Porte, les sachant très-pauvres, ne leur demande pas même de payer le moindre impôt.

Les bords de la mer Noire, à Kustendje, sont dénués de toute végétation, et horriblement tristes. Ce qui les rendit plus tristes encore à nos yeux, c'est une foule de Circassiens qui étaient là campés sur le bord, nus ou à moitié couverts de haillons, mourant de faim ; on voyait de pauvres enfants que la fatigue de la route et les privations avaient exténués, et qui paraissaient n'avoir plus un souffle de vie.

C'était vraiment un spectacle navrant.

Ces malheureux avaient quitté leur pays pour se soustraire à la domination russe ; ils avaient fait cette longue marche portant ou traînant leurs enfants après eux. Beaucoup de ces malheureux viennent mourir sur les bords de la mer Noire.

Ils ont conquis leur liberté, mais, hélas ! ils n'en profitent pas.

Le bateau qui devait nous conduire à Constantinople ne devant partir qu'une heure après, nous allâmes tous voir ces malheureux Circassiens ; leur état de souffrance et de dénûment nous arracha des larmes de pitié ; nous fîmes une collecte et nous leur en distribuâmes le produit.

Les mères, les pères prenaient leurs jeunes enfants dans leurs bras, et ils nous disaient en les tendant vers nous :

« Achetez-le, il est gentil, il vous aimera, il vous servira bien ; achetez-le, seigneur ! »

C'était un spectacle à fendre le cœur. Ces pauvres mères qui nous proposaient de nous vendre leurs enfants, on ne pouvait certes pas les accuser de manquer d'âme ; car, en les vendant, elles assuraient la vie et peut-être le bien-être de ces pauvres parias, tandis qu'elles savaient bien que si elles les gardaient près d'elles, ils mourraient de froid, de faim et de fatigue. Le sentiment qui les animait était donc une sublime abnégation.

Un riche Turc était avec nous : devant ce tableau de misère et de douleur il se sentit profondément ému ; il ouvrit sa bourse, compta son argent, en fit cinq parts ; puis il choisit les enfants les plus souffreteux, ceux qui n'avaient pas même un haillon pour vêtement ; il donna à chacun des parents une part d'argent en leur disant :

« Soyez tranquilles, je les soignerai si bien qu'ils reviendront à la vie. Dès ce jour, je les considère comme mes enfants. »

Les parents se jetèrent à ses pieds pour le remercier ; ils étaient fous de joie ; serrant leurs enfants sur leur cœur, ils leur disaient :

« Ne pleurez plus, vous aurez des vêtements et du pain ; vous ne mourrez pas de froid et de misère sur cette terre humide. »

Les autres parents, qui avaient, eux aussi, des enfants, jetaient sur eux un douloureux regard qui semblait dire :

« Vous n'aurez ni pain ni vêtement, et vous mourrez ! »

Ah ! que j'ai regretté de ne pas être riche et de ne pouvoir pas arracher, moi aussi, quelques-uns de ces pauvres petits êtres à la mort !

Ce Turc se fit apporter ces enfants, par les

parents, jusqu'au bateau. Une fois là, il défit ses caisses pour y prendre des robes de chambre, des houppelandes pour les couvrir; ensuite il les installa dans les deux lits de sa cabine et leur fit donner à manger. Ces pauvres petites créatures se mirent à dévorer tout ce qu'on leur offrit. Les parents, en voyant les soins paternels que ce musulman prenait de leurs enfants, partirent heureux et tranquilles sur leur sort.

Bien des personnes, des mères surtout, en lisant ceci, se diront que ces parents-là étaient dénaturés, que mieux vaut voir mourir ses enfants auprès de soi que de les vendre à des étrangers.

Si je n'avais pas vu ces malheureux Circassiens couchés sur une terre humide, blêmis par le froid et la faim; si je n'avais pas vu des tombes, fraîchement creusées, d'enfants morts des souffrances et des privations qu'ils avaient endurées; si je n'en avais pas vu d'autres à la veille de succomber; si je n'avais pas vu le désespoir de ces pauvres mères en voyant qu'elles n'avaient rien pour préserver leurs enfants du froid, rien pour les nourrir, je dirais, moi aussi, que ces parents sont dénaturés; mais, ayant vu cela, je trouve que leur conduite est le résultat de l'amour maternel poussé à ses dernières limites, poussé jusqu'à l'abnégation;

elles préfèrent s'enlever la seule consolation qui leur reste au milieu de leur infortune, et les arracher à cette lente agonie.

Les musulmans aiment beaucoup les enfants ; ils achètent des Circassiens, et lorsqu'ils voient un enfant orphelin et malheureux, bien vite ils l'adoptent. Une justice à leur rendre, c'est qu'ils aiment, élèvent et soignent ces enfants comme les leurs.

Pendant toute la traversée, ce Turc a soigné ces enfants comme la meilleure des mères aurait soigné les siens propres. Ces malheureux étaient couverts de vermine : lui-même il les a menés sur le port, et là, avec de l'eau chaude, il les a lavés. Ensuite il leur a taillé des vêtements dans ses robes de chambre. Voyant qu'il s'apprêtait à les coudre tant bien que mal, je me suis empressée de lui offrir mon aide et mon expérience en cette matière.

Si la mer Rouge a une teinte rougeâtre, teinte que lui donne le sable rouge qui forme son lit, la mer Noire a, par contre, une teinte noirâtre lugubre. Lorsque les démons des tempêtes se déchaînent sur ses flots, on voit des vagues mugissantes d'un noir effrayant qui entourent le bateau et se brisent avec rage ; le fond de l'eau est si noir qu'on se figure que l'enfer avec ses gouffres béants se trouve au-dessous.

J'ai vu des tempêtes dans bien des mers, mais aucune ne m'a fait une impression aussi désagréable, aucune ne m'a paru aussi épouvantable que celle qui a fait danser, craquer, bondir avec furie notre bateau, pendant vingt-quatre heures, sur la mer Noire.

Je suis assez aguerrie à la mer, et pourtant cette tempête-là m'a impressionnée péniblement. Le ciel était noir; tout autour de nous des flots noirs qui semblaient soulevés par une puissance infernale; un vent froid faisant entendre de longs sanglots, des cris de rauque désespoir. Le bateau craquait de fond en comble et faisait entendre comme des plaintes; tout cela me paraissait d'un triste sans pareil, et dans mon esprit, comme dans le ciel, tourbillonnaient des nuages noirs. Lorsque après vingt-quatre longues heures le ciel s'est montré d'un beau bleu à mes yeux charmés, lorsque le soleil s'est remis à nous éclairer et que le vent s'est tû, soudain je me suis sentie soulagée d'un malaise indéfinissable qui s'était emparé de moi.

Comme pour me dédommager de l'ennui que m'avait causé la bourrasque, le bon commandant du bateau, un bateau du Lloyd, m'a conté une histoire vieille déjà de quelques années, mais dont le dénoûment s'est passé sur son bateau et dont il a été l'un des héros. Il y a joué le rôle de la Providence en sauvant la victime et en faisant punir le coupable.

Voici l'histoire :

Dans une petite ville située sur la côte de la mer Noire (je ne la nomme pas pour ne pas désigner le coupable) se trouvait une perle de la plus belle eau, une merveille de beauté, de grâce et d'ingénuité, une jeune fille de seize ans ; jamais cerveau de poëte en délire n'aurait pu rêver un type de beauté plus pur et plus parfait.

Cette jeune Grecque appartenait à une famille aisée, mais non riche.

Toutes les mères de la petite ville de X... jalousaient le bonheur de la mère d'Iséa. Ainsi se nommait la belle enfant.

Les jeunes filles la regardaient avec un sentiment de secret dépit.

Les hommes en la voyant perdaient leur cœur et leur repos. Jeunes et vieux, tous étaient enamourés.

Les vieilles femmes disaient :

« Iséa possède un charme, c'est certain ; sa beauté a quelque chose qui n'est pas naturel. »

Bien des hommes de toutes les conditions s'étaient déjà risqués à demander à ses parents la main de la blonde Circé, mais ses parents avaient toujours répondu qu'elle était encore trop jeune pour qu'on songeât à la marier.

Le gouverneur de la province avait un fils qui restait à Constantinople. Dans un voyage qu'il fit pour venir voir son père à la ville de X..., il rencontra Iséa, et il va sans dire qu'il en devint amoureux.

Éperdument amoureux !

Dans son enthousiasme, il s'écriait :

« Cette jeune fille ne peut être qu'une houri échappée du paradis de notre grand prophète ! »

Ce jeune musulman, ainsi pris de ce mal d'amour, languissait tristement ; il passait ses journées devant la porte de sa belle pour tâcher de l'apercevoir un instant.

Lorsqu'il l'avait vue, il rentrait au palais du gouvernement, plus amoureux et par conséquent plus malheureux que jamais.

Lorsqu'il ne l'avait pas aperçue, il rentrait triste, morne et abattu.

Sa mère, en bonne mère, s'inquiéta de cet état anormal ; elle questionna son fils, qui lui fit l'aveu de son amour pour Iséa.

« Mon enfant, lui dit-elle, j'ai bien peur que tu ne sois jamais heureux, car une Grecque n'épouse pas un musulman. »

Le fils lui fit observer alors que les parents d'Iséa étaient presque pauvres, et qu'une forte dot les déciderait sans doute.

Sa mère lui promit de faire dès le lendemain même une démarche.

Elle tint parole.

Le lendemain on annonçait aux parents d'Iséa la visite de la femme du gouverneur.

Cette dame leur fit sa demande ; elle offrit une haute dot; elle promit, au nom de son fils, qu'Iséa serait la seule et bien-aimée femme du jeune musulman, et qu'elle serait libre de suivre sa religion.

Les parents de la jeune fille répondirent que leur fille n'épouserait jamais un musulman, et rien ne put les fléchir.

Lorsque sa mère raconta la mauvaise issue de sa démarche au jeune homme, il se livra à un accès de désespoir, assurant qu'il aimait mieux mourir que de vivre sans celle qu'il aimait.

Rien n'est plus faible et plus facile à émouvoir que le cœur d'une mère.

Rien n'est facile à effrayer comme une mère !

Celle-ci voyait déjà son fils dans la tombe.

Aussi elle s'empressa de lui dire : « Retourne à Stamboul, je te promets qu'avant un mois tu seras en possession de cette belle Iséa. »

Confiant dans cette promesse maternelle, le jeune musulman retourna à Constantinople.

Quinze jours après, le bateau du Lloyd *le Vienne* touchait à la ville située à quelques lieues de celle habitée par Iséa.

Une vieille femme turque, deux eunuques accompagnant une autre dame qui paraissait jeune, malgré le voile épais qui cachait ses traits, montèrent dans le bateau.

Quand j'ai dit que les deux eunuques et la vieille femme accompagnaient la jeune dame, je me suis trompée, car le commandant et les passagers remarquèrent que la plus jeune de ces femmes semblait se défendre de monter sur le bateau; mais la vieille la tenait par le bras, les eunuques l'entouraient, et ces trois personnages avaient l'air de lui faire des menaces et de la forcer à avancer de vive force.

Ces quatre personnages s'installèrent sur un endroit du pont réservé aux harems turcs, et qui est séparé par une tente du reste du pont.

Le commandant avait été intrigué par la résistance que la jeune femme paraissait opposer à ses compagnons de voyage ; il passait et repassait près de l'endroit où elle se trouvait, et il ne tarda pas à se convaincre qu'elle était gardée à vue par ces gens-là. Un moment une vive discussion s'engagea en langue grecque ; la jeune femme voulait se lever, on voulait l'en empêcher ; pourtant elle se leva, mais la vieille femme lui prit le bras, les eunuques la suivirent à peu de distance.

Le commandant passa tout près d'elle. Alors, faisant semblant d'arranger son voile, elle se détourna de son côté et lui dit vivement en bon français : « Sauvez-moi, on m'enlève. » Mais la vieille mégère la tira rudement par le bras, les eunuques furieux l'entourèrent, elle ne put en dire davantage ; on l'entraîna violemment sous sa tente, où cette fois-ci les Argus la gardèrent de près.

Le commandant fut très-étonné en entendant cette dame parler le français.

Il réfléchit un moment à ce qu'il avait à faire. « Si c'est une Européenne, je lui dois aide et protection, se disait-il, et, quelle qu'elle soit, je ne puis la laisser me demander en vain de la sauver. Il faut que je sache quel danger elle court. »

Mais comment faire ?

Le cas était difficile, car cette dame portait le

costume turc, et lui parler malgré ses gardiens, si elle était réellement Turque, pouvait lui amener une mauvaise affaire.

Après mûres réflexions, il s'arrêta à un plan très-ingénieux, que voici. Il prit son lieutenant, se mit à se promener de long en large sur le pont en ayant l'air de ne pas faire la moindre attention à la jeune femme, et en faisant semblant de causer de choses indifférentes. Après cinq ou six tours, il s'arrêta près de la tente, mais de façon à lui tourner le dos ; parlant alors très-haut à son lieutenant, il se mit à dire :

« Courez-vous réellement un danger, madame ? Si oui, toussez légèrement. »

Il avait été compris et entendu, car une petite toux lui répondit aussitôt.

Encouragé par le succès de sa ruse, il poursuivit :

« Vos gardiens comprennent-ils le français ? Si cette langue leur est inconnue, toussez encore. »

De nouveau une petite toux se fit entendre.

Alors le commandant poursuivit, parlant toutoujours à son lieutenant.

« Très-bien, surtout soyez prudente, n'ayez pas l'air de prêter attention à ma conversation, et dites-moi si vous êtes Européenne ou Turque : toux, Turquie; silence, Europe. »

La dame se tut.

« Européenne! Oh! alors je puis vous protéger parfaitement, madame. Et on vous enlève, m'avez-vous dit? Toux pour oui. »

La jeune dame toussa fortement.

« Oh! oh! nous y mettrons bon ordre, soyez tranquille; seulement, de la prudence. Endormez la défiance de vos Argus, ensuite demandez à faire un tour de pont, et lorsque vous passerez devant l'escalier qui conduit aux premières, jetez-vous-y prestement en invoquant ma protection; je serai là. A présent, je m'éloigne ; si mon plan vous va, toussez encore. »

La dame toussa, et le commandant s'éloigna; il descendit aux premières et attendit au bas de l'escalier avec son lieutenant. Une demi-heure après, il vit passer la jeune femme; elle se promenait, appuyée sur le bras de la vieille; elle avait l'air calme et résignée. Elle passa deux fois, puis à la troisième fois, par un brusque mouvement, elle se dégagea subitement, et elle se jeta si vivement dans l'escalier en criant : « Aide et protection ! je suis chrétienne !... » qu'elle vint rouler aux pieds du commandant. A ses cris, au bruit de sa chute, les voyageurs sortirent du salon, on la releva, on l'entoura ; mais la vieille, remise de son saisissement, arriva prestement, suivie des eunuques, au bas de l'escalier. Là, une lutte s'engagea ; les eunuques dégaînèrent leurs grands sabres et voulurent s'emparer d'elle ; la vieille s'acharnait après elle comme une Harpie : elle la tirait par le bras et par les vêtements.

Mais le commandant, sortant un revolver de sa poche, signifia aux eunuques qu'il leur brûlerait la cervelle s'ils touchaient cette dame.

« Elle est Turque, disait la vieille, vous n'avez aucun droit sur elle !...

— Elle est Turque », répétaient les eunuques.

Mais la jeune fille, déchirant le voile qui lui recouvrait le visage, et le jetant au loin, s'écria : « Ils mentent, je suis chrétienne. »

Elle montra aux voyageurs et au commandant le plus ravissant visage de seize ans qu'ils eussent jamais admiré !

Un prêtre grec était à bord ; au bruit de cette discussion, il était accouru. En l'apercevant, la jeune fille se jeta à ses pieds en lui disant : « Sauvez-moi, mon père, je suis Grecque d'origine et de religion, on m'enlève traîtreusement à ma famille ;

madame (elle désignait la vieille) m'emmène dans le harem de son fils. »

Le prêtre la releva, la prit par la main et la conduisit au salon des dames.

Les eunuques, intimidés par le revolver du commandant et aussi par la vue de ce prêtre, n'osaient pas bouger ; mais la vieille criait toujours à tue-tête : « Elle ment ! C'est une esclave que j'ai achetée et qui veut s'échapper. »

Le commandant lui parla en turc et il lui signifia que ce bateau représentait l'Autriche ; que, par conséquent, cette jeune fille ayant réclamé la protection de cette nation, on devait la lui accorder; qu'elle n'avait plus aucun droit sur elle, puisque le pavillon autrichien la protégeait ; qu'elle devait donc se retirer, elle et ses eunuques ; que, sans cela, il se verrait forcé d'agir sévèrement envers elle.

Elle s'éloigna en maugréant et en lui disant qu'une fois arrivé à Constantinople, où son fils était tout-puissant, il serait bien forcé de rendre cette jeune fille.

Iséa, car c'était elle, fut tout de suite entourée par toutes les dames qui se trouvaient à bord. Elle s'était légèrement blessée dans sa chute, on la pansa; on la rassura, car elle tremblait très-fort que les eunuques ne vinssent la reprendre.

On lui dit qu'elle était à présent sous le pavillon autrichien et qu'elle n'avait rien à craindre.

La première chose qu'elle demanda aux dames qui s'empressaient autour d'elle, ce fut de lui prêter un costume européen. « Celui-là me fait horreur, » dit-elle.

Ces dames lui donnèrent des vêtements ; elle les revêtit avec bonheur, et elle mit en pièces son costume musulman.

Quand elle fut remise de la violente émotion qu'elle venait d'avoir, le prêtre lui dit que, pour qu'il la protégeât efficacement, il fallait qu'il sût pourquoi et comment on l'avait enlevée.

On fit cercle autour d'elle, car la curiosité était vivement éveillée.

Elle raconta d'abord ce que nous savons déjà : la demande qu'avait faite de sa main le fils du pacha et la réponse de son père.

« Après cela, dit-elle, nous n'entendîmes plus parler de ce jeune homme ; il cessa même de me poursuivre de ses assiduités, et bientôt nous apprîmes qu'il était retourné à Constantinople.

« Là-dessus, les fêtes du Baïram arrivèrent. Ma mère est liée avec plusieurs familles turques. Un jour, une de ces dames qui a plusieurs filles de mon âge vint prier ma mère de me laisser aller le soir chez elle. « Il y a, lui dit-elle, grande fête au « harem, mes filles voudraient bien avoir Iséa. »

« Ma mère consentit avec plaisir à m'y laisser aller, heureuse de me donner une distraction.

« Le soir, un domestique me conduisit chez cette dame ; les hommes ne pouvant entrer dans le harem, même les domestiques, il me laissa à la porte, me disant qu'il reviendrait me prendre à onze heures.

« Un eunuque me conduisit dans la pièce qui sert de salon. La maîtresse de maison était seule, et comme je m'étonnais de ne pas voir ses filles, elle me dit : « Elles sont à leur toilette et vont venir. » Un domestique apporta du café ; elle-même prit une tasse et me l'offrit.

« Je trouvai à ce café un certain petit goût, mais je n'y fis pas attention, sachant que les dames turques mettent toutes sortes de drogues dans cette liqueur, comme essence de rose, patchouli.

« Je bus donc ce café. On m'en apporta bientôt après une seconde tasse, que je bus aussi. Alors je me sentis prise d'un violent mal de tête et d'un assoupissement qui paralysait mes mouvements, mes paroles et même mes idées. Je dus m'endormir bien profondément, car lorsque je me réveillai, j'étais dans une voiture qui roulait très-vite ; il faisait déjà grand jour. A côté de moi était assise la femme du pacha gouverneur qui était venue demander ma main à ma famille, et devant moi se tenaient assis d'un air farouche deux eunuques.

« Je compris de suite ce qui s'était passé et se passait : on m'enlevait.

« Je voulus me débattre, appeler au secours ; mais alors la femme du gouverneur me dit que nous étions loin de la ville de X..., que mes parents ne pourraient pas me retrouver, et qu'il était inutile que je fisse du bruit, car le bruit ne servirait qu'à forcer les eunuques, mes gardiens, à me bâillonner ; que, du reste, si j'étais sage et tranquille, il ne me serait fait aucun mal ; que je serais même très-heureuse ; qu'elle me conduisait à son fils, qui était beau garçon, qui avait une brillante position, qui me prendrait pour sa femme légitime, et que mes parents seraient eux-mêmes enchantés plus tard de ce mariage.

« Je me mis à pleurer et à supplier cette dame de me reconduire dans ma famille, lui assurant que je n'aimerais jamais son fils.

« Mais je m'aperçus que mes larmes la touchaient peu, et je vis avec désespoir que j'étais trop bien escortée pour tenter de m'échapper.

« Bientôt nous arrivâmes à la ville de M..., où nous nous sommes embarqués. Là, on m'a bâillonnée, de peur que je ne criasse. Mon voile épais cachait ce bâillon ; la vieille femme me tirait par un bras ; un eunuque, sous prétexte de me soutenir, me tirait si fort l'autre bras qu'il m'a été impossible d'arracher ce bâillon ; on me l'a ôté sur le bateau, ce qui a fait que j'ai pu implorer votre protection. »

Voilà comment s'était fait l'enlèvement de la jeune Grecque.

Lorsque le bateau fut arrivé à Constantinople, le commandant s'empressa de faire hisser le pavillon autrichien. Il fit mettre les officiers sous les armes, et donna l'ordre le plus exprès de ne laisser sortir personne.

Quant à la jeune fille, il l'enferma dans sa cabine sous bonne garde.

Bien lui en prit de prendre cette précaution, car aussitôt l'ancre jetée, le jeune pacha arriva, escorté de plusieurs hauts personnages turcs. Sa mère lui expliqua ce qui s'était passé. Alors le jeune pacha entra en fureur, demandant impérieusement qu'on lui livrât de suite cette jeune fille. « Elle est musulmane, disait-il, elle portait le costume turc, vous avez violé, en l'enlevant à ma mère et aux eunuques, les capitulations. Je me plaindrai et vous serez sévèrement puni, » dit-il au commandant. Mais celui-ci ne se laissa point intimider. Il laissa le bateau sous la garde de son second, et il courut à l'ambassade d'Autriche, expliquer l'affaire à l'ambassadeur. Celui-ci vint lui-même sur le bateau, prit la jeune fille sous son bras, la fit descendre dans sa petite barque, où était hissé le pavillon autrichien, et l'emmena à l'ambassade d'Autriche.

Rien ne peut donner une idée de la fureur du jeune Turc en se voyant enlever ainsi celle qu'il convoitait, et de la rage de la vieille mère en voyant son beau plan d'enlèvement échouer. Mais il n'y avait rien à faire : un ambassadeur est craint et respecté partout, mais surtout en Orient, et, de plus, ils sentaient parfaitement l'un et l'autre qu'en enlevant une Grecque ils s'étaient mis dans leur tort.

L'ambassadeur s'empressa d'écrire aux parents d'Iséa, pour les rassurer sur le sort de leur fille.

Depuis, la jeune Grecque est devenue la dame d'honneur d'une puissante dame qui l'a mariée avec un jeune homme de sa cour.

Les mauvaises langues assurent que, plus tard,

ayant fait par hasard la connaissance dans le monde de cet audacieux jeune Turc qu'elle ne connaissait que de vue, elle s'est prise à regretter que la tentative d'enlèvement eût échoué.

LE BOSPHORE.

Lorsque le bateau, quittant soudain les eaux noirâtres de l'antique Pont-Euxin, entre dans les flots azurés du Bosphore, un coup d'œil magique, féerique, vient vous charmer, un saisissement indéfinissable s'empare de vous ; on se sent caressé par une brise tiède et parfumée, qui vous apporte les émanations des plus belles fleurs écloses en Asie, sur cette rive aimée du soleil et de la nature. Le parfum doux et âcre vous monte au cerveau comme un hachich divin !

Vos yeux se fatiguent à force d'admirer, car jamais spectacle aussi merveilleux ne les a frappés.

Pour peindre dignement les beautés du Bosphore, pour chanter ces rivages que les flots baignent amoureusement, ces palais dans lesquels on sent, on devine la belle fille de l'Orient collant un œil furtif aux fissures de sa croisée pour voir l'espace, le monde, le fruit défendu...

Pour décrire ce long canal parsemé de caïques où les musulmans égrènent leurs chapelets en laissant errer leurs regards, et leurs pensées s'envoler vers l'infini...

Pour faire comprendre la variété de ce spectacle sur cette écluse sillonnée de tant de bateaux...

Pour bien peindre enfin :

> « Cette mer, aux eaux bleues,
> Qui d'un ciel toujours bleu tire son double azur;
> Flot qui danse au soleil, libre, joyeux et pur, »

Il faut être lord Byron, ou bien encore Jacovaki Fico.

Qu'on me permette de dire un mot sur ce dernier.

Fico est né à Constantinople, bercé par les flots azurés du Bosphore. Dès sa plus tendre jeunesse il y a promené ses molles rêveries, ses plus douces espérances. Grisé par la poésie, cette fille de l'Orient, il est amoureux de la blonde muse, et voici comment il chante les lieux qui virent naître celle qu'il aime :

> « Réunissant deux mers et divisant deux mondes,
> Ne mirant que palais dans ses magiques ondes,
> Palais et fleurs; tournant, détournant ses flots bleus;
> Formant des caps, des ports, des golfes en ses jeux,

> Le Bosphore, roulant des vagues toujours vives,
> D'un village sans fin voit s'embellir ses rives.
> Ce village se courbe et serpente avec lui ;
> De l'aigu promontoire au golfe qui reluit,
> Promenant ses toits plats, corbeilles de verdure,
> Il suit dans ses détours la vague qui murmure,
> Et d'un bruit de feuillage enflant le bruit des eaux,
> Entre ces deux fraîcheurs étale ses châteaux.
> L'œil aime à parcourir les couleurs bigarrées
> Dont ses rives partout se montrent diaprées :
> Quelquefois le palais monte du sein des flots,
> Ou, de pierres bâti, domine les coteaux.
> C'est une ville, un quai, de l'une à l'autre plage !
> Mais le point le plus beau de l'immense village,
> Thérapia, c'est toi, c'est ton golfe profond,
> Émeraude enchâssée dans un vert horizon.
> Comme la blonde fille éprise de parure
> Autour de son front blanc tourne sa chevelure,
> Telle, d'un long jardin couronnant ses palais,
> Thérapia se mire en son golfe si frais... »

Voilà certes la plus jolie description qu'on puisse faire du Bosphore, et je me garderai bien d'en faire une autre après avoir cité celle-là.

Le canal du Bosphore est riche en souvenirs historiques et mythologiques : les uns disent que son nom lui est venu de ce que Io, transformée en vache, le traversa à la nage pour échapper au taon. Bosphore, en effet, signifie en grec, *gué de bœuf*.

D'autres prétendent que ce nom lui fut donné

en mémoire de ce bœuf qui, inspiré par l'oracle, montra la route de l'Europe aux Phrygiens.

Enfin, il y en a qui prétendent que ce nom est un souvenir du premier navire qui se balança sur ses flots, affrontant les écueils dangereux qui l'entourent. Ce navire portait à la proue l'image d'un bœuf.

Les fables, ces gracieuses fées des premiers âges, se sont complu à embellir de légendes les bords du Pont-Euxin, de la Propontide et du Bosphore.

Une allégorie des Grecs, ces pères des conteurs, nous dit que Phryxus et sa sœur Hellé, fuyant Thèbes et la haine de leur belle-mère Ino, traversèrent l'Hellespont sur un bélier à toison d'or; que là, Hellé, effrayée par le rugissement des flots, tomba à la mer, qui prit ainsi son nom. Phryxus, ne connaissant pas sans doute l'art de nager et de plonger, abandonna sa sœur à son triste sort; il poursuivit son voyage sur le bélier, traversa la Propontide, le Bosphore et le Pont-Euxin, et vint aborder en Colchide, où la reconnaissance (reconnaissance singulièrement entendue par exemple!) le porta à immoler à Mars son fidèle et agile sauveur.

Il suspendit la toison d'or à un hêtre, et... on sait le reste, les poëtes ont chanté sur tous les tons les vicissitudes de cette toison, les enchantements de Médée, le voyage des Argonautes au delà du Bosphore, sur les bords qui portent le nom de Bosphore Cimmérien.

C'est là que la mythologie place encore un autre événement mémorable, qui fut aussi célébré par les poëtes de l'antiquité : je veux parler de l'enlèvement d'Iphigénie, transportée par Diane dans ces lieux.

La mythologie dit aussi que les rochers appelés *Cyanées*, dont les uns se trouvent sur la côte d'Asie, les autres sur la côte d'Europe, et qui semblent fermer l'entrée du détroit, étaient jadis réunis, mais qu'ils s'ouvraient seulement pour laisser passage aux vaisseaux ; puis, lorsqu'ils les voyaient bien engagés, ils se refermaient brusquement, les broyant comme plâtre, pour les punir de leur imprudence. Les Grecs les nommaient, à cause de cela, *Symplégades*.

Euripide décrit d'une façon admirable les dangers qu'Oreste et Pylade durent affronter pour traverser ce terrible passage.

Mais il paraît qu'en l'an de grâce 1864 la mythologie, avec ses contes charmants, affrayants, émouvants, n'était déjà plus de mode, car notre bateau, *le Vienne*, du Lloyd autrichien, passa fort tranquillement à côté de l'ancien écueil des *Cya-*

nées..., les rochers restèrent muets et immobiles.

La largeur du Bosphore varie entre six cents mètres minimum et deux mille cinq cents mètres maximum ; il est sinueux, et dans ses détours gracieux il forme sept baies.

Ce canal est d'une navigation difficile et dangereuse, car à chaque tournant le courant est rejeté d'une rive à l'autre, de sorte que les eaux entraînées avec violence au fond d'une baie s'échappent avec impétuosité dans la direction opposée, puis s'engouffrent de nouveau dans le bassin suivant.

Le dernier courant, qui vient frapper avec force la pointe du sérail, envoie une faible partie de ses eaux dans la Corne-d'Or, tandis que le reste s'enfuit vers la mer de Marmara.

On se sert, à Constantinople, de tout petits bateaux, appelés *caïques*, pour les promenades et les courses sur le Bosphore ; il faut que les caïkjiés (bateliers) aient une adresse merveilleuse pour conduire leurs faibles nacelles au milieu de ce flux et reflux de courants.

Si le poëte Fico vante avec raison Thérapia la belle, qu'il compare à une « émeraude enchâssée dans un vert horizon », il est encore un détail qu'il faut ajouter à sa description. Les nids sur le Bosphore sont réellement dignes d'être admirés. Ce sont :

Ou des nids d'aiglons perchés sur un coteau, ou des nids de fauvettes modestement cachés dans le feuillage.

Buyuk-Déré est la ville de plaisance des Turcs, c'est là qu'ils se portent en été pour respirer la fraîche brise de la mer, qui vient, en cet endroit, s'enfoncer dans la terre en angle aigu, et former un petit port autour duquel est une jetée qui sert de promenade. — Rien n'est comparable à cela. — Vers les sept heures, cette promenade est encombrée d'une foule bigarrée qui offre un curieux spectacle. On y voit des dames grecques, arméniennes, levantines, avec des toilettes fantastiques ; le jaune, le vert, le rose et l'or s'y mêlent avec le mauvais goût le plus complet. Elles causent, rient, caquèttent à qui mieux mieux.

Les femmes turques, entourées du prestige de l'inconnu, viennent là aussi drapées dans leur *perrijiè* (manteau) ; leurs yeux brillent de passion et de malice à travers les trous pratiqués dans leurs voiles. — Elles comprennent que les hommes s'efforcent, en les voyant, de percer le mystère dont elles sont enveloppées, et qu'ils cherchent à deviner si elles sont belles ; cela les amuse et leur met un brin de malice dans le regard qui leur sied très-bien. Celles qui sont vieilles et laides bénissent le voile qui leur permet d'attirer encore l'attention des hommes; celles qui sont jeunes et jolies trouvent le moyen de se laisser voir, en dépit de l'eunuque qui les suit et du voile qui les cache.

De bons Turcs bien graves, à la démarche lente et mesurée, sont là aussi avec un gros chapelet d'ambre ou de corail à la main ; ils promènent un regard distrait autour d'eux, et ont l'air de penser à quelque chose, quoiqu'ils ne pensent à rien. — Ils font leur *kieff*, voilà tout.

Les Levantins, les Pérotes, les Arméniens, les Grecs, tous ces corbeaux noirs du commerce de Péra, de Tophana et de Galata, sont là eux aussi, mais ils parlent haut, gesticulent beaucoup, et se racontent en mauvais italien (que l'on peut appeler le sabir) ce qu'ils ont gagné à la Bourse, ce qu'ils espèrent gagner encore.

Voici les fragments de conversation que l'on saisit en passant auprès d'eux :

« Un tel a une rude chance : le pacha *** lui a donné une commande sur laquelle il va gagner le soixante pour cent.

— Il aura bien raison, répond un autre, les

pachas sont créés et mis au monde pour être volés et exploités...

— Ah! moi, dit un troisième d'un air langoureux, si jamais il m'en tombe un sous la main, je compte bien faire comme le grand ***... prendre tout et ne lui rien laisser; car, crois-moi, l'argent....

— Est tout! » dit le groupe en chœur.

« Oui, l'argent c'est tout ici-bas. Il faut être un sot, un niais, pour ne pas sauter à pieds joints sur tous les préjugés, et pour ne pas reconnaître que tous les moyens sont bons quand il s'agit d'amasser de l'argent.

— Oui, dit un jeune Arménien, ceci est très-vrai, mais le tout est de réussir. Le succès excuse les moyens, mais c'est ce coquin de succès qui est le plus difficile à atteindre. »

Autre groupe.

« Moi, dit un Pérote, j'ai trouvé le filon, je suis certain de gagner ce mois-ci pas mal d'argent à la Bourse...

— Indique-nous ton filon?

— Ah! voici, je suis bon prince: j'ai promis à un employé du télégraphe de partager avec lui mes gains à la Bourse, et il s'est engagé à me communiquer les dépêches du grand *** avant que lui-même en ait pris connaissance. Ce n'est pas plus malin que ça.

— Oui, lui dit un autre, ce projet n'est pas mauvais, mais son exécution est difficile.

— Non, j'ai pris mes mesures à ce sujet. L'employé me trace au crayon les mots *vendez* ou *achetez*, selon ce que contient la dépêche...; puis il jette le petit papier à mon domestique qui attend à la porte du bureau du télégraphe, et celui-ci me l'apporte en courant. L'employé chargé du transport des dépêches y met un peu moins de célérité, de façon que j'ai la nouvelle avant la personne à qui elle est adressée. »

On cria bravo sur toute la ligne.

« Ce qu'il y aura de superbe dans cela, dit le Pérote, c'est que je pourrai même jouer contre ***, et cela sur sa propre dépêche. »

La hausse et son jeu, plus ou moins honnête, voilà ce qui préoccupe tous ces messieurs !

Cependant les cafés allument leurs lumières, qui vont se refléter dans l'eau, se mêlant à la traînée d'argent de la lune; les maisons s'éclairent aussi, les tables de cafés se garnissent; et tout ce monde cause, rit, discute, tandis que la brise de la mer, rafraîchie par l'approche de la nuit, arrive vers eux saturée des parfums les plus variés.

Cette promenade est réellement charmante, et elle a un cachet d'originalité tout oriental.

Les maisons de Buyuk-Déré sont de style différent ; les unes bâties sur les bords mêmes de la mer, les autres coquettement groupées sur la colline.

Roumili-Hissar (château d'Europe), qui domine fièrement le Bosphore, vu de la mer, est d'un effet grandiose ; on le prendrait pour le géant de la contrée.

L'histoire de ce château est très-curieuse.

Mahomet II commença à le faire construire en 1451, c'est-à-dire deux ans avant la prise de Constantinople ;

L'empereur Constantin, à la vue de cette colossale forteresse qui s'élevait si près de lui fière et menaçante, envoya au plus vite des ambassadeurs au prince musulman pour lui signifier d'avoir à cesser immédiatement cette construction ;

Mahomet reçut fort mal les envoyés ; il les menaça de les faire écorcher vifs s'ils ne partaient pas sur-le-champ.

A cet ordre aimable ils obéirent avec empressement, et le terrible musulman continua son œuvre, qui fut terminée, s'il faut en croire la légende, en trois mois de temps. Et pourtant ces murailles avaient dix mètres d'épaisseur, et les trois grandes tours, flanquées de plusieurs autres plus petites, n'étaient pas moins lourdement et solidement bâties.

Avec un sans-gêne des plus complets, Mahomet, manquant de matériaux, s'en procura en faisant démolir tous les édifices de la côte.

Les tours furent armées de formidables canons lançant des blocs de marbre en guise de boulets. (Je rappelle ce détail à ceux qui voudraient avoir raison des fusils à aiguille.)

Une arabesque finement travaillée et élégamment ciselée, représentant la lettre arabe *mim* (m), serpentait autour des murs de ce palais et en formait l'ornementation.

Le choix de l'emplacement de la forteresse prouvait l'intelligence du prince musulman; il prouvait aussi son admiration pour Darius, comme on va le voir.

Au sommet du mont *Hermœum* se trouve une petite esplanade de laquelle on domine le Bosphore, la mer Noire et Constantinople. C'est au milieu de cette esplanade qu'on voit ce rocher formidable que Darius fit tailler en forme de trône, et c'est de là qu'il contempla avec orgueil son armée, forte de neuf cent mille hommes, opérant le passage du Bosphore ; il faisait alors son expédition contre les Scythes.

Eh bien, Mahomet II a fait édifier *Roumili-Hissar* juste à la même place où se trouvait jadis ce roc immense taillé en forme de trône.

Aujourd'hui, de ce lourd et grandiose édifice dont même les soubassements rappelaient la lettre *m* en l'honneur du prophète Mahomet, il ne reste plus qu'un amas de ruines ; les murailles sont à moitié renversées, les tours même n'ont pas résisté au temps.

Ces ruines ont quelque chose de symbolique : elles semblent prophétiser la décadence de l'empire de Mahomet.

Mais leur aspect est très-pittoresque, car de toutes les fissures des murailles s'échappent des touffes de fleurs vivaces qui se marient avec le lierre et d'autres plantes grimpantes en formant mille gracieuses arabesques.

A gauche de *Roumili-Hissar* se trouve un petit village turc qui n'est remarquable que par sa malpropreté.

Plus loin, et sur la côte opposée, se trouvent, à *Anadouli-Kavak*, les ruines d'un château fort bâti au XIVe siècle par les Génois sur le promontoire *Hiénon*, qui est le dernier contre-fort des montagnes de la Bithynie, en face de la chaîne de l'*Hémus*.

Le village d'*Orta-Keni* est gracieusement adossé aux pieds d'une verdoyante colline ; ses jolies maisons, sa blanche mosquée, se découpent très-bien sur ce fond vert et uni de la mer ; elles font un effet charmant.

Ce petit coin du Bosphore ne manque pas, lui aussi, de richesses historiques. D'abord, tout à côté d'*Orta-Keni* se trouve *Kounou-Tchechmé*, l'antique *Hestiæ* ; puis le petit port où aborda Jason à son retour de la Colchide ; enfin *Anaplos*, où Siméon et Daniel, les stylites, vécurent de longues années dans l'habitation élevée, mais peu commode, qu'ils s'étaient choisie..... le faîte d'une colonne.

Un voyageur de sens et d'esprit a dit : « Si vous voulez jouir du plus beau panorama du monde, parcourez en bateau le Bosphore, de la mer de Marmara à la mer Noire ; ensuite partez au plus vite et gardez-vous de mettre pied à terre. »

Je n'ai pas suivi ce bon conseil ; j'ai admiré le Bosphore et Constantinople une première fois, en arrivant par la mer de Marmara, puis une seconde fois, en arrivant par la mer Noire ; mais je suis descendue à terre. Aussi mon admiration s'en est-elle fortement ressentie.

En 1857, je n'avais voulu voir que Stamboul et que les quartiers vraiment musulmans ; en 1864, j'ai voulu connaître Péra, c'est-à-dire la ville des Européens.

Quel désenchantement !

Mais vue de la mer, et à quelque distance, Constantinople offre un coup d'œil féerique. La ville n'a pas de quais, elle plonge partout ses pieds dans l'onde azurée de la mer. Étagée sur plusieurs petites collines, elle s'élève en amphithéâtre, et ondule gracieusement et capricieusement entre le ciel et la mer. Ces petites collines sont parsemées de maisons blanches, roses, vertes ou d'un rouge brique de Chine, séparées les unes des autres par des bouquets de verdure ; au milieu de tout cela, de blanches mosquées s'élèvent vers le ciel, entourées d'un balcon et terminées par une pointe aiguë fine comme une aiguille ; puis la tour de Galata se dressant fière et majestueuse et dominant tous ces minarets.

Je le répète, ce coup d'œil est charmant.

Mais à peine a-t-on mis le pied sur la terre ferme que toute illusion disparaît. Ainsi qu'il arrive au théâtre, un décor remplace l'autre ; après la poésie splendide vient la hideuse laideur de la malpropreté.

Pas de quai pour aborder ; on ne trouve qu'un escalier de bois, sale et à moitié brisé, qui vous introduit dans un labyrinthe de petites ruelles humides et boueuses, remplies de flaques d'eau putride où jamais balai n'a passé, et qui servent d'égouts aux musulmans.

Des chiens galeux habitent ces ruelles, les uns dormant au soleil, les autres se disputant les os et les saletés qu'ils trouvent.

Les échelles de *Top-Hané* et de *Galata*, par lesquelles on descend pour arriver à Péra, où sont tous les hôtels, aboutissent justement aux quartiers les plus dégoûtants.

Une rue à escalier, d'une montée très-rude, vous conduit à Péra ; nécessairement il ne faut pas songer à aller en carrosse. On vous offre, il est vrai, des chevaux ; mais peu de gens se risquent à cette escalade, car il faut en avoir l'habitude, et il faut avoir surtout une confiance illimitée dans la sûreté des jambes des chevaux turcs. Aussi les voyageurs refusent-ils généralement ce mode d'ascension, et préfèrent-ils, quoique le voyage soit pénible, gravir la colline à pied. Rien n'est amusant comme la mine piteuse des touristes lorsqu'ils arrivent à ces ruelles infectes.

C'est que réellement la transition est par trop brusque. Pour vous consoler, un curieux spectacle se présente à vos yeux. Vous voyez une foule bigarrée qui se presse, se pousse, se bouscule ; tous les jargons du monde frappent vos oreilles ; c'est une réminiscence de la tour de Babel !

Les costumes les plus variés semblent s'être donné là rendez-vous : l'Arabe porte son blanc burnous du désert ; le Syrien, sa petite veste richement brodée d'or et d'argent et son large pantalon ; le Persan, son tas de guenilles voyantes ; le Turc, sa sévère redingote militaire, son gilet de couleur claire et son fez rouge sur la tête ; ce dernier tient invariablement à la main un chapelet, car Turc et chapelet ne se séparent jamais.

Ailleurs on voit la cuisine d'un traiteur en plein vent ; puis c'est un tailleur installé au milieu de la rue qui coud tranquillement sans se préoccuper du bruit qui se fait autour de lui ; plus loin c'est un barbier qui rase, d'un air grave, un musulman plus grave encore. — Le *sakal* (porteur d'eau) crie à tue-tête *varme sou ;* on vous offre des gâteaux dont l'odeur de beurre rance vous fait mal, des fruits crus, des fruits cuits, du *pilau* de riz, que sais-je encore !

Vous allez plus loin, ce sont des portefaix portant des meubles, du bois, des sacs, qui vous poussent violemment ; et malheur à vous si vous ne vous écartez pas de leur chemin.

Une foule de mendiants viennent implorer votre générosité dans toutes les langues.

Des femmes voilées, couvertes de draperies de toutes couleurs, passent rapidement près de vous...

On se croirait à la sortie d'un bal de l'Opéra.

Ce bruit, ce tumulte, cette variété de spectacle, vous étourdissent, et vous arrivez, après une bonne demi-heure de marche, brisé de fatigue, et pris de vertige, à votre hôtel.

Il y a plusieurs hôtels à Constantinople, et il est assez inutile de se préoccuper de celui dans lequel on doit descendre, car ils sont tous à peu près également mauvais. On peut très-bien se laisser conduire au hasard par son portefaix. L'hôtel de Missini, appelé pompeusement *Hôtel Anglais*, jouit d'une certaine renommée que je ne crois pas tout à fait méritée. Du reste, je n'y ai pas logé, car ayant trouvé un hôtelier natif du pays de la bouillabaisse, et aimant assez ce ragoût poivré, je lui ai donné la préférence. Mais des personnes logeant chez Missini m'ont raconté que les chambres n'ont pas de cheminée, les lits pas de sommiers, et que la table d'hôte est présidée par le gargotier en personne, ce qui peut ne pas plaire à tout le monde, car enfin il est encore des gens qui ont des préjugés et qui n'aiment pas à dîner avec leur maître d'hôtel, à la même table.

Missini prend, dit-on, son rôle de maître de maison très au sérieux : il tient le haut bout de la table et aussi de la conversation ; il découpe et sert lui-même. Heureux ceux qui ont le bonheur de lui plaire ! ils ont les bons morceaux ; en revanche, ceux qui ne sont pas dans ses bonnes grâces n'ont que les os, les plats n'arrivant à eux que lorsqu'ils sont vides.

Invitée par un ami, j'ai dîné un jour à sa table d'hôte, et j'ai assisté à une scène curieuse.

Un sérieux diplomate, de passage à Constantinople, était assis en face de moi ; on venait de servir deux mets qui n'étaient pas de son goût, il attendait le troisième, et pour passer le temps il jetait un coup d'œil sur son courrier.

M. Missini se lève, vient à lui d'un air furieux, et lui dit :

« Vous êtes prié de ne pas lire, monsieur.

— Ah ! par qui et pourquoi suis-je prié de ne pas lire ? demande le monsieur étonné.

— Mais, répond Missini sur un ton très-haut, vous êtes prié de ne pas lire, parce qu'il est impoli de lire à table, et c'est moi, maître de maison, qui vous y invite.

— Comment, monsieur, maître de maison? Oh! ceci change parfaitement la situation. Du moment que je suis chez vous, et votre invité, je suis dans mon tort et vous demande pardon. Mais j'avais cru, et là est mon excuse, que j'étais dans un hôtel, où je payais vingt-cinq francs par jour le droit de me considérer comme chez moi. »

Ceci fut dit par le diplomate avec la plus exquise politesse, et toute la table se mit à rire aux éclats.

Missini comprit qu'on se moquait de lui ; sa fureur redoubla, et il poussa l'inconvenance jusqu'à dire à ce monsieur :

« Dès l'instant que vous le prenez sur ce ton, j'aurai le regret de vous prier de quitter la table, car je n'admets chez moi que des gens polis et bien élevés. »

Pour le coup le diplomate ne se contint plus.

Il prit sa canne et en menaça le dos du gargotier, maître de la maison, en lui disant :

« Ce n'est pas moi qui quitterai la table, mais bien vous, car votre place est à l'office et non pas ici. C'est moi, voyageur, payant huit francs votre dîner, qui vous défends, entendez-vous, de vous permettre de vous asseoir à la même table que moi. »

Missini sortit, car tous les voyageurs prenaient fait et cause pour le diplomate, et celui-ci continua tranquillement la lecture de son courrier.

Pour faire honneur à son titre d'*Hôtel Anglais*, Missini a fait placer dans le salon un grand portrait de la reine Victoria. En face, et faisant pendant à ce portrait, se trouve celui... devinez de qui!... Du prince Albert?... Oh! non pas... De monsieur Missini lui-même!!!

La vie d'hôtel est assez chère à Constantinople, mais moins chère cependant qu'en Égypte.

Péra est la rue de la fashion, comme qui dirait la rue de la Paix ou les boulevards à Paris. — Elle est longue et large, comparativement aux autres, mais pavée d'une manière fantastique. Des cailloux pointus placés à côté de cailloux ronds sur un terrain inégal rendent la circulation difficile. On peut y passer à cheval et en voiture, mais on risque de se casser le cou dix fois en un jour.

Cette rue principale, à laquelle viennent aboutir une foule de ruelles à escaliers, se trouve sur le dos de la colline.

A son extrémité est située la promenade, ou plutôt les deux seules promenades de la ville, qui sont *le Grand Champ* et *le Petit Champ*, ou si l'on aime mieux *le Grand* et *le Petit Cimetière*.

Le monde élégant s'y rend en masse, à cheval, en voiture ou à pied.

Ces cimetières sont fort mal tenus ; des routes les traversent, la pluie fait effondrer le terrain, de sorte que pierres sépulcrales et ossements viennent souvent rouler jusque sur le chemin.

Au-dessus du cimetière appelé *Petit Champ* se trouve une espèce de boulevard. Le cimetière est placé sur le versant de la colline, le boulevard sur la hauteur.

Aussi y jouit-on d'une jolie vue, les îles des Princes au loin, Stamboul et la Corne-d'Or.

C'est sur ce boulevard que se trouve un café assez curieux ; on l'appelle le café des voleurs ; il est en effet le rendez-vous de tous les malfaiteurs grecs, italiens et maltais, qui sont très-nombreux.

C'est là qu'ils traitent leurs affaires, qu'ils préparent leurs coups de main, qu'ils s'assurent des complices dont ils ont besoin ; c'est là aussi que se font les enrôlements des assassins. Ainsi, lorsqu'un homme en veut à un autre, ou qu'il a intérêt à le faire disparaître de ce monde, il vient là, et traite au rabais la mort de cet homme.

« Moi, dit un Maltais, à vingt-cinq pas je ne manque pas mon homme en lui lançant un couteau dans le cœur ; j'en ai tué dix, cela vaut bien trois cents piastres.

— Moi, dit un Italien en montrant un poignard à la lame fine et acérée, jamais je n'ai manqué personne avec cette lame-là ; je frappe ma victime si sûrement qu'elle n'a pas le temps de pousser un cri... »

Chacun vante son adresse, et les marchés se font. Le lendemain on entend dire : « Un tel a été trouvé mort dans telle rue... » et c'est tout.

Bâtir une ville sur des collines, surtout lorsque ces collines dominent le Bosphore, la mer de Marmara, les îles des Princes, la côte d'Asie, cela paraît tout d'abord une idée excellente ; on se dit : la situation est on ne peut mieux choisie.

Mais cette idée, très-poétique du reste, manque de sens pratique.

Au point de vue du paysage, Constantinople est admirablement située, je le répète ; elle offre, vue de la mer, un panorama d'une beauté sans pareille.

Habiter une ville bâtie sur des collines est bien la chose la plus incommode du monde ; toutes ces petites rues qui montent et descendent le versant des collines sont impraticables; leurs escaliers, toujours boueux, sont difficiles à gravir même aux piétons. On a, il est vrai, des portantines, espèces de chaises à porteurs, mais on y est secoué d'une rude façon; les hammales (portefaix) montent, descendent, s'arrêtent avec une brusquerie de mouvements peu agréable.

Les petits chevaux turcs ont les jambes très-sûres, ils gravissent ces escaliers et les descendent avec beaucoup d'adresse; mais il faut être parfait cavalier pour se tenir en selle dans ces descentes et ascensions.

Les voitures turques, nommées araba, sont des véhicules tout à fait fantastiques. Figurez-vous une immense boîte en bois, peinte en rouge ou en jaune, avec des oiseaux, des fleurs grossièrement dessinés de tous côtés. Non-seulement ces voitures n'ont pas huit ressorts, mais elles n'en ont pas un seul; en roulant elles font un bruit infernal, et, assis sur les planches qui représentent des coussins, vous rebondissez à chaque cahot comme une balle élastique lancée avec violence.

Après une promenade d'une demi-heure dans une *araba* vous êtes brisé, moulu, comme si l'on vous avait roué de coups de bâton.

Il y a quelques voitures européennes, mais elles

sont presque aussi mauvaises que les autres. Du reste, la seule rue de Péra, non pas même dans toute sa longueur, est praticable aux voitures.

Constantinople forme deux villes bien distinctes, l'une en deçà, l'autre au delà du port : l'une est la ville des musulmans, les chrétiens ne peuvent y loger ; l'autre est la ville des Européens, les vrais musulmans y vont peu et aucun d'eux n'y loge.

Ces deux villes sont séparées par un golfe profond que creuse le Bosphore dans la rive européenne, et que l'on nomme Corne-d'Or : c'est le *Chrysokéras* des anciens.

La ville turque, Stamboul, est située sur la péninsule que forme le golfe et qui s'avance en pointe sur le Bosphore; elle forme un triangle dont le côté sud est baigné par la mer de Marmara, et le côté nord par les eaux de la Corne-d'Or; la pointe orientale s'appelle pointe du Séraï, et fait face à la ville asiatique, Scutari.

A l'angle méridional se trouve le fameux château des Sept-Tours, et à l'angle septentrional la mosquée d'Eyoub.

Tout comme Rome, Stamboul est bâti sur sept collines, qui sont séparées par cinq vallées; une de ces vallées, arrosée par le ruisseau de Lycus, parsemée de jolis jardins, est réellement charmante.

Constantinople, qui est reliée à Stamboul par des ponts de bateaux jetés sur la Corne-d'Or, se compose des faubourgs de Péra, Tophana et Galata.

Galata, l'ancienne ville des Génois, est bâtie en partie sur une colline et en partie dans la plaine que forment au pied de la colline deux petites vallées.

Ce faubourg représente une colline conique dont la tour de Galata forme le sommet; il portait le nom de Sykœ (les figuiers) sous les empereurs grecs.

En 1226, occupé par une colonie de Génois qui s'y rendirent indépendants des empereurs de Byzance, Galata fut fortifié et embelli par eux. Les fortifications construites par les Génois existent encore, mais les Turcs, qui n'ont pas le moindre respect pour les antiquités, les ont, sans façon, englobées dans leurs maisons, et les ont même un peu démolies pour se servir des matériaux. Cependant la superbe tour que les Génois construisirent au XIIIe siècle est encore debout, et cela m'étonne beaucoup.

Cette tour, de forme ronde, est percée, dans sa

partie supérieure, d'une espèce de lanterne vitrée, et au plus haut, d'une galerie de fenêtres à jour. Le tout est surmonté d'un toit conique en bronze terminé par une immense aiguille dorée. Une petite porte pratiquée dans l'ancien mur génois donne accès dans la tour; cent quarante et une marches en mauvais état conduisent à une terrasse où se trouve établi un mauvais café turc. Prendre une tasse de café est chose obligatoire, car c'est le péage, le droit d'entrée qu'on acquitte ainsi.

De cette terrasse, quarante et une marches vous conduisent à la galerie formée de fenêtres à jour. De cet endroit on découvre une vue admirable et l'on se fait une idée exacte de la topographie de la ville : le Bosphore sinueux, avec ses gracieux promontoires, ses verdoyantes vallées ; au loin la mer Noire, Scutari avec ses grands bois de cyprès, la mer de Marmara, du milieu de laquelle se détachent les îles des Princes; les sommets nuageux de l'Olympe, cette ancienne patrie des belles déesses et des dieux ; la Corne-d'Or, baignant Stamboul, et où viennent se perdre ces deux blancs rubans d'argent, les jolies rivières Cydaris et Barbyses, qui, débouchant d'une vallée charmante où elles coulent à l'ombre de beaux arbres et entre des rives de fleurs, mêlent, à l'extrémité de la Corne-d'Or, leurs eaux à celles de la mer. On aperçoit les villes de Constantinople, de Stamboul, de Scutari, coquettement échelonnées, à droite et à gauche, sur des collines ; leurs maisons se découpent sur un fond vert et forment un ensemble charmant.

Mon intention n'est pas de parler des monuments et de la ville par elle-même, car, pour le faire bien, un volume ne suffirait pas ; puis, tant d'auteurs ont donné des descriptions de Constantinople, les unes chaudes, colorées, remplies d'humour et de fantaisie, les autres plus ternes, mais plus exactes, que réellement celle que je pourrais donner n'offrirait aucun intérêt. Je résisterai donc à la tentation de décrire cette cité, mais je parlerai de ses habitants, dont quelques-uns offrent des types curieux.

Commençons par les Pérotes.

On appelle Pérotes des hommes nés d'aventuriers n'ayant ni patrie ni famille, qui, ayant trouvé à gagner leur vie et même à faire fortune à Constantinople, s'y sont fixés. Leurs enfants, ignorant leur nationalité et celle de leurs pères, disent : « Je suis Pérote, » c'est-à-dire né à Péra.

En Orient, le nom de Pérote s'emploie comme terme de mépris : lorsqu'on veut dire d'un homme qu'il est peu de chose, on vous dit, avec une nuance méprisante :

« C'est un Pérote ! »

Péra est le quartier franc ; les ambassades y sont toutes ; l'aristocratie du commerce y habite ; aussi y voit-on quelques maisons construites en pierre, ce qui est un grand luxe à Constantinople.

Dans aucune ville de commerce la société n'est aussi mêlée, aussi mauvaise que dans celle-là, où elle se compose d'aventuriers, de fils d'aventuriers, venus des cinq parties du monde pour y tenter la fortune par tous les moyens possibles, honnêtes et non honnêtes. Il y a là des Grecs, des Arméniens, des Italiens, des Français, qui ne sont certes pas la fine fleur des pois de leur patrie ; l'honorabilité, la délicatesse, la moralité, leur sont choses à peu près inconnues, et ces braves gens affichent avec cynisme la laideur de leurs sentiments. Ce sont les dignes émules des négociants d'Égypte.

Pourtant je m'empresse de reconnaître qu'au milieu de ce rebut se trouvent quelques perles intactes, et que certaines maisons sont honorables et connues comme telles; mais c'est l'exception.

Une des choses curieuses à voir à Constantinople, et qui donne une médiocre idée de ce qu'on y appelle pompeusement *la société*, c'est un bal à une ambassade. Voici la description d'un de ces bals auquel j'ai assisté.

UN BAL A PÉRA.

L'hôtel de l'ambassade de...., éclairé, suivant le terme consacré, *a giorno*, retentit des échos criards d'un bruyant orchestre : c'est du Verdi transformé en polkas, valses et contredanses. On parle toujours de l'immense popularité qu'ont les œuvres de ce moderne maestro en Italie; mais elle n'est rien en comparaison de l'engouement que l'on a pour cette musique à Constantinople. Là on n'en entend jamais d'autre. Et quelle exécution, ô mon Dieu! Si cette exclusive popularité est faite pour flatter l'amour-propre du grand maestro, il n'en serait certes pas de même pour son ouïe, car ses plus belles partitions y sont estropiées de la façon la plus barbare. Aussi faut-il voir de plus près le personnel qui compose ces orchestres européens de la capitale turque. C'est généralement un ramassis de mauvais artistes de tous les pays, mis à la porte de tous les théâtres de l'Europe. Il y a là des Italiens, des Français, des Grecs, des Allemands, des Maltais, enfin une vraie mosaïque de nationalités. Le régisseur, impresario lui-même, fait les engagements ou plutôt les enrôlements à son propre compte, et ne remplit ses cadres qu'au fur et à mesure que l'occasion s'en présente. Il paye fort mal et ne s'inquiète pas que son orchestre ait de l'ensemble, pourvu que ses poches se remplissent au plus vite ; en sorte que tous ces grands bals d'ambassade, pour lesquels on fait souvent beaucoup plus de dépenses qu'en Europe, laissent toujours fort à désirer sous bien des rapports, mais spécialement sous celui de la musique.

Il est près de minuit. La cour d'honneur, éclairée d'un côté par des flots de lumière qui s'échappent au travers des persiennes entr'ouvertes des salons, et de l'autre par quelques torches plantées à la porte d'entrée, offre le plus étrange coup d'œil. Ce n'est qu'avec beaucoup de peine et force coups de courbateh que les cavas et zabtiés (agents de police) parviennent à ménager un libre passage aux nouveaux arrivants, tellement cette cour est encombrée par les portentines et leurs porteurs, qui échangent généreusement entre eux les plus gros mots de tous les vocabulaires orientaux, et souvent même de bons coups de poing par-dessus le marché. C'est que chacun d'eux veut conserver une place le plus près possible de la porte du bal, afin d'y être à la première réclamation de la maîtresse, que le plus souvent il ne fait pas bon faire attendre.

Il y a parmi ces porteurs des types de toutes les couleurs, à commencer par les types les plus blancs du Caucase et de l'Albanie, jusqu'au nègre de l'Afrique centrale et au noir bleuâtre du Darfour.

Leurs costumes sont encore plus variés que leurs figures; il y en a de fort riches, brodés d'or et d'argent : ce sont généralement ceux des porteurs des dames indigènes, pérotes et phanariotes, qui tiennent beaucoup à un certain déploiement de luxe extérieur. D'autres sont des costumes d'occasion, tout simples : ce sont ceux des porteurs de nos dames européennes, qui tiennent fort peu au décorum oriental, pourvu qu'elles aient un moyen de locomotion. On choisit, pour faire le métier de porteur, des hommes aux jarrets solides, car certainement c'est la qualité spéciale qu'il faut chercher en eux. Aussi en voit-on souvent de richement vêtus, qui laissent leurs jarrets nus, à l'écossaise, pour en faire parade.

La portentine, en Orient, est spécialement affectée à l'usage de la femme; l'homme se croirait déshonoré en y montant, et ne va pas autrement qu'à pied ou à cheval, à moins qu'il n'aille en voiture, ce qui, dans l'intérieur de la ville, est fort peu commode, vu l'affreux état du pavé dans Péra et dans tous les autres quartiers de la capitale turque. La portentine est une vraie ressource pour les dames, étant un moyen de locomotion des plus confortables. On y éprouve bien un petit mouvement saccadé, mais cela dépend beaucoup de la qualité des porte-chaise; il y en a qui ont les jarrets si solides et le pas si léger, qu'on ne sent presque pas de mouvement.

La portentine est exactement comme une caisse de voiture fermée, s'il y en avait à une place; seulement on n'y entre pas par un des côtés latéraux, mais par une porte qui est toujours sur le devant. Elle est supportée par deux longs brancards, entre lesquels se placent les porteurs pour la soulever et faire le voyage.

Les Orientales,— et par cette dénomination j'entends ici tout spécialement les dames chrétiennes de Péra et du Phanar, car les dames turques sortent de préférence en voitures d'un genre différent, — les Orientales, disons-nous donc, mettent beaucoup de luxe dans l'ornementation et la décoration de leurs portentines; il y en a qui y mettent jusqu'à des milliers de livres. Elles sont ordinairement couvertes de peintures bizarres représentant des fleurs et des oiseaux aux plus vives couleurs, le tout entremêlé de dorures. Dans les portentines de luxe, ces dorures sont remplacées par des plaques en or massif, et, en guise de peintures, on y voit souvent de fort belles incrustations en nacre, ivoire et bois des îles. L'intérieur est artistement capitonné des plus riches étoffes, et, en somme, c'est un mode de locomotion fort agréable.

Mais entrons au bal. Il est dans toute sa splendeur : un quadrille monstre. Dans les rangs des danseurs je vois avec étonnement trois ou quatre uniformes turcs, pour la plupart officiers de l'état-major. Ce sont les jeunes gens du progrès, ayant fait leurs études soit à Paris, soit à Vienne; car souvent déjà j'avais entendu les idées des Turcs de vieille roche sur la danse. Ils ne comprennent pas comment ces Européens, qui se vantent si haut de leur civilisation, trouvent du plaisir à s'éreinter en dansant eux-mêmes, tandis qu'eux ont imaginé un procédé beaucoup plus commode et plus compatible avec la dignité de gens sérieux : ils font danser des almées, qu'ils payent pour cela ; et pendant qu'elles exécutent devant eux les pas les plus lascifs, nonchalamment accroupis sur des divans, ils fument leur tchibouck et prennent des rafraîchissements.

Ne détaillons pas trop la société qui emplit la salle du bal. Les dames européennes, presque toutes tenant à quelqu'une des ambassades, sont faciles à reconnaître à la simple élégance de leurs toilettes et à la grâce avec laquelle elles les portent. Mais voici que j'aperçois des espèces de devantures ambulantes de bijoutier ; ce sont, me dit-on, des dames indigènes du Phanar et de Péra; ce sont les femmes, les filles et les sœurs de riches banquiers arméniens, de millionnaires grecs. Il était complétement inutile de me dire qu'elles appartenaient à de riches maisons, car l'éclat des pierreries dont elles étaient couvertes m'éblouissait au point que je devais un moment fermer les yeux pour pouvoir distinguer les figures. Il y en avait de fort jolies, avec de belles chevelures noires comme du jais, de grands yeux, mais presque toutes avaient le teint non pas précisément olivâtre, mais comme fortement hâlé. Ce teint-là perçait à travers les épaisses couches de carmin et de blanc dont elles étaient peintes; car nulle part on ne se peint autant qu'à Constantinople, spécialement dans ces deux quartiers, le Phanar et Péra, qui voient naître ces dames. Elles commencent à se peindre dès l'âge de onze à douze ans, en partant de ce principe, que l'art embellit la nature. Si elles savaient pourtant combien cela les enlaidit! Car rien de plus beau qu'une jolie figure de femme portant ces teintes naturelles, chaudes et hâlées du Midi.

Avec des robes souvent faites chez les premières confectionneuses de Paris, il y a toujours en elles, ou plutôt dans leur tournure, je ne sais quoi qui cloche horriblement et froisse le bon goût; cela sent le bourgeois enrichi. Dans la même toilette, à côté de diamants valant plusieurs centaines de mille francs, vous apercevez de la fausse dentelle qui laisse supposer que les diamants sont également faux; d'autres fois, c'est du linge d'une propreté douteuse, un pied plat et mal chaussé; enfin quelquefois, pour compléter une toilette parisienne, un tissu oriental entremêlé de fils d'or, ou tel autre détail impossible qui choque étrangement l'œil à première vue. Involontairement on songe combien toutes ces dames auraient gagné à conserver le gracieux costume local et national, arménien ou grec, au lieu de s'affubler de ces atours européens qu'elles savent si peu porter.

Hors du cercle de la danse, dans cette foule multicolore d'uniformes de toutes les coupes, j'aperçois plusieurs pachas à poitrine toute constellée; quelques-unes de ces plaques sont grandes à peu près comme des assiettes. Ce sont les grands cordons de l'Osmanié et du Medjidié de première classe.

Au loin, dans la pénombre des portes, on voit les esclaves de ces messieurs, portant d'immenses tchiboucks à bouquin d'ambre, et n'attendant qu'un signal du maître. C'est le décorum oriental qui exige qu'un grand personnage soit toujours suivi de son tchibouckdji, et dans ces occasions-là le maître de la maison fait réserver un appartement spécial pour ses hôtes orientaux.

Mais quelle lourde atmosphère! Malgré les persiennes entre-bâillées, l'air est chargé de miasmes âcres et fort peu agréables. Je me demande :

« Que diable cela peut-il être? »

A ce moment on me présente un Pérote arménien. Le malheureux empestait l'ail d'une façon insupportable. S'il y en a ici seulement une dizaine de la même force, pensai-je aussitôt, le secret de cette lourde atmosphère n'est pas bien difficile à trouver.

Je me sentais suffoquée; je rentrai vite à mon hôtel, me promettant intérieurement de chercher à tout voir en Orient, excepté pourtant les bals de Péra.

LE MONT ATHOS

SINGULIER DOUAIRE DE LA SULTANE VALIDÉ (MÈRE).

Le mont Athos, si célèbre chez les anciens, qui le supposaient le mont le plus élevé du monde, porte aujourd'hui le nom de *Agion Oros* ou *Monte Santo*.

Rien n'est plus original que ce petit coin de terre : c'est une étroite chaîne de montagnes, continuation de celles de la Macédoine, et dont le point culminant s'élève à plus de cinq mille pieds au-dessus du niveau de la Méditerranée.

L'architecte Dinocrate proposa de le tailler et de lui donner la figure d'Alexandre ; ce beau projet ne fut pas réalisé, et la montagne est restée vierge de tout portrait, de face ou de profil, du vainqueur de Darius.

La chaîne de montagnes dont le mont Athos est le couronnement s'avance en promontoire fort avant dans la mer, en forme de presqu'île, entre le golfe de Contessa et le Monte Santo. Elle a pour limite, du côté de la terre ferme, la ville d'*Errisso*, et sur son cap le village de Corée, chef-lieu du petit État dont je vais vous parler.

Strabon nous apprend que de son temps cinq villes florissantes se trouvaient sur le mont Athos : Dion, Olophyscus, Acroathon, Zissus et Cléonæ. Aujourd'hui, de ces villes il ne reste plus que quelques vestiges.

Le petit État de Corée (je l'appelle *État* avec intention, car, sauf quelques légers tributs qu'il paye annuellement aux autorités turques, c'est un des États les plus indépendants du monde), ce petit État, dis-je, a pour toute population de sept à huit mille moines.

Pas l'ombre d'une nonne.

Et, chose bizarre, le sol de ce pays appartient à la sultane Validé, mère du sultan régnant.

L'apanage de cette grande dame musulmane consiste donc en une communauté de huit mille moines du rite grec oriental.

Chaque moine doit payer à la sultane mère un impôt annuel de trente piastres.

Cet impôt est perçu par l'aga, qui est la seule autorité turque ayant sa résidence sur le sol du domaine monacal.

Cet aga relève du pacha de Salonique.

Pour l'administration du pays il y a un *protat*, ou conseil supérieur, composé de députés de tous les couvents de la montagne.

Ce protat de Corée s'entend avec l'aga ou le pacha pour toutes les affaires du pays, et il règle les rapports à entretenir avec la Porte.

Grâce aux bakschischs généreux que les bons moines donnent à l'aga et au pacha, les rapports sont toujours excellents, et cette province monacale est en parfaite intelligence avec le gouvernement.

L'aga reçoit du protat vingt mille piastres de traitement par an; il perçoit en outre de chaque couvent une foule de petites offrandes en argent, huile, farine, pendant les tournées qu'il fait avec ses deux cavas dans la montagne, ayant soin de les répéter chaque fois que sa bourse est à sec et que ses provisions sont épuisées.

Chaque moine n'est donc frappé que de trente piastres d'impôt direct.

L'aga qui reçoit cet argent et qui est chargé de le compter à la sultane Validé porte invariablement le chiffre des moines à deux mille, et lorsqu'on s'étonne, à Constantinople, de l'inamovibilité de cette population de la sainte montagne, l'aga répond que, les moines ne se mariant pas, et aucune femme, de quelque condition que ce soit, n'ayant permission de pénétrer dans cet État, il serait difficile que le moindre accroissement se fît dans le chiffre de la population.

Cette réponse paraît sans réplique, et la sultane Validé se contente de ses trente piastres multipliées par deux mille, sans avoir même l'idée de faire faire par un autre que par l'aga le dénombrement des contribuables du mont Athos.

On le voit, les rapports des moines de cette montagne avec le gouvernement sont simples, et ce dernier, moyennant la légère redevance qu'ils lui payent, leur laisse la liberté la plus complète, liberté dont ils usent à leur guise et à leur fantaisie, d'une façon même assez originale, comme on va le voir.

La loi fondamentale de cette congrégation est la proscription absolue dont est frappé le sexe féminin. L'entrée du territoire est interdite non-seulement à toute femme, mais aussi à toute femelle du règne animal!

On dit les Turcs intolérants! Eh bien, ils respectent ce caprice ou plutôt cette folie, et l'aga lui-même, fonctionnaire turc, pour se conformer à cette loi, laisse ses femmes à *Errisso*, qui se trouve à cent kilomètres de Corée.

Le sultan, dont les firmans sont tous écrits en langue turque, fait une exception unique en faveur de ces moines et leur fait délivrer en langue grecque tous ceux qui ont rapport au mont Athos. Quelle aimable attention!

Comme hiérarchie religieuse, la province de Corée relève du patriarche œcuménique de Constantinople, mais cette dépendance est entièrement nominale : le protat prend toujours avec un grand respect connaissance des épîtres archiépiscopales du Phanar, mais il ne s'y conforme jamais.

Ainsi, pendant la dernière guerre d'Orient, le patriarche, pour faire sa cour à la Porte, envoya l'ordre, au mont Athos, de faire dire journellement des prières publiques pour le succès des armes du sultan et de ses alliés. Le protat lui répondit carrément qu'il n'acceptait pas de pareils ordres, et qu'il en abandonnait l'exécution à la libre volonté de chacun.

L'année suivante, le même patriarche s'adressa aux mêmes moines, en priant ses enfants du mont Athos de l'aider à payer ses dettes. Le protat lui répondit qu'il avait bien assez de ses propres affaires, sans penser à celles des autres.

On le voit, ces moines sont aussi indépendants de leur patriarche que de la Porte.

On compte sur le mont Athos vingt grands couvents, tous fort riches; douze couvents de cénobites, moins riches, et près de huit cents cellules éparpillées dans la montagne.

Tout le terrain est partagé entre les grands couvents, auxquels les petits couvents payent une espèce de tribut, soit en argent, soit en corvées.

Chaque couvent a son délégué en Corée, ce qui compose, comme je l'ai dit, le *protat*, qui dispose d'une certaine somme formée de taxes annuellement payées par les monastères, et qui sont fixées d'après l'étendue de leurs propriétés foncières et le chiffre de leurs revenus.

Les jugements du protat sont, comme ceux de la cour suprême, sans appel; ils font la loi qui régit toute la montagne

Quant à son administration intérieure, chaque couvent est complétement libre et indépendant des autres.

Jetons maintenant un coup d'œil indiscret dans ces intérieurs monacaux, et nous y verrons des choses qui seront taxées de fables par les incrédules du XIXe siècle.

Nous y trouverons d'abord un fanatisme brutal,

irréfléchi, poussé à ses dernières limites, frisant de près la démence.

Puis des traits de paresse et d'indolence qui distancent de beaucoup le *dolce far niente* italien et le *kieff* des Turcs, et à côté de cela des exemples d'abnégation chrétienne vraiment sublimes.

Écrire l'histoire du mont Athos serait une rude tâche, car cette histoire se perd dans la nuit des premiers temps du christianisme ; mais aussi je suis convaincue que cette histoire offrirait un grand attrait d'intérêt et de curiosité.

S'il faut en croire le dire des moines les plus lettrés de la montagne, tel couvent a été fondé par la sainte Vierge elle-même, lors de son voyage à Éphèse ; tel autre par saint André l'apôtre ; tous enfin ont un fondateur célèbre et très-haut placé parmi les élus du paradis.

Mais ce qu'il y a de certain, c'est que bien avant la prise de Constantinople par les Turcs, en 1453, le mont Athos était déjà le domaine exclusif des robes noires.

De grands personnages de la cour de Byzance venaient souvent y enfouir leurs trésors et y chercher ce repos de la conscience que possède rarement un courtisan.

Des savants venaient y travailler au salut de

leur âme, tout en s'adonnant aux sciences ; aussi les bibliothèques de ces couvents sont-elles remplies de manuscrits précieux et rares.

Je parlerai plus longuement tantôt de ces manuscrits.

Les empereurs de Byzance eux-mêmes professaient la plus grande vénération pour la montagne sainte, ainsi que l'appellent de nos jours encore les pèlerins orientaux. Ils envoyaient fréquemment aux couvents qui s'y trouvent de riches présents, et ils leur dédiaient des provinces dans différentes parties de l'empire. Ces moines possédaient donc d'immenses immeubles, dont les revenus servaient à leur entretien. L'exemple des empereurs byzantins fut suivi plus tard par beaucoup de princes valaques et moldaves qui, en mourant, léguaient à un des couvents du mont Athos la totalité ou une partie de leur fortune, afin que l'on y dît des prières pour le salut de leur âme.

Telle est l'origine de la plupart de ces biens-fonds sur lesquels le prince Couza a si audacieusement porté la main, fait qui lui a attiré la haine de tous les moines. Chaque soir ils adressaient à Dieu la prière suivante :

« Seigneur, punissez ce mécréant qui s'empare

sans vergogne de nos biens, ces biens si chers à nos cœurs ! »

Aujourd'hui ces bons moines se frottent les mains avec joie : ils voient dans la chute de l'hospodar de Valachie une punition divine, juste expiation de ses actes sacriléges.

En tout cas, le prince Couza a été imprudent ; il ne s'est pas assez souvenu qu'il vaut mieux avoir pour ennemi la totalité de son peuple que la moitié de son clergé.

Attaquer des moines !... c'est un courage qui tourne à la folie.

Dans cette malheureuse affaire des couvents *dédiés*, les moines se sont bravement retranchés derrière le *non possumus*, en déclinant leur compétence pour un arrangement quelconque touchant à l'aliénation des biens possédés par eux.

Voici la réponse invariable qu'ils ont faite à leurs adversaires et à toute offre d'indemnité pécuniaire :

« Les donateurs ayant fait leurs legs aux communautés de la montagne afin que la confrérie entière priât Dieu pour eux jusqu'à la fin des siècles, il est impossible d'aliéner ces biens sans porter une grave atteinte à la volonté desdits donateurs, car rien n'est plus sacré que la volonté d'un mort! »

Cette réponse, du reste assez logique, était faite pour déconcerter et a déconcerté toute la diplomatie qu'on a déployée à cette fin de dévaliser les moines et les couvents du mont Athos. Je ne prévois même pas quelle sera l'issue de l'affaire des couvents dédiés, affaire si importante pour les communautés du mont Sinaï et du mont Athos, et pour les quatre patriarcats grecs.

Ce qu'il y a de certain, c'est que la perte de ce procès par les moines, ou, autrement dit, la sécularisation de ces immeubles conventuels, serait un coup mortel pour l'Église d'Orient.

Lors de la chute de Constantinople, au XVe siècle, beaucoup de savants cherchèrent un refuge sur le mont Athos, qui devint ainsi pendant une dizaine d'années le dernier foyer de la science byzantine. Après cela la sainte montagne subit le sort de la Morée, et elle retomba dans cet état d'insouciance béate, d'ignorance et de somnolence monacales où nous la retrouvons aujourd'hui.

Les manuscrits et parchemins précieux en langue grecque, turque, arabe, voire même en slave et en persan, s'entassèrent dans les caveaux humides des couvents, servant de pâture aux rats...

Ah! pardon, ils servirent encore à autre chose...
Je vous donnerais en cent et en mille, que vous ne
devineriez pas à quoi servaient ces parchemins.

Je préfère vous le dire... Ces braves cénobites
firent la précieuse découverte que le poisson mordait mieux à un morceau de vieux parchemin qu'à
un vermisseau de terre. . et alors ils se servirent
de leurs précieuses archives pour se fournir de
poisson, pour pêcher à la ligne!... Pauvres savants qui avez consacré vos veilles et vos labeurs
à écrire sur du parchemin le fruit de vos recherches et des vos études, vos mânes ont dû tressaillir d'indignation en voyant le cas et l'usage qu'ont
fait de vos écrits ces moines ignorants!

Il fallait voir la surprise et la fureur des voyageurs archéologues lorsque, après s'être fait introduire à prix d'or dans les caveaux des couvents,
pour tâcher d'y découvrir quelque trésor paléographique, ils apercevaient un vieux parchemin,
un manuscrit en lambeaux, et lorsque, aux questions qu'ils adressaient sur les pages égarées, les
révérends pères leur répondaient qu'elles avaient
été mangées par les poissons, essayant même de
vanter leur brillante découverte, qui consistait à
mettre un morceau de vieux parchemin au bout
d'un hameçon.

Pour qui connaît le fanatisme des archéologues, il sera facile de comprendre leur fureur et leur indignation.

Je livre gratis à nos amateurs de pêche à la ligne cette recette des moines du mont Athos, mais je souhaite ardemment que les directeurs de nos grandes et belles bibliothèques n'en fassent pas l'essai les premiers.

Cependant les moines, voyant des voyageurs offrir de fortes sommes pour un simple manuscrit, finirent par se douter de la valeur du trésor qu'ils possédaient, et commencèrent alors à les classer, à les mettre à l'abri des rats.

Une fois leur attention portée sur ce point, ils s'aperçurent aussi que des touristes de distinction, en visitant les caveaux de leurs couvents, emportaient souvent de grandes liasses de papiers, moyennant de légères offrandes en argent faites aux gardiens et aux domestiques. On alla plus loin : une commission scientifique fut envoyée, il y a quelques années de cela, de Saint-Pétersbourg, dans le but spécial d'explorer les archives du mont Athos. Cette commission resta deux ans sur place pour accomplir sa tâche, et elle rapporta en Russie de magnifiques collections photo-lithographiques qui attirèrent l'attention de la partie éclairée des Russes. Tout cela donna à penser aux igoumènes des couvents, qui furent tout à fait convaincus que leurs parchemins pouvaient bien avoir une autre utilité que celle d'attirer les poissons à l'hameçon. Que firent-ils alors? Ils s'empressèrent de cacher ces trésors dans des caveaux secrets, dans des espaces vides qui se trouvent dans les voûtes de leurs églises. Aujourd'hui les prieurs seuls des couvents connaissent ces cachettes et en possèdent les clefs.

Ce qu'on montre maintenant aux touristes ne sont que de vieilles paperasses sans aucune valeur, les restes décousus des manuscrits qui ont servi à la pêche.

C'est le protat de Corée qui a pris la mesure de ne plus livrer aux touristes et aux archéologues ces trésors littéraires; mais on s'est borné à les soustraire à la convoitise de ces messieurs, sans se préoccuper nullement de leur conservation. Ces manuscrits précieux pourrissent dans leurs oubliettes humides. Aucun des moines qui peuplent aujourd'hui le mont Athos n'étant capable de les déchiffrer, ils seront perdus pour la science, tandis que, s'ils étaient réunis et classés avec intelligence, on en formerait une bibliothèque qui serait, dans son genre, la plus riche du monde.

En 1821, à l'époque où l'insurrection grecque se propagea jusqu'aux alentours du mont Athos, les moines crurent que le moment était favorable pour secouer à tout jamais le joug des musulmans.

Presque tous les couvents sont construits en forteresses, avec tours et murailles crénelées : presque tous possédaient des canons, qui leur étaient très-nécessaires pour se défendre contre les attaques des pirates tunisiens et algériens. Ces pirates venaient souvent jadis piller leurs propriétés, essayant même de pénétrer jusque dans l'intérieur des couvents, et les moines avaient eu mainte fois à soutenir des siéges en règle contre ces brigands.

En 1821, le protat de la Corée fit armer toute la montagne et fit fabriquer des boulets et des balles; il établit un hôtel de monnaies à Corée, et il commença à transformer les ornements sacerdotaux, les vases sacrés, en pièces d'or et d'argent frappées au coin du mont Athos.

Deux mille moines armés s'embarquèrent sur trente tartanes appartenant à la montagne, pour concourir à la prise de Salonique. Tous ces bâtiments portaient le pavillon du mont Athos : une croix d'argent sur fond de sable. Ce pavillon, du reste, est conservé encore aujourd'hui par les moines, et la Porte leur reconnaît le droit de l'arborer.

Cette flotte monacale n'eut pas de brillants succès : elle fut détruite deux jours après son départ par une croisière ottomane.

Une armée turque fut envoyée contre les moines restés sur la montagne ; mais ceux-ci, profitant avec intelligence et adresse d'immenses avantages de terrain, occupèrent tous les défilés et firent bravement tête à l'ennemi pendant près de quinze jours. Cependant les Turcs, dix fois supérieurs en nombre, finirent par l'emporter ; les moines furent battus sur tous les points, et l'armée turque s'installa en souveraine sur le mont Athos.

La vengeance des vainqueurs fut terrible ; il se passa des scènes horribles de cruauté et de carnage ; le sang des moines coula en abondance ; des milliers d'entre eux furent précipités dans la mer ; d'autres furent envoyés dans les prisons de Salonique, où ils moururent de faim dans des caveaux humides et malsains.

Des garnisons turques s'installèrent dans tous les couvents ; cette soldatesque brutale se mit à piller les autels ; elle transforma les églises en écuries et en cuisines.

Cet état de choses dura dix années. Enfin, en

1831, le sultan gracia le mont Athos; il fit retirer ses troupes et permit aux moines de reprendre possession de leurs couvents et de la sainte montagne.

Mais plus de dix mille moines étaient morts, sept mille à peine se retrouvèrent sur le mont Athos, et depuis cette époque, leur nombre ne s'est jamais accru.

Le règlement intérieur des couvents est une discipline sévère; la plus stricte obéissance est due aux ordres de l'igoumène, ou supérieur, qui est le maître absolu, et qui exerce un pouvoir tyrannique et autocratique dans la maison.

Les confesseurs, choisis parmi les moines les plus vieux et les plus éprouvés, exercent, eux aussi, un commandement très-étendu, et on leur doit une obéissance passive.

Ces moines cénobites, pour obtenir le ciel, pour épurer leurs âmes, sont astreints à un régime de mortification des plus durs.

Ainsi ils passent dix heures sur vingt-quatre à l'église; les jours de fête, ces dix heures sont augmentées de quatre.

Les offices commencent à onze heures du soir et durent toute la nuit; les frères se mettent debout dans des espèces de chaises qui sont adossées au

mur, mais sans oser s'y asseoir ; des supports leur
soutiennent seulement les coudes.

Ces chaises, que l'on appelle en grec *stasidia*,
sont généralement remplies de punaises et de vermine qui dévorent le patient pendant qu'il prie
Dieu.

On ne permet pas aux moines de laver leurs
stasidia, sous le prétexte que les attaques de cette
vermine les tiennent éveillés pendant l'office, et
que c'est Dieu lui-même qui l'a créée et placée là
dans ce but.

Étrange mortification de la chair !

Je crois qu'il est nombre de bons et fervents
adorateurs du Christ à qui elle ne conviendrait
pas.

Pourtant certains frères sont tellement blasés
sur les morsures de ces vilaines bêtes, qu'ils s'en-
dorment debout dans leurs chaises, pendant les
longues heures des prières.

Le chant grec du mont Athos est particulièrement désagréable à l'oreille ; c'est un chant monotone et nasillard. Les bons moines prétendent
qu'une douce harmonie pourrait réveiller dans le
cœur du pénitent des souvenirs mondains ou de
voluptueuses sensations.

L'ordinaire des cénobites de la sainte montagne

est frugal au possible : ils ne mangent ni viandes, ni laitage, ni œufs; leur nourriture se compose de pain, d'huile d'olive, de pois, de fèves et d'herbages; le poisson leur est permis, comme extra, cinq fois par an. C'est à ces occasions-là que les fameux parchemins jouaient leur rôle.

A table il règne toujours le plus profond silence; pendant toute la durée du repas, un des frères fait une lecture religieuse à haute voix.

En sortant du réfectoire, les moines défilent deux par deux. Sur leur passage ils trouvent prosternés, le front dans la poussière, deux ou trois des leurs. Ce sont les frères cuisiniers qui sont dans cette humble posture pour demander pardon à tous si leur dîner a été mauvais.

Je recommande ce détail à nos cordons bleus.

Les cellules des moines sont misérables, sales et tristes. Un lit de planches, sans le plus petit matelas, et un escabeau, voilà le total du mobilier ; une petite fenêtre basse les éclaire; elle est insuffisante pour les aérer, car toutes ces cellules sont humides et nauséabondes.

Quant à la propreté, l'on sera fixé lorsqu'on saura que les moines n'ont la permission de laver et de nettoyer leurs cellules qu'une fois l'an, la veille de Pâques. Les frères prieurs disent que la propreté n'est qu'une inspiration du luxe et du confort; que le luxe et le confort sont des auxiliaires de Satan, et que, par conséquent, on doit s'en garder.

Ces bons moines suivent ces préceptes religieusement, et ils vivent dans une malpropreté nauséabonde. Leur règlement leur ordonne encore de ne changer de linge que lorsque celui qu'ils portent sur eux tombe en loques d'usure et de saleté. Pour compléter ce triste tableau, ajoutons que l'eau leur est rigoureusement interdite pour l'usage extérieur; qu'il ne leur est permis ni de se baigner ni de se laver, sans compter qu'ils ne peuvent ni se peigner ni se faire la barbe.

On se fera facilement une idée de ce que sont ces couvents et ceux qui les habitent, avec de semblables règlements suivis consciencieusement. Ce n'est pas tout. Les pauvres moines ne doivent pas dormir plus de cinq heures sur vingt-quatre, et il faut qu'ils passent le reste de leur temps à réciter le chapelet, à lire leur bréviaire ou à faire des corvées dans l'intérieur du couvent ou dans les champs. Entre eux, ils doivent converser le moins possible, et ne jamais parler que d'un sujet religieux. Aussi ont-ils tous un aspect taciturne, farouche et lugubre.

De toutes les mauvaises pensées que Satan leur inspire, il n'en est point qu'il faille chasser avec plus d'horreur que celles qui leur rappellent qu'il est de par le monde des êtres qui s'appellent des femmes.

Les femmes! c'est pour eux Satan en chair et en os, un objet de terreur dont il faut chasser à tout prix l'image et le souvenir.

On prétend que l'excès de la haine n'est souvent qu'un excès d'amour.

Si cela est vrai, les moines du mont Athos pourraient être accusés d'un amour immense pour la femme, car leur haine pour elle touche à la démence, atteint aux limites d'une folie furieuse.

De nul lieu on n'a lancé autant d'anathèmes contre la femme que des hauteurs du mont Athos!

Et, chose étrange! ces mêmes hommes qui maudissent ainsi le sexe qui leur donna le jour, prétendent avoir la sainte Vierge pour fondatrice de leur confrérie.

Il arrive bien souvent qu'après un séjour d'un ou deux ans dans ces couvents, les hommes les plus robustes ne peuvent résister au régime qui en est la règle; alors ils s'échappent et vont se lancer à corps perdu dans le tourbillon des plaisirs du monde; d'autres, plus courageux, résistent; mais, victimes de cette vie anormale, de ces luttes hors nature, ils meurent fort jeunes.

Du reste, la seule aspiration qui leur soit permise est le désir de la mort : avec une vie semblable, comment ne pas la souhaiter ardemment?

« Le monde gît dans le mal, » dit l'Évangile. C'est peut-être dans cette parole, mal comprise, que les moines de la montagne puisent leur horreur pour la société humaine.

Le protat, qui régit la montagne, a fait défense expresse à tout être du sexe féminin de poser les pieds sur le territoire monacal.

Par conséquent, non-seulement il est interdit à toute femme de pénétrer dans le sanctuaire, voire même d'en approcher, mais encore toute espèce de femelle en est bannie et exclue formellement.

On trouve sur le mont Athos des mulets, des ânes et des chats, mais pas une ânesse, pas une mule, pas l'ombre d'une chatte. Ces pauvres chats, privés de leurs compagnes, ont un air malheureux à attendrir les pierres, mais ils n'attendrissent pas les moines, et il arrive souvent que, pris d'un noir désespoir d'amour, ils se réunissent en corps et vont, en fuyant ces contrées inhospitalières, rejoindre sur le sol musulman les pauvres petites chattes désolées de leur abandon. Ces émigrations se font au détriment de la bourse des bons pères, qui sont forcés d'acheter de nouveaux chats, lesquels ne tardent pas à suivre l'exemple de ceux qui les ont précédés.

A Salonique, l'élevage des mâles pour le mont Athos forme une branche d'industrie considérable. C'est dans cette ville que les moines viennent faire l'acquisition des bêtes qui leur sont nécessaires.

On dirait que les oiseaux, ces charmants chantres de l'amour, ont une aversion prononcée pour les robes noires de la sainte montagne, car on en voit fort peu dans ces parages, et ils viennent rarement y faire leur nid.

La bête que les moines préfèrent, celle qu'ils estiment le plus, c'est le coq. Mais ce pacha sans sérail n'a guère sa raison d'être, et pour calmer ses ennuis il chante à tue-tête; il leur sert de réveil-matin, et c'est sans doute à cause de cela qu'ils l'aiment tant.

Il y a des milliers de coqs sans poules, sur le mont Athos, qui se mettent, vers minuit, à appeler les frères à matines par leurs *qui qui ri qui* perçants.

Il y a pourtant une seule femelle qui a su prendre parmi les moines une position inexpugnable et qu'ils sont forcés de subir malgré eux, c'est la femelle du chamois. Lorsqu'un moine, dans une de ses promenades, rencontre une de ces bêtes du sexe féminin, bien vite il détourne la tête, convaincu que c'est le diable qui a pris cette forme pour le détourner de la voie du salut.

Il est triste de voir à quel état d'abrutissement sont arrivés ces hommes, à force de vouloir exagérer l'austérité.

N'a-t-on pas raison de dire que les extrêmes se touchent?

Grâce à la défense faite à ces bons pères de se servir d'eau autrement que pour boire, les touristes qui vont visiter la montagne sont obligés de solliciter un permis spécial du protat pour avoir le droit de faire leur toilette et de se baigner dans la mer. Encore faut-il qu'ils choisissent une plage éloignée de tout couvent et de tout ermitage, sans quoi ils courraient grand risque d'être lapidés par les moines.

Ainsi qu'à la femme, l'entrée du mont Athos est sévèrement prohibée aux jeunes gens ayant moins de vingt ans; les voyageurs imberbes ne peuvent visiter les couvents. Les hommes mêmes qui ont une vocation irrésistible pour le froc ne peuvent entrer dans les ordres qu'après vingt-cinq ans. En attendant cet âge, on les tient à part et on ne les tolère que dans des cellules isolées.

Depuis quelques années on a fondé à Corée une espèce de séminaire dans lequel les moines âgés de plus de vingt-cinq ans peuvent aller faire leurs études.

Cet établissement, dont l'utilité est incontestable, aura peut-être sur eux une heureuse influence, en donnant de l'instruction à des gens complétement ignorants. Ils en sortiront sans doute un peu moins fanatiques et finiront par se convaincre qu'on peut aller au ciel sans vivre préalablement dans la saleté et la vermine, et que l'excès en tout est un défaut.

Ce séminaire est construit en bois; il est peint au dehors de toutes les couleurs de l'arc-en-ciel, lesquelles, mélangées à l'aventure, donnent un air bizarre à l'édifice.

L'apparition des bateaux à vapeur le long des côtes de la sainte montagne jeta l'émoi et la perturbation parmi les bons pères; une épouvante indescriptible s'empara de toute la communauté.

Le premier bateau qui osa aborder sur ce saint rivage fut un bateau de la compagnie russe. Les femmes ne descendirent pas à terre, mais elles se

promenèrent sur le pont et s'amusèrent à chanter
et à parler haut afin d'attirer l'attention des moines
sauvages. Ceux-ci, les voyant du haut de leurs
créneaux, s'enfuirent bien vite en faisant le signe
de la croix, et se réfugièrent dans leurs églises pour
entonner à leur aise le *Vade retro*.

Peu à peu cependant ils en prirent leur parti, et
les bateaux aujourd'hui abordent tranquillement
au mont Athos, a condition toutefois que nulle
femme ou femelle ne sera débarquée.

Un jour le bateau russe ***** était en rade; la
femme du commandant, jeune et jolie, se trouvait
à bord; elle demanda à son mari de la faire descendre à terre et de la conduire visiter le couvent
le plus rapproché. Celui-ci lui fit observer que
les femmes étaient exclues de cet État, et qu'il lui
était impossible de satisfaire à son désir.

Les femmes sont parfois capricieuses et volon-
taires; quelquefois aussi l'obstacle rend leur désir
plus violent. Celle-ci était doublement femme,
puisqu'elle était jeune et jolie : elle signifia à son
mari qu'elle voulait descendre à tout prix, et qu'en
dépit de tous les moines de la sainte montagne,
elle visiterait au moins un couvent.

En bon mari, le commandant céda, et le voilà,
donnant le bras à sa femme, escorté de plusieurs

officiers du bord, accostant à terre et se mettant à escalader la montagne.

Tout à coup ce mot terrible : « Une femme!...» retentit dans la montagne et, comme une traînée de poudre, y mit tout en feu.

Des moines à la mine farouche accoururent, effarés, pour signifier au commandant qu'il eût à retourner à bord et à y laisser ce monstre, ce démon, cette femme, s'il désirait aller plus loin.

Le commandant répondit qu'il n'en ferait rien et que madame continuerait sa promenade. Les officiers dégaînèrent, prêts à protéger le beau sexe.

Les moines, reconnaissant l'uniforme russe et craignant de s'attirer une mauvaise affaire, n'osèrent pas se porter à des voies de fait, mais ils lancèrent des injures grossières à ce démon femelle, et s'enfuirent en se signant.

La petite caravane arriva au premier couvent. Mme X... s'en approcha bravement ; mais elle trouva les portes fermées, et les moines, s'armant de pierres, se mirent à les lancer contre elle.

Le commandant, exaspéré, voulut mettre l'épée à la main. Le supérieur sortit alors à sa rencontre et lui expliqua que les règlements du mont Athos étant connus du monde entier et respectés même par les autorités turques, il était parfaitement dans son tort en voulant les enfreindre. Et comme l'effervescence des moines allait croissant, le supérieur ajouta qu'il lui était impossible de répondre de ce qui pourrait arriver.

Force fut donc à Mme X... de se retirer au plus vite, entourée des officiers et de son mari, qui essayaient de la protéger contre les projectiles lancés par les cénobites en forme d'adieu.

Au moment où la petite caravane quittait ce sol inhospitalier, une pluie abondante commença à tomber... Les moines, tout joyeux, s'écrièrent d'un air triomphant :

« Dieu lui-même veut laver notre sol des souillures faites par les pas impurs de cette femme ! »

Quelques semaines après, un violent tremblement de terre ébranla toute la montagne. Les moines attribuèrent cette calamité à la présence momentanée de cette dame, et leur haine pour le beau sexe ne fit que s'en accroître encore.

En 1859 il arriva une histoire qui faillit avoir de plus tristes conséquences. Un riche lord anglais, avec sa femme, s'amusait à voyager sur un petit yacht à vapeur lui appartenant. Ce yacht accosta un jour sur les rives de l'empire monacal.

Milady eut la fantaisie de faire une promenade

sur la terre ferme; elle débarqua avec son mari et se mit à escalader, par une belle matinée d'automne, une riante colline couverte de noyers. Tout à coup le couple britannique se vit assailli par une vraie cohorte de robes noires armée d'épieux et de pierres.

Notre milord, ne connaissant pas les usages de la sainte montagne, crut d'abord à une attaque de brigands; il saisit donc son révolver pour se défendre; mais, remarquant que ses ennemis portaient le costume monacal, il s'empressa de remettre son arme dans sa poche et il les salua courtoisement. Milady leur décocha aussi son plus gracieux sourire.

Cette courtoisie acheva de mettre le comble à l'exaspération des moines, — ils se mirent à hurler leur *Retro Satanas* avec fureur. Mais l'Anglais ne comprenait que l'anglais, et comme les gestes qu'on lui faisait voulaient dire : « On ne passe pas! » l'envie lui prit, en bon Anglais qu'il était, de passer outre.

Milord et milady continuèrent donc à gravir la montagne; — en voyant cela, les moines ouvrirent les hostilités. Une pluie, une grêle de pierres tomba sur le malheureux couple; et, tout en les lapidant, ces fanatiques en fureur nasillaient des exorcismes à l'adresse de la blonde fille d'Albion. Les Anglais dégringolèrent prestement la colline, fort scandalisés de ce genre de réception, qu'ils trouvaient tout à fait *shoking*, et regagnèrent leur bateau, tout meurtris, mais heureux encore d'en être quittes pour quelques contusions.

Quelque temps après, les journaux de Smyrne parlèrent d'un bateau anglais qui avait sombré dans l'archipel sans que personne eût pu être sauvé; au mont Athos on fut intimement convaincu que ledit bateau était celui qui avait amené milady, et, charitablement, on fit des feux de joie pour fêter cette punition divine si justement méritée pour un fait sacrilége.

Chacun entend la charité à sa manière, seulement il faut convenir que celle des moines est assez extraordinaire.

Voici encore un fait plus récent qui prouve combien il est dangereux pour une femme d'accoster cette plage ennemie.

L'an dernier, un voilier ancré le long des côtes de la sainte montagne fit explosion pendant la nuit. A l'aube, les moines, avertis du sinistre, allèrent pour porter secours. — Des seize personnes qui montaient le bateau il ne restait plus que des membres épars et mutilés, lancés de droite et de gauche; mais, ô miracle! une jeune fille de onze ans avait échappé à ce désastre, et elle était là, tapie dans un coin, pâle, effarée, les vêtements en désordre.

« C'est une ruse de Satan, » dirent les moines en l'apercevant, et ils se détournèrent d'elle avec horreur.

La pauvre enfant se jeta à leurs genoux en les suppliant de l'emmener loin de ce spectacle navrant; les moines hésitèrent, et, après un long conciliabule, ils chargèrent un des plus anciens d'entre eux de porter secours à la jeune fille, qui avait les vêtements trempés et quelques légères blessures.

On ne sut jamais les remèdes qu'on lui administra, mais le fait est que la pauvre fille mourut le soir même, et que son cadavre fut transporté de nuit à bord d'une tartane marchande destinée à prendre immédiatement la mer.

C'est la seule femme qui, de temps immémorial, soit morte sur le sol virginal de la montagne!

Mais comme, malgré leur fanatisme contre le sexe, les moines du mont Athos adorent la Sainte Vierge, sainte Catherine, sainte Barbe, et d'autres saintes de l'Église d'Orient, ils ont adopté pour les représenter un genre de peinture tout spécial, dont ils peuvent prendre un brevet d'invention : rien ne reste de la femme dans les lignes, les contours et les formes ; les traits sont grossis, l'expression est dure et masculine. Ces figures inspirent bien plutôt un sentiment de terreur qu'un sentiment d'amour ou d'admiration ; bref, ce sont des têtes d'homme revêtues d'une robe de femme.

Le meilleur échantillon de ce genre de peinture se trouve dans le couvent d'Ibère : c'est l'image de Notre-Dame d'Ibère, qui est l'objet d'une profonde vénération parmi les disciples de l'Église d'Orient.

Cette image miraculeuse, dit la légende, vint des côtes d'Anatolie à celles du mont Athos, debout sur la cime des vagues, qui ne mouillèrent même pas sa toile bénie. Elle fut retirée des flots par des moines, qui construisirent tout à côté le couvent qui porte son nom.

Chaque année une solennité religieuse a lieu pour fêter la mémoire de ce miracle. Cette fête se fait en plein air, le jour de l'Épiphanie. Toutes les cloches se mettent en branle, et l'image de la Vierge est portée en grande pompe jusqu'à la Marine ; tous les marins, les ouvriers des couvents, les pèlerins venus des alentours l'escortent et la fêtent par de bruyantes fusillades et des acclamations de joie. Le moine officiant jette, en vue de tous, une petite croix en argent à la mer; c'est le moment le plus impatiemment attendu par tout le monde, et particulièrement par les ouvriers, qui se précipitent à l'eau pour la retrouver : celui qui rapporte la croix au supérieur reçoit une gratification de 20 piastres (la piastre vaut 4 sous)! C'est le 6 janvier que se passe cette solennité, c'est assez dire quelle doit être la température de l'eau; mais rien n'arrête l'intrépidité des plongeurs.

La procession reprend alors le chemin du couvent; les plongeurs restent souvent de longues heures dans la mer, au risque de prendre des fluxions de poitrine. Souvent même il arrive de plus graves accidents. Comme ils se jettent à l'eau avec un couteau entre les dents pour se défendre contre les attaques auxquelles leur avidité mutuelle les expose, dans les cas où le hasard les favoriserait au moment où ils aperçoivent la précieuse petite croix ou croient l'apercevoir, chacun, voulant arriver le premier, donne des coups de couteau à droite et à gauche; ce qui fait que chaque année il y a des blessés sinon des morts, — et tout cela pour 20 piastres!!

Il existe encore au mont Athos quelques vestiges

des anciennes fresques byzantines ; les plus remarquables sont celles que l'on voit dans l'intérieur de l'église du Protat, à Corée : elles sont dues, dit-on, au pinceau du célèbre Pancelin, le Raphaël byzantin du IXe siècle. Cette église a eu beaucoup à souffrir lors de l'invasion des Turcs, et, après avoir été mise à sac, elle est restée près de quarante ans sans toiture. Aussi les fresques s'en sont-elles ressenties. En 1508, un boyard moldave entreprit de restaurer l'église à ses frais ; cette restauration acheva de détériorer ce qui ne l'était pas encore, car les ouvriers, pour poser la toiture, ne se gênèrent nullement d'appuyer leurs échelles et leurs échafaudages contre ces jolies fresques dont ils ignoraient la valeur ; puis, voyant les dégâts qu'ils avaient commis, ils voulurent les réparer et mirent du plâtre par-ci par-là dans les endroits endommagés. Ce replâtrage fait un effet bizarre, car les images des saints ont toutes ou un œil poché, ou une tache blanche sur le nez, ou une main recouverte, ou un pied raccourci.

Mais, telles qu'elles sont, ces fresques sont encore remarquables par le brillant de leur coloris, et on serait tenté de croire que la palette du peintre vient à peine de passer par là.

Tandis que nous venons de voir quelles vicissitudes elles ont traversées depuis mille ans qu'elles ornent cette église, sans compter les intempéries des saisons, — les savants, qui inventent tant de choses, bonnes ou mauvaises, devraient bien tâcher de retrouver ces précieuses couleurs des anciens. En Égypte, par exemple, à Pompéies, au mont Athos, l'on voit des fresques dont les teintes vives et fraîches feraient honte à celles dont nous gratifient nos peintres modernes.

Comment expliquer cela? et comment se fait-il que nos habiles chimistes, qui trouvent tant de choses merveilleuses, n'aient pas su retrouver jusqu'à présent le secret des couleurs des anciens? Qui sait même si nos peintures modernes résisteront à une centaine d'années, tandis que les autres brilleront toujours du même éclat?

Il faut convenir cependant que si le fameux Pancelin avait l'art d'employer de bonnes couleurs pouvant défier les siècles, il n'avait pas le génie de l'exécution : ses contours manquent d'harmonie, les nuances sont trop tranchées ; il n'était pas fort non plus sur les effets de la perspective. On trouve quelques reproductions photographiées de ces fresques dans la collection *Sévastianoun*.

Il arrive souvent que de riches pèlerins, voulant remercier les moines de l'hospitalité qu'ils leur ont donnée, leur laissent en présent soit une image de la sainte Vierge, soit celle d'un saint quelconque, richement ornée de pierres précieuses, mais peinte d'après le style de l'école italienne. De pareilles offrandes mettent toujours les moines dans un véritable émoi ; les anciens se rassemblent en conseil secret, on examine l'image, et si elle représente la Vierge, on prend le cadre et les pierres précieuses, et on relègue la peinture dans une oubliette ; si c'est un saint ou un archange, on les admet quelquefois à l'église, mais après leur avoir fait subir par le peintre du couvent une retouche tout exceptionnelle. On leur ajoute une longue et épaisse barbe ou une moustache formidable ; et ce n'est que lorsqu'ils sont ainsi transformés en sapeurs-pompiers qu'on les juge dignes d'entrer dans la confrérie.

En parlant de l'ascétisme sauvage et de la rigidité de mœurs qui font la règle dans les couvents de la sainte montagne, j'ai oublié de vous dire que cinq ou six couvents, plus riches que les autres, y font exception : ce sont ceux d'*Ibère*, d'*Hillendar*, d'*Yagraphos* et quelques autres encore. Là, le règlement est plus doux ; on y trouve même du confortable, sinon de la propreté. Les moines qui habitent ces couvents ont des domestiques pour les servir ; ce sont des hommes loués par eux en Thessalie ou en Roumanie ; ils ont aussi pour leur service des moines sortis des couvents les plus pauvres.

C'est ainsi que se forme partout la différence des classes : même au mont Athos il y a des patriciens et des plébéiens ! L'inégalité sociale serait-elle une loi de la nature ?

Dans ces couvents la cuisine est meilleure, et la viande n'y est prohibée que les jours de jeûne et pendant le carême. — Mais quant à l'horreur pour le sexe féminin, elle est tout aussi enracinée que parmi les moines cénobites, qui blâment leurs frères pour le luxe et le confort qu'ils s'accordent et la négligence qu'ils mettent dans l'accomplissement de leurs devoirs. — Ils assurent que dans ces couvents-là on ne peut pas faire son salut.

Des hommes qui fument et qui osent toucher à l'eau, qui s'en servent même pour se laver, ne peuvent certes pas aller au ciel !! Telle est leur opinion, et ils n'en démordent pas.

Du reste, comme contraste à la vie de ces moines désordonnés, on peut opposer l'existence des ermites de la montagne ; ce sont de vrais ermites ceux-là : ils vivent dans une épaisse forêt, dans des grottes construites de leurs mains, ou bien dans des cavernes creusées par la nature dans des lieux inaccessibles.

Pour toute nourriture ils ont des racines, des champignons crus ou des colimaçons; ils vivent seuls, entièrement seuls, passent des années sans prononcer une parole, et lorsque la mort vient frapper à leur porte, elle les trouve sans un être vivant pour veiller à leur chevet ; il arrive souvent que leurs cadavres restent ainsi sans sépulture.

A côté de ces ermites consciencieux, il y en a d'autres qui s'accordent un peu plus de confort : ils se bâtissent des cellules séparées dans la partie de la montagne qui leur plaît le plus, et, possédant quelque argent, ils vivent là à leur fantaisie sans se soumettre à aucune règle. Presque toutes ces cellules ont comme attenance une chapelle, mais cette chapelle est généralement si petite qu'elle ne peut contenir que deux ou trois personnes.

Si le fondateur d'un ermitage possède des rentes, il invite des moines pauvres à venir travailler chez lui comme ouvriers; alors il devient le *hierontas* (vieillard) de ces ouvriers, qui ont souvent le double de son âge, tandis que le vieillard n'a parfois que vingt-cinq ans ; mais on lui donne ce titre par respect.

Ces petits ermitages, éparpillés dans la montagne, sont d'un effet charmant; généralement ils sont abrités par des marronniers ou des noyers centenaires, placés près d'un filet d'eau, et entourés de quelque enclos où la ciguë s'étend au détriment des autres plantes potagères. — On les prendrait pour ces jolies petites fermes que l'on voit en Suisse; seulement on n'y trouve pas pour égayer le paysage la vache pleine de lait, les poules picotant sur un tas de fumier, les canards barbotant dans une mare d'eau.

La végétation de la montagne est, grâce à sa conformation accidentée, fort riche et très-variée; en outre des grands et beaux arbres de construction, il y a encore beaucoup de grenadiers, de figuiers et d'oliviers. Je me souviens aussi d'un petit arbuste de la famille de l'arbre à café, que l'on ne trouve que sur le mont Athos; il porte des petits fruits oblongs, de couleur gris perle et de la grosseur d'un œuf de moineau. On appelle ces fruits, je ne sais trop pourquoi, les *larmes de la Vierge*. Les moines en font de jolis chapelets qui sont très-estimés dans tout l'Orient et leur procurent une branche de commerce considérable.

On leur prête une vertu singulière... que je ne saurais traduire en français.

Presque au centre de la montagne se trouve placé le pic de Césarée, dont l'ascension est fort dangereuse. Sa surface présente une plate-forme de marbre blanc de près de 16 mètres carrés. Du sommet on a une vue splendide sur l'Archipel, la Thessalie et la Macédoine.

Au bas du pic se trouvent de riches carrières d'où l'on tire le marbre qui sert à la construction et à l'ornementation des églises et des couvents de la sainte montagne.

Rien n'est plus gracieux et plus original que cette montagne toute verdoyante, parsemée de couvents qui ressemblent à des forteresses et coupée en tout sens par des églises aux hautes coupoles dorées, bleues avec des étoiles d'argent. Tous ces édifices s'élèvent fièrement au-dessus des bosquets d'arbres, et ressemblent aux géants de la montagne.

Le côté opposé à celui par lequel les touristes font généralement l'ascension du mont Césarée est perpendiculairement coupé à pic et forme un précipice de deux mille pieds de profondeur. Ce rocher est rempli de petites crevasses desquelles s'échappent des buissons rabougris qui produisent des fleurs jaunes de la famille des immortelles. On a essayé d'en faire venir ailleurs, mais vainement;

le mont Athos seul a le privilége de les voir fleurir.

J'ignore pourquoi les moines donnent le nom de *roses* à ces immortelles et pourquoi ils les appellent roses de la Vierge.

Toute une classe de moines vit du produit de ces fleurs; on les appelle les moines chercheurs de roses. Quelle doit être la misère de ces pauvres gens, pour les forcer à risquer cent fois leur vie pour former un bouquet de dix fleurs qu'ils vendent deux piastres aux pèlerins! Car il leur faut un courage héroïque et une adresse merveilleuse pour descendre jusqu'à ces crevasses, n'ayant pour appui que des morceaux de roc et de faibles arbrisseaux. Aussi cette chasse aux roses fait-elle tous les ans de nombreuses victimes. On ne peut la comparer, comme dépense de courage et d'agilité, qu'à celle que font les Chinois pour se procurer des nids d'hirondelles.

Mais les accidents n'intimident pas ceux qui ont su s'en préserver; confiants dans cette parole de l'Évangile, que « pas un cheveu de notre tête ne tombe sans la volonté du Seigneur, » ils continuent leur industrie avec une parfaite indifférence.

Il y a quelques années, toute la montagne cria au miracle, et voici pourquoi :

Un moine chercheur de roses se rendit un jour au mont Césarée avec plusieurs de ses camarades ; il descendit le premier dans une crevasse, s'aidant de ses pieds et de ses mains. Mais tout à coup son pied glissa, le faible arbrisseau auquel il se retenait céda sous le poids, et le malheureux roula dans l'abîme.

Ses compagnons poussèrent des cris affreux, puis ils se mirent à genoux pour réciter des prières, et, une fois tranquilles pour le repos de son âme, ils allaient l'abandonner. Mais tout d'un coup ils se souvinrent que cet infortuné avait déjà plusieurs roses dans ses poches et ils se dirent : « Pourquoi n'en profiterions-nous pas ? » Ils prirent alors un long détour contournant le précipice et arrivèrent au fond sans accident. Ils s'attendaient naturellement à trouver un cadavre mutilé, défiguré ; quelle fut leur épouvante lorsqu'ils aperçurent leur ami assis au pied d'un arbre, sans la moindre blessure, seulement légèrement étourdi de sa chute. Sa soutane, accrochée à une saillie du roc, avait amorti sa chute, et il avait pu, en se cramponnant à des broussailles, glisser tout doucement sans se faire le moindre mal.

Il fut ramené en triomphe au couvent le plus rapproché, où l'on chanta un *Te Deum* en son honneur, pour remercier Dieu de ce miracle.

Le bonhomme, fort de cette protection divine, continua son métier avec plus d'intrépidité que jamais.

Le fanatisme des moines fait que sur tout le mont Athos on ne trouve pas un seul médecin.

Ceux qui, avant d'entrer dans les ordres, ont eu l'occasion d'acquérir quelques connaissances médicales, continuent à pratiquer à leur façon, quand le supérieur les y autorise; mais généralement les moines malades préfèrent confier leur guérison au soin de la Providence que de se livrer aux mains de ces plus ou moins mauvais élèves d'Esculape.

Ont-ils tort? Je l'ignore; mais s'ils avaient raison, je n'oserais pas le dire, de peur que mon docteur ne lise ces lignes et que, pour me punir, il ne me prive de ses soins éclairés, que j'apprécie fort et dont j'ai grandement besoin.

QUELQUES MOTS SUR MAHOMET.

Son Coran. — Les Turcs. — Les Ottomans. — Gloire et splendeur de l'empire ottoman. — Causes principales de sa décadence. — Ce qui pourrait sauver l'empire turc de sa destruction.

Les Turcs sont, avec raison, très-fiers du passé glorieux de leur empire; ils sont très-orgueilleux de la gloire qu'ont su conquérir leurs aïeux, des hauts faits d'armes de quelques-uns de leurs sultans; seulement ils croient de confiance à cette gloire, à ces hauts faits, mais ils ne connaissent pas un mot de l'histoire de leur pays. Il n'y a pas en Turquie cinquante hommes sachant à fond l'histoire de l'empire ottoman et connaissant seulement le nom de tous les sultans qui l'ont gouverné.

En géographie ils sont aussi d'une ignorance bien amusante; des Turcs qui passent pour lettrés et instruits chez eux vous demandent avec beaucoup d'aplomb si l'Amérique n'est pas du côté de la France et si c'est une île plus grande que Rhodes.

Quant à leur ignorance au sujet de leur histoire, elle s'explique par ceci : tout Turc un peu instruit qui n'est pas un renégat pachifié, a fait son éducation en Europe ; là on lui a tout appris, sauf l'histoire de la Turquie. Dans nos colléges, il faut bien en convenir, on apprend aux jeunes gens d'abord l'histoire grecque et romaine, ensuite l'histoire de France ; mais il est assez reçu de croire, en France, qu'il est complétement inutile de savoir l'histoire des autres nations, pas plus que la géographie moderne.

Aussi nos journalistes politiques font quelquefois de singulières erreurs, qui donnent aux Polonais et aux Russes, généralement fort instruits, occasion de dire que le Français n'a qu'une instruction superficielle, du brio et de la verve, mais peu de fond.

Un Russe me disait un jour, à Pétersbourg :

« Le Français est né malin, c'est lui qui le dit, mais il est né aussi léger ; dans toute chose il n'étudie que le côté superficiel ; en tout il cherche prétexte à rire et à dire une malice, sachant qu'il manie à merveille l'arme de la raillerie. Le souverain qui saura amuser le peuple français, et l'amuser toujours, aura su le captiver et se l'attacher ; il n'aura pas à craindre de barricades. Faire rire le Français, c'est tout ; voyez plutôt :

« Le sénat est un corps grave ou qui devrait l'être. M. Dupin y parle crinoline : grand succès pour M. Dupin, car il a fait rire le sénat !

« Au corps législatif que fait-on ? La politique est tendue. La politique, les finances du pays méritent une attention sérieuse... *Rien n'est sacré*, dit un orateur ; et tous les députés de répéter en chœur : *Pour un sapeur*. Un éclat de rire général se fait entendre... Grand succès pour l'orateur : il a fait rire les députés !

« On rit au sénat, on rit au corps législatif ; dites après cela que la France est une nation sérieuse.

« Le Français a de plus le défaut de ne pas savoir un mot de l'histoire politique et de la position géographique des autres pays, et cela par excès de chauvinisme : il se dit qu'il n'y a qu'un pays au monde, c'est la France ; les autres ne sont que les satellites de ce soleil lumineux ; ils ne méritent pas qu'on s'en occupe.

« Il a encore un autre défaut : il se fait une opinion et il n'en saurait démordre. Ainsi vous, madame, vous connaissez l'Orient, vous avez habité la Turquie : eh bien, n'essayez pas de dire aux Français que les Turcs n'ont pas tous deux cents femmes, qu'au premier soupçon d'infidélité ils ne les enferment pas dans des sacs, en compagnie de plusieurs chats et d'une douzaine de vipères, car on ne vous croirait pas, on vous accuserait de raconter une fable. Que voulez-vous? le Français, le Parisien surtout, a appris l'histoire de la Turquie dans les libretti d'opéras-comiques et dans les *Mille et une Nuits* de M. Galland; son opinion est faite, il n'en changera pas. »

Ainsi me parlait des Français ce Russe. Il va sans dire que je m'empressai de répondre que tout cela était pure calomnie.

Je suis persuadée que le Français a toutes les qualités, sauf celle de ne pas en être persuadé.

MAHOMET ET SON CORAN.

Le sentiment de haine et de mépris que professent les Européens, et surtout les Français, pour Mahomet et sa religion, n'est vraiment pas compréhensible. Je suis bonne chrétienne, mais si je n'avais pas le bonheur de l'être, je voudrais être musulmane.

En effet, qu'est-ce que le Coran ?

C'est un recueil qui contient beaucoup des préceptes humanitaires que nous a donnés le Christ, ainsi que quelques-unes des lois de Moïse.

Or ces lois, nous les suivons nous aussi, et notre religion nous apprend que c'est Dieu lui-même qui les avait dictées à Moïse.

En étudiant le Coran, il est facile de se convaincre que la religion qui se heurte le moins avec la religion chrétienne, c'est la religion musulmane.

Il est vrai que tout ce qu'on sait généralement en France sur le Coran, c'est qu'il permet aux hommes d'avoir plusieurs femmes.

Mais en étudiant un peu l'histoire de l'islamisme, en regardant de quelle façon il est né et dans quelles conditions il s'est imposé, on se sent pris d'admiration pour Mahomet et de sympathie pour ses adeptes : car le Coran ne se borne pas à permettre aux hommes la polygamie, il leur ordonne encore de suivre presque tous les préceptes humanitaires que contiennent les divins enseignements du Christ et ceux des lois des Hébreux.

La prévention, l'ironie, cessent alors.

M. Kasimirski dit dans l'excellente traduction qu'il a faite du Coran :

« L'établissement de la religion musulmane est

un des phénomènes les plus extraordinaires qui aient paru dans les annales des nations. »

Oui, des plus surprenants en effet, car jamais religion ne s'est fait aussi promptement des milliers d'adeptes et n'a su les rendre aussi zélés et aussi fanatiques.

Mahomet a saisi avec une grande intelligence les pays et le moment favorables à la création d'une religion nouvelle; il a su l'adapter avec une adresse merveilleuse au caractère, au tempérament des hommes pour qui il la faisait.

Certes, si Mahomet avait été à même de connaître l'admirable religion que le Fils de Dieu fait homme est venu nous donner, si, en un mot, il avait été un chrétien vivant au milieu de chrétiens, alors, en faisant une religion nouvelle et en l'imposant, il aurait été très-coupable, on n'aurait pu le considérer que comme un fou ou un ambitieux.

Mais Mahomet, on ne doit pas l'oublier, était fils d'un idolâtre et idolâtre lui-même; il avait quinze ou seize ans au moment où l'on rebâtissait, à la Mecque, le fameux temple de la Kaabah, dont Abraham lui-même avait posé la première pierre; eh bien, c'est à Mahomet que revint l'honneur d'en poser la seconde. Cette pierre était merveilleuse. La légende dit que lorsque Abraham bâtissait ce temple, un ange lui apporta une hyacinthe blanche, laquelle se pétrifia dans la suite des siècles. La pierre était blanche comme un lis; mais un jour une femme adultère la toucha, et, au contact de cette main impure, elle devint noire. Cette pierre merveilleuse était donc là; elle devait la première être posée, et à Mahomet fut réservé ce soin. Voilà donc ce futur grand prophète du Dieu seul, unique et tout-puissant, travaillant à l'édification de ce temple consacré aux idoles.

Mahomet était donc idolâtre et vivait au milieu d'idolâtres. Voyons maintenant quel était l'état politique et religieux de ces contrées, de ces peuplades, auxquelles il eut la pensée d'imposer une seule et même religion.

Le moment, il faut en convenir, était admirablement bien choisi pour la création d'une religion nouvelle. L'empire romain venait de crouler à Rome sous les coups des Ostrogoths et des Huns.

Dans le partage de cet empire glorieux des Césars et des Augustes par les fils du faible Théodose, Arcadius et Honorius, l'Afrique, comme on le sait, échut à l'empire d'Orient, dont Constantinople était la capitale. Cet empire résista plus longtemps que celui d'Occident; pourtant, sous le règne d'Héraclius, empereur mou et efféminé, qui se laissait endormir dans son superbe palais, dont les flots bleus du Bosphore baignaient les fenêtres, dans une vie de plaisirs et de mollesse, les affaires allaient fort mal ; pas une main de fer pour tenir les rênes du gouvernement.

Les provinces profitaient de cet état de choses pour secouer le joug. L'Égypte, qui avait eu tant à souffrir du temps de la conquête des Perses, qui n'avait eu qu'un moment de répit sous le règne doux et éclairé des Macédoniens, et qui avait vu succéder à cette époque de calme la domination romaine, nullement bienfaisante pour elle ; l'Égypte ne supportait plus qu'en frémissant le joug qui lui était imposé, et attendait un moment favorable pour le secouer.

L'Arabie, qui faisait aussi partie de l'empire d'Orient, était encore plus agitée que l'Égypte. Ni l'empereur ni les hommes d'État ne se préoccupaient de ces symptômes, bien faits pourtant pour les alarmer ; ils étaient tout entiers aux discussions vives et envenimées qui s'élevaient sur la théologie ; le moment politique, on le voit, était bien choisi.

L'Arabie avait été soumise par les Romains, mais partiellement et imparfaitement ; sous Héraclius, elle leur échappa tout à fait. Cette province se composait de tribus diverses, ennemies entre elles, et se faisant sans cesse une guerre acharnée.

Les Arabes, fiers et courageux, habitués à une vie de fatigues et de privations, étaient de vaillants soldats, et auraient pu former une force imposante, capable de grandes choses, s'ils avaient été unis : mais chaque tribu avait un chef, une religion à part et des usages différents. Le moyen de s'entendre, dans de pareilles conditions?...

Je l'ai dit, les Romains, qui avaient porté leur drapeau victorieux jusqu'aux dernières cataractes du Nil, ainsi qu'en Syrie et en Palestine, et qui avaient peuplé ces contrées de leurs colonies, n'avaient jamais pu envahir complétement l'Arabie. Leurs soldats, braves et expérimentés, avaient reculé devant l'horreur de cet océan de sables brûlants, comprenant très-bien que c'était là, pour les Arabes, un rempart infranchissable; la civilisation romaine n'avait donc pu pénétrer dans ces belles et verdoyantes oasis, où vivaient les tribus arabes.

Je le répète, la religion et les mœurs de ces diverses tribus variaient à l'infini. Depuis l'époque la plus reculée, l'Arabie avait été partagée entre différents petits princes et formé autant de petits gouvernements indépendants; la tribu de Thagyp était idolâtre, la tribu de Hemyar adorait le soleil, celle de Kenânéh la lune, celle de Mysan l'œil du taureau (aldiboram); enfin d'autres adoraient l'étoile de Canope, d'autres Jupiter; Mercure avait aussi ses partisans; le judaïsme était professé par la tribu des Beny-Naddyr à Khaybar.

Mahomet ou Mohammed, qui naquit à la Mecque vers l'an 569 de l'ère chrétienne, appartenait à la tribu des Koreychites (heny-goreych) la plus noble de toutes celles de l'Arabie, et qui prétendait descendre directement d'Ismaël, fils du patriarche Abraham.

Voilà donc l'état politique et religieux de ces contrées où Mahomet va prêcher bientôt une nouvelle croyance.

Avec un coup d'œil d'aigle et une rare intelligence, il envisagea la situation, et se dit : « L'unité fait seule la force : si je parviens à réunir tous ces fiers et courageux Arabes sous le même drapeau, je formerai avec eux un puissant empire ! » Il se retira dans la grotte du mont Ara, médita, chercha, et un jour, victorieux, il s'écria :

« J'ai trouvé !... je vais les réunir tous dans une même religion. »

Alors il apprit à toutes ces peuplades, à tous ces adorateurs de la Lune, du Soleil, de Jupiter, de Mercure, qu'il y avait un Dieu seul, puissant et unique ; il prêcha enfin son Coran, et, comme Mahomet avait une grande élévation de pensée, la parole inspirée, qu'il parlait ce langage poétique qui seul pouvait frapper l'imagination de ces peuplades orientales, il fut cru ; les trois cents idoles de l'antique Caabah furent jetées à bas de leurs autels et foulées aux pieds.

Mahomet proclama dans son temple qu'il n'y avait qu'un Dieu, un seul Dieu. « Les ombres mêmes de tous les êtres s'inclinent matin et soir devant lui ! ».

Ce prophète, guerrier courageux et intrépide, devait acquérir un ascendant immense sur ces peuplades ; et en effet, l'islamisme, créé et prêché par lui, forma bientôt une légion si forte et si colossale, qu'elle créa un empire qui devint plus vaste que l'empire romain, et qui s'est étendu des rives de l'océan Atlantique aux extrémités de la mer des Indes, des rochers brûlants de l'Éthiopie aux plateaux glacés de la Tartarie, et qui un moment a menacé toute l'Europe.

On le voit, le résultat politique a été merveilleux. Quant au résultat religieux, en comparant le Coran et ses préceptes à toutes les religions idolâtres professées dans ces contrées, on ne peut que trouver que la religion de Mahomet leur a fait faire un pas immense vers la vérité.

Je le dis encore, j'admire Mahomet, je ne me sens aucune haine contre lui, parce qu'il n'a pas été un chrétien désertant le saint étendard de l'Évangile pour prêcher une autre religion, mais qu'il a été un idolâtre apprenant à des idolâtres qu'il n'y a qu'un Dieu et leur prêchant une religion qui se rapproche beaucoup de celle que le Fils de Dieu est venu nous enseigner. Certes, entre l'Évangile et le Coran il y a une grande différence. Le livre de l'Évangile est pur, mystique, chaste et mystérieux; on le voit, on le sent, c'est l'œuvre du Fils de Dieu. Le Coran est humain, voluptueux, sensuel : il peuple son paradis de houris, il y divinise les plaisirs terrestres; le prophète musulman s'adresse à des hommes ardents, nés sous un climat de feu, qui ont l'imagination exaltée et un tempérament passionné; il fonde sa religion de manière à ce qu'elle s'accorde avec tout cela; mais lorsqu'il parle de Dieu, il est sublime, et il nous fait comprendre d'une façon saisissante sa toute-puissance, sa bonté ineffable, les adorations que nous lui devons, nous ses humbles créatures; mais tous ses préceptes humanitaires, ses lois, ses devoirs des hommes vis-à-vis les uns des autres, sont très-beaux ; le Coran est l'œuvre d'un homme, mais d'un homme doué par Dieu d'une grande droiture, d'un sens moral immense et d'une intelligence rare, d'un homme supérieur en un mot.

Prenons au hasard quelques-uns des préceptes du Coran. Victorieux de ses ennemis, ceux-ci viennent implorer sa pitié :

« Que me demandez-vous ? dit Mahomet.

— Que vous nous traitiez en frères, répondent mille voix.

— Allez, vous êtes libres ; Dieu vous bénit ! » leur dit le prophète musulman.

« N'adorez que le moteur suprême de cet uni-
« vers ; sa toute-puissance a créé tous les êtres,
« et sa bonté a préparé pour conserver leur exis-
« tence tout ce qui est sur la terre.
« L'homme de tous les cultes, soit musulman,
« soit juif, soit chrétien, soit sabien, lui est agréa-
« ble et lui paraît digne de ses récompenses lors-
« qu'il est juste et vertueux et qu'il pratique la
« bienfaisance. »

Voilà certes un précepte qui indique une grande tolérance et une grande connaissance du Dieu miséricordieux et créateur ; il concorde mieux avec

l'idée que je me fais de Dieu, que celui de « Hors
« le giron de l'Église point de salut. »

« La vertu ne consiste point à tourner vos vi-
« sages du côté du levant et du couchant, en of-
« frant à Dieu seul et unique les adorations que
« vous lui devez ; vertueux complétement ne sont
« que ceux qui croient à Dieu et l'adorent, qui
« croient aux anges, au livre saint, aux prophè-
« tes, au jugement dernier; qui donnent pour l'a-
« mour de Dieu des secours à leurs proches, aux
« orphelins, aux pauvres et aux voyageurs ; ceux
« qui demandent et rachètent les captifs, qui ob-
« servent la prière, qui font l'aumône, remplis-
« sent les engagements qu'ils contractent, se mon-
« trent patients dans l'adversité, dans les temps
« durs et dans les temps de violence. Ceux-là sont
« justes et craignent Dieu. »

Voilà certes des enseignements conformes à ceux que nous donnent les saints évangiles ; et l'idolâtre qui a trouvé ces préceptes dans son cœur est un homme de bien, aimé de Dieu... Il n'aime pas la guerre, reconnaissant que nous n'avons pas le droit d'ôter la vie à qui Dieu l'a donnée, car il dit :

« Combattez, dans la voie de Dieu, contre ceux
« qui nous feront la guerre ; mais ne commettez

« point d'injustices en les attaquant les premiers,
« car Dieu n'aime point les injustes.

« La vie de ce monde est pour ceux qui ne
« croient pas et qui se moquent des croyants ;
« ceux qui craignent Dieu seront au-dessus d'eux
« aux jours de la résurrection. Dieu nourrit ceux
« qu'il veut, sans compter ses bienfaits. Dieu com-
« mande aux croyants de baisser leurs regards et
« d'être chastes ; ils en seront plus purs. Dieu
« aime la pureté. »

On se sert généralement du chapitre qui se rapporte à la polygamie pour se moquer et critiquer le Coran.

Voyons ce que Mahomet enseigne aux femmes et ce qu'il dit sur la polygamie et l'adultère.

« Dieu commande aux femmes croyantes de
« baisser leurs regards et d'être chastes, de ne
« montrer leurs ornements qu'à leurs maris et à
« leurs proches parents.

« Mariez ceux qui ne le sont pas encore, et si
« la pauvreté les empêche de le faire, donnez-leur
« un peu du bien que Dieu vous a donné, ô
« riches ! et mariez-les. » (Certes les vieilles filles sans dot ne médiront pas contre ce verset-là !)

« O hommes ! craignez Dieu, respectez la fem-
« me, songez que ses entrailles vous ont portés.

« Si vous craignez d'être injustes, n'épousez
« que peu de femmes, deux ou trois au plus par-
« mi celles qui vous plaisent. Si vous craignez
« encore d'être injustes, qu'une seule ; cette con-
« duite vous aidera plus facilement à être justes.

« Assignez librement à vos femmes leurs dots, et
« s'il leur plaît de vous en remettre une partie,
« jouissez-en commodément avec elles.

« Donnez à vos femmes la nourriture et les vê-
« tements ; n'usez avec elles que de paroles hon-
« nêtes.

« Dans les héritages, les femmes doivent avoir
« une partie des biens.

« Les femmes auront un quart de la succession
« des maris morts.

« La femme doit pudiquement se couvrir la fi-
« gure d'un voile, afin de dérouter la calomnie et
« de conserver son honneur. » (Mahomet connaissait bien le penchant des hommes à médire et
à calomnier les femmes ! et il paraît que ceux de
son temps étaient, tout comme en l'an de grâce
1866, fort mauvaises langues !)

« Si vos femmes commettent l'action infâme de
« l'adultère, appelez quatre témoins, et si leurs té-
« moignages s'accordent pour accuser la coupable,
« enfermez-la dans une maison isolée, jusqu'au

« moment où le repentir sera entré dans son cœur
« et la miséricorde dans le vôtre... Dieu aime à
« pardonner, il est miséricordieux !

« O croyants ! il ne nous est pas permis de vous
« constituer héritiers de vos femmes contre leur
« gré, ni de les empêcher de se marier quand vous
« les avez répudiées.

« Soyez honnêtes dans vos procédés envers
« elles, même envers celles que vous n'aimez pas,
« songez qu'il peut se faire que vous n'aimiez pas
« celle qui est aimée de Dieu.

« Si vous voulez répudier une femme, laissez-
« lui emporter la dot que vous lui avez donnée.

« Si vous n'avez pas les moyens pour épouser
« des femmes honnêtes et croyantes, prenez des
« esclaves, mais ne les épousez qu'avec la permis-
« sion de leur maître et en ayant soin de les do-
« ter convenablement.

« Qu'elles soient chastes, qu'elles évitent les
« débauches et qu'elles n'aient pas d'amants.

« Si après le mariage elles commettent l'adul-
« tère, qu'on leur inflige la moitié de la peine pro-
« noncée contre la femme libre.

« Un entretien honnête est dû aux femmes ré-
« pudiées ; c'est un devoir à la charge de celui qui
« aime Dieu.

« Épousez les pauvres et les orphelines.

« Si une femme craint la violence de son mari,
« il n'y a aucun mal à ce qu'ils s'arrangent à l'a-
« miable ; l'homme doit lui abandonner sa dot,
« et la laisser libre de se remarier.

« Soyez bons et traitez également toutes vos
« femmes !

« Les femmes vertueuses sont soumises et obéis-
« santes ; elles conservent soigneusement et in-
« tact, pendant l'absence de leurs maris, ce que
« Dieu leur a donné ; pour celles qui ne l'auront
« pas fait, vous avez le droit de les réprimander
« et de les reléguer loin des autres.

« S'il y a scission entre les époux, deux arbi-
« tres, un de la famille de la femme et un de la
« famille du mari, doivent essayer de les récon-
« cilier.

« Les hommes, dit Mahomet dans son Coran,
« sont supérieurs à la femme, parce qu'ils em-
« ploient leur bien à doter les femmes. »

Ici l'homme se révèle : Mahomet épousa à vingt ans sa tante Cadige, qui en avait quarante ; il était pauvre, elle très-riche ; sans doute elle lui fit sentir la supériorité que lui donnait sur lui sa grande fortune.

Mahomet alors a voulu sauver ses disciples de

cette humiliation ; Cadige morte, il épouse une jeune et jolie fille qu'il dote lui-même, et il dit :

« Dotez vos femmes généreusement. »

Ensuite il se dit :

« Cadige m'écrasait de sa supériorité, par la seule raison qu'elle m'avait apporté de l'argent. Cette fois, celle-ci m'est inférieure, puisque c'est moi qui lui en donne... » Et de là son verset :

« L'homme est supérieur à la femme parce qu'il
« emploie son argent à la doter. »

On le voit, tous les préceptes de Mahomet ne sont pas si malveillants qu'on veut bien le dire pour la femme.

Quant à l'adultère, ce qu'il ordonne se rapproche plus de ce qu'a dit le Christ pour la femme adultère que de ce que dit notre Code, qui autorise presque le mari à la tuer, ou tout au moins ne le punit pas quand il la tue, trouvant toujours une circonstance atténuante en sa faveur.

PARADIS DE MAHOMET.

« Il y aura deux jardins
« Ornés de bosquets ;
« Dans chacun d'eux jailliront deux fontaines ;

« Dans chacun d'eux mûriront deux espèces de fruits.

« Les élus s'étendront sur des tapis brochés de soie et brodés d'or.

« Les fruits des deux jardins seront rapprochés et aisés à cueillir.

« Là seront de jeunes vierges au regard modeste,

« Dont jamais homme ni génie n'a profané la pudeur.

« Elles ressemblent à l'hyacinthe et au corail.

« Outre ces deux jardins, deux autres s'y trouveront encore,

« Deux jardins couverts de verdure,

« D'où jailliront deux sources.

« Là il y aura des fruits, des palmiers et des grenades ;

« Il y aura des vierges jeunes et belles,

« Des vierges aux grands yeux noirs, enfermées dans des pavillons.

(Et ceux qui aiment les yeux bleus?)

« Jamais homme ni génie n'attenta à leur pudeur.

« Les époux reposeront sur des coussins verts et des tapis magnifiques ;

(Et ceux qui détestent la couleur verte?)

« Les hommes de bien se reposeront sur des sièges ornés d'or et de pierreries ;

« Accoudés à leur aise, ils se regarderont en face.

« Ils seront servis par des enfants doués d'une jeunesse éternelle et qui leur présenteront des gobelets, des aiguières et des coupes remplis de vins exquis dont le parfum ne leur montera pas à la tête et ne troublera pas leur raison.

« Ils auront à souhait les fruits qu'ils désireront,

« Et la chair des oiseaux les plus rares.

« Près d'eux seront les houris aux yeux noirs pareils à des perles dans leur nacre.

(Pauvres yeux bleus, quel peu de cas en fait le prophète musulman !!)

« Ils n'y entendront ni discours frivoles ni paroles criminelles.

« Ils séjourneront parmi les arbres de lotus sans épines

« Et les bananiers chargés de fruits du sommet jusqu'en bas,

« Sous des ombrages qui s'étendront au loin,

« Près d'une source courante,

« Au milieu de fruits en abondance ;

« Et ils se reposeront sur des lits élevés.

« Dieu créa les vierges du paradis par une création à part.

« Nous avons conservé leur virginité,

« Chéries de leurs époux et d'un âge égal au leur. »

Voilà certes un paradis fait pour charmer surtout les Arabes; car tout ce qu'ils aiment s'y trouve : fruits, fraîcheur, ombrages, eau courante, femmes charmantes.

L'ENFER DE MAHOMET.

« Où seront les hommes de la gauche, c'est-à-dire les impies, les injustes et les méchants?

« Ceux-là seront au milieu de vents pestilentiels et d'eaux bouillantes, dans l'obscurité d'une fumée noire.

« Ils n'auront ni frais ombrages ni bons fruits;

« Ils mangeront le fruit amer du zakoum;

« Ils boiront de l'eau bouillante;

« Et pas la moindre houri ne sera là pour les consoler. »

Mahomet trouve une punition très-originale pour les avares : il leur dit que dans l'autre monde Dieu, pour les châtier d'avoir gardé pour eux seuls les trésors qu'il leur avait confiés sur cette terre et n'avoir fait ni aumônes ni actes généreux, les obligera à porter, suspendus à leur cou, tous les biens amassés par leur avarice et dont ils n'ont pas su faire un bon usage ici-bas.

Voyez-vous d'ici le m..... X....., l'homme le plus avare de France, ayant, dans l'autre monde, suspendu au cou tout l'or qu'il possède et dont il est si peu prodigue en celui-ci?

Si Mahomet était sublime en parlant de la Divinité, si sa parole était éloquente et persuasive, comme général il fit aussi de vrais prodiges. Unissant la puissance du glaive à celle de la parole, il vit bientôt presque tous les Arabes se ranger sous sa bannière; des mosquées furent édifiées à la Mekke et à Médine; le Hedjaz et le Yemen furent conquis par lui en peu de temps; toutes ces tribus errantes ne formèrent plus qu'un seul peuple uni par la même foi et sous un même chef. Son but était atteint; mais alors l'ambition chez lui grandit avec la puissance; comme César, il rêva la conquête du monde! Il envoya ses troupes en Syrie. La mort mit un terme à cette ambition, il mourut l'an 11 de l'hégire des musulmans, l'an 432 de l'ère chrétienne, à l'âge de soixante-trois ans. Son tombeau est à Médine, où les musulmans vont en pèlerinage le visiter.

Après la mort du Prophète l'islamisme eut pour défenseurs d'intrépides généraux, et nous savons comment Omar, Amrou, Abou-Obeydah, Serdjyl, Saad, forcèrent en peu de temps la Syrie, la Palestine et l'Égypte à se soumettre au croissant et à reconnaître les musulmans pour maîtres.

On le sait, les coptes, ou chrétiens d'Égypte, étaient si las du gouvernement oppressif qu'ils avaient, qu'ils ouvrirent eux-mêmes les portes de l'Égypte aux musulmans et conclurent avec le général Amrou un traité de paix. La dynastie des califes successeurs immédiats et légitimes du Prophète s'établit alors en Égypte.

Nous allons voir les sectateurs de Mahomet, sous le nom de Turcs, fonder un empire grand et puissant sur les débris de l'empire d'Orient.

L'ORIGINE DES TURCS.

L'origine des Turcs est assez difficile à trouver, et les auteurs là-dessus sont d'opinions assez divergentes.

Pour moi, en tout ce qui touche la nation musulmane, j'ajoute plus de foi aux auteurs musulmans, ceux-ci étant plus à même de savoir la vérité que les autres. De plus, une justice à leur rendre, c'est qu'ils sont très-impartiaux pour leurs ennemis politiques et leurs ennemis religieux, tandis que les auteurs chrétiens, même en faisant de l'histoire, se laissent facilement entraîner par un zèle religieux que l'on ne peut qualifier que de fanatisme ou d'intolérance.

En parlant des Turcs, Saadi-Effendi, le fameux poëte et auteur persan, dit :

« Pour expliquer le mot *Turc*, on croit ce qui suit :

« Ce nom est donné aux habitants de Chata ou Chuten (c'est le Kitahia ou Grande Tartarie de Katay) qui vivent dans les plaines de Capchac, et comme ils ont le visage blanc et de grands yeux noirs fendus en amande, et des sourcils noirs bien arqués, les poëtes persans les comparent à des amants et les appellent Turcs. Ce nom de Capchac était celui d'une tribu particulière des Tartares, mais depuis l'expédition de Genghizchan les Perses leur ont donné à tous le nom des Scythes, leurs vainqueurs. »

Scheikh Saadi dans la préface de son *Gulistan* ou *Rosier*, dit ceci :

« Ignorez-vous, mes amis, la cause qui m'a fait séjourner quelque temps dans les pays étrangers? Ce sont les iniquités des Turcs qui m'ont forcé à m'éloigner. »

Puis, parlant de leurs mœurs, il ajoute :

« Tous tant qu'ils sont, ils ont l'apparence

d'hommes, dont ils sont les enfants, mais ils ressemblent plutôt à des loups avides de sang... Chez eux ils ressemblent à des anges doués de bonnes mœurs, mais au dehors ce sont des armées de lions ! »

Saadi écrivait ceci l'an de l'hégire 656, sous le règne de Bubeker, quarante-quatre ans avant Othman.

Nicéphore, sous le nom de *Turc*, entend le peuple qui de son temps était sujet d'Aladin, sultan d'Icorie.

Dans un passage de son ouvrage, il dit :

« L'Empereur (Théodore Lascaris, 1255) était occupé quand on vint lui apporter des lettres qui lui marquaient la fuite de Paléologue vers les Turcs. »

Bien des témoignages des anciens auteurs orientaux prouvent que ce nom de *Turc* était connu bien avant Othman dans toute l'Asie, et que par ce nom on désignait les tribus scythes qui suivirent Genghizchan, et qui se répandirent dans toute la Perse et l'Asie Mineure.

Voici, toujours d'après les auteurs orientaux, comment ce nom fut approprié aux Othomans. Soliman (père d'Othman, tige de la race othomane), prince de Néra, désirant marcher sur les traces du grand Genghizchan, quitta son pays à la tête de cinquante mille jeunes Scythes braves et intrépides, et il s'avança victorieux jusqu'à Alep; en apprenant cela, la cour de Perse donna le nom de *Turcs* à ces guerriers.

Ceci ce passait, sous le règne de l'empereur Michel Paléologue, à Constantinople.

ORIGINE DE LA RACE OTHOMANE.

Certains auteurs pensent que l'empire des Turcs s'élève sur les ruines de la puissance des Tartares, d'autres lui donnent pour premiers fondateurs une bande de voleurs.

Quelques auteurs chrétiens ont avancé à tort qu'Othman était de basse naissance, et qu'il se mit à la tête d'une bande de voleurs et d'assassins ; que tout en pillant, il acquit une telle force et une si grande puissance qu'il devint empereur.

Les auteurs grecs et turcs, entre autres l'auteur grec Chalcondyle, assurent :

« Qu'Othman, empereur des Turcs, ayant eu Ertogrul pour père et Soliman pour grand-père, éclipsait tous ceux de sa nation, autant par l'éclat de ses vertus que par celui de sa naissance. »

Enfin certains auteurs font remonter la généalogie de la famille d'Othman jusqu'à Takva de la maison de Japhet.

Saadi cite toute cette généalogie, mais sans commentaires; il semble dire qu'il n'a eu en main ni parchemins, ni arbre généalogique.

Maintenant, dans la famille turque on distingue deux branches : celle des Othomans et celle des Alhenghizians. Cette dernière branche a donné des kans aux Tartares de Crimée.

Ce qui prouve l'existence de ces deux branches, c'est qu'une loi de l'empire portait qu'au cas où il viendrait à manquer d'héritier mâle issu lui-même d'un mâle de la race royale, plutôt que de voir l'empire tomber en quenouille, on prendrait un empereur dans la famille royale des Tartares de Crimée, qui sortent de la même tige que les Othomans.

Othman, fils d'Ertogrul, le fondateur de l'empire othoman, vivait l'an 688 de l'hégire turque et l'an 1289 de l'ère chrétienne, contemporain des rois Philippe IV dit le Bel et de Louis X dit le Hutin en France, d'Édouard Ier en Angleterre, et de Robert de Courtenay, de Baudoin II et de Michel Paléologue à Constantinople.

Othman était un guerrier intrépide et un sage

administrateur ; il établit le nouvel empire sur des bases solides, soumit à ses lois et à celles du mahométisme une foule de provinces de l'Asie Mineure. Sage, modéré dans ses victoires, généreux envers les vaincus, il s'attira l'estime et l'affection de tous les peuples d'Asie.

Les dernières recommandations qu'il fit à son fils et successeur Orcham, à son lit de mort, peignent bien l'âme et la sagesse de ce prince :

« Détourne tes regards de la cruauté ; cultive la justice ; répands les honneurs sur tous les savants ; quelque part que tu apprennes qu'il se trouve un homme doué de science, comble-le de biens et de distinctions ; que le succès des armes ne te rende point présomptueux ; tiens près de ta personne ceux qui sont éclairés dans la loi ; songe que la justice est le plus ferme support de la royauté ; qu'un roi doit se distinguer de ses sujets par sa bonté, sa clémence, et se faire une étude constante du bonheur du peuple qu'Allah lui a confié ! »

Il faut convenir que ce programme, tracé à son successeur par un roi de tribus barbares en l'an 1300, est excellent, et que si tous les rois de la terre voulaient bien le suivre en l'an de grâce 1866, les peuples ne s'en plaidraient pas, et moins de souverains se feraient congédier sans façon pour abus de pouvoir par leurs sujets !

Orcham, du reste, suivit bien les dernières instructions de son père. Il se montra clément, juste ; il fonda une sorte d'académie, combla les savants de dons et d'honneurs, fit construire des mosquées, des hôpitaux et plusieurs écoles ; il organisa l'armée, donna un costume distinct aux soldats et établit la paye régulière ; il organisa enfin l'armée permanente.

Ce fut lui aussi qui créa la place de grand vizir, qui existe encore aujourd'hui en Turquie, avec les mêmes attributions que sous le sultan Orcham.

Bon général, il ajouta à son empire les villes de Nicée et de Nicomédie.

Ce fut sous son règne que les Turcs passèrent pour la première fois en Europe ; ses conquêtes en Asie Mineure ne suffisaient plus à l'ambition de ce prince, qui portait des regards envieux et jaloux vers cette Europe inconnue de lui. Son fils, Soliman, était son premier général ; ce fut lui qu'il chargea d'aller faire une excursion d'exploration sur la côte d'Europe.

La manière dont les Turcs passèrent la première fois de la côte d'Asie à celle d'Europe est assez originale pour mériter d'être rappelée. Un édit de l'empereur de Constantinople punissait de la peine de mort quiconque irait, même avec une simple barque, sur la côte d'Asie ; tous les princes chrétiens avaient rendu de semblables édits ; la même peine menaçait tout Othoman qui passerait en Europe.

Or, Soliman, en face de ces édits, se trouvait assez embarrassé pour aller explorer cette côte européenne.

Il choisit ses meilleurs officiers, il monta une grande chasse et s'avança ainsi jusqu'au bord de la mer.

Là, s'isolant de son entourage et assis sur un rocher, il se mit à considérer la mer ; le clair de lune éclairait la côte opposée et la dessinait sombre entre le ciel et l'onde... « Comment faire pour y accoster, disait-il ; ô Dieu ! inspire-moi. »

(Ici je donne la légende musulmane.)

« Mahomet, grand prophète du Dieu plus grand encore, si tu veux que je porte ton étendard sur cette autre rive, viens à mon aide ; » et pieusement le musulman s'était agenouillé. Alors il vit, comme au milieu d'une nuée éblouissante, l'étendard de Mahomet briller sur la côte d'Europe ; puis à côté de lui tombèrent, comme venant du ciel, quatre objets à ses pieds. La nuée disparut, la vision s'évanouit, mais les objets se trouvaient bien là et bien palpables : c'étaient quatre immenses vessies de bœuf... Tout autre se serait demandé en quoi ces vessies pouvaient l'aider à franchir le bras de mer qui le séparait du lieu où il voulait aborder ; mais Soliman avait de l'imagination. Il rappela vers lui ceux qui l'accompagnaient, et, aidé par eux, il improvisa deux radeaux, lia deux vessies ensemble par le col et plaça le premier radeau dessus ; il en fit autant pour le second. Puis il se mit sur un radeau avec quelques personnes de sa suite ; le reste se plaça sur l'autre, et les voilà tous naviguant sur ces embarcations d'un nouveau genre vers la côte chrétienne. Le ciel, l'onde et la brise leur furent propices : le ciel les éclairait d'une lune argentine, l'onde les soutenait en les berçant mollement, et la brise poussa leurs fragiles nacelles vers la rive ennemie.

C'est ainsi que la horde musulmane franchit la barrière qui la séparait de l'Europe ; c'est ainsi que les premiers Turcs accostèrent dans ce pays, où ils sont encore seigneurs et maîtres !...

Un an après cette promenade faite par Soliman sur son radeau et ses vessies de bœuf, la ville de Gallipoli, qui était comme la clef de Constantinople, tombait en son pouvoir, et le croissant y remplaçait la croix! Un an après il s'emparait du château d'Epibatos, qui n'était qu'à huit heures de Constantinople.

Sous le sultan Amurath Ier, qui était le fils et le successeur d'Orcham, Schahyn Sala, premier général de ce sultan, s'empara d'Andrinople, de Philippopoli, et dès ce moment l'empire turc fut établi solidement en Grèce, et l'on verra l'Europe venir vainement se heurter contre ce colosse engendré par les sables brûlants de l'Asie.

La fondation du fameux corps des janissaires remonte au règne du sultan Amurath Ier, l'an 742 de l'hégyre et l'an 1362 de notre ère chrétienne.

Voici comment les auteurs turcs racontent la fondation de ce corps :

Un général de ce souverain revenait de guerroyer pour son maître en Europe et en Asie; il traînait à sa suite un nombre considérable de captifs. Le grand vizir, qui assistait avec le sultan à la rentrée triomphale de cette armée, fit observer à son souverain que, si, comme de droit, la moitié de ce butin lui revenait, de tous ces captifs on pourrait former un corps de bons soldats, en se les attachant par des grades, des prérogatives et une bonne paye.

Cette idée, émise en riant, plut à Amurath, qui pria son vizir de la mettre à exécution. Un édit fut lancé. Le cinquième des captifs revenait au sultan; en peu de temps, grâce aux guerres incessantes, ces captifs formèrent un corps nombreux. Bien payés, bien traités, ils firent d'excellents soldats; mais on ne savait quel nom donner à ce corps composé de gens de toutes les nations. Alors vivait un homme considéré comme un saint parmi les musulmans; il se nommait Haji Bektache, c'est le fondateur des derviches Bektachis; il faisait des miracles et prophétisait l'avenir, assuraient les Turcs. Amurath avait un grand respect pour lui; il envoya le nouveau corps d'armée devant le logis du saint homme, en lui faisant dire qu'il le priait de lui donner un nom et une bannière, et de demander à Dieu que le succès accompagnât toujours leurs armes.

Haji Bektache se mit en prière, puis il détacha une manche de sa robe, la posa sur la tête de l'un d'eux, et dit d'un air inspiré :

« Que leur nom soit *janissaires*, que leur contenance soit vive et fière, leurs mains victorieuses, leurs épées tranchantes et leurs lances toujours prêtes à frapper la tête de leurs ennemis. »

Le nom de janissaires leur est resté, et leurs bonnets rappelaient la forme d'une manche pendante d'étoffe blanche.

Les janissaires portaient dans leur bannière une épée à deux tranchants, flamboyant en forme d'éclat de foudre et ayant un croissant vis-à-vis.

En langue turque, janissaire se prononce *yengichéhri*, mot composé de *engi* (nouveau) et de *chéhri* (soldat); yengichéhri signifie donc tout simplement nouveaux soldats.

Amurath eut la gloire de vaincre le fameux prince Sazarius de Servie, qui s'était allié aux Hongrois, aux Dalmates et aux Albanais pour essayer d'anéantir l'empire turc. Il est vrai que cette victoire lui coûta la vie, car après le combat, comme il contemplait d'un œil attristé le nombre de morts jonchés sur le sol, un soldat triballien se leva soudain et lui planta son poignard dans le cœur. Mais son fils Bajazet Ier, qui lui succéda l'an 794 de l'hégire et l'an 1390 de l'ère chrétienne, vengea sa mort et augmenta la puissance ottomane en Asie et en Europe. Il remporta une victoire contre le plus fameux guerrier de ce siècle, Étienne, prince de Moldavie.

Il eut aussi l'honneur de vaincre et forcer à fuir le roi Sigismond de Hongrie, qui s'était ligué contre lui avec plusieurs princes chrétiens.

Bajazet se sentait si fort et si puissant, il sentait si bien tous ses ennemis trembler devant cette force et cette puissance, que, désirant Constantinople pour la capitale de son royaume, il écrivit tout bonnement la lettre suivante à l'empereur de cet empire grec déchu :

« Par la clémence divine, notre empire, auquel Dieu n'a point mis de bornes, a soumis à son obéissance presque toute l'Asie, ainsi que plusieurs autres vastes provinces de l'Europe, la seule ville de Constantinople exceptée; car hors de ses murs il ne te reste plus rien. Tu peux comprendre toi-même qu'une couronne a besoin d'une tête pour être portée. Ainsi, avant que tu éprouves le sort d'une guerre fâcheuse et que tu ne deviennes le spectateur du carnage de tant d'innocents; avant que tu voies la destruction de ta ville, qui ne pourra être attribuée qu'à ton obstination et à l'endurcissement de ton cœur, nous voulons bien t'exhorter et te conseiller, en signe d'amitié, de nous céder ta capitale. Nous te laissons maître des conditions. »

Certes, voilà une façon cavalière de détrôner

un empereur qui est des plus originales et vraiment digne de Bismark. Je ne m'étonne que d'une chose, c'est que cet homme, étoile apparue en 1866, n'ait pas simplement suivi l'exemple de Bajazet vis-à-vis de tous les petits souverains allemands ; cela aurait épargné beaucoup de sang versé ; et comme ces messieurs ne demandaient qu'à emporter la caisse et à décrocher les tableaux et bibelots de prix, on se serait entendu à merveille !

Les ambassadeurs, tout en ayant mission de donner cette lettre, avaient aussi celle de se montrer moins exigeants dans leur langage.

Paléologue, fort effrayé de ce singulier message, s'empresse d'offrir de payer tribut au sultan des Turcs ; il demande, pour livrer sa capitale, un délai ou trêve de dix ans, et il acquiesce à la demande que les ambassadeurs lui font de laisser bâtir une mosquée et établir un *cadi* (juge) et un *mufti* (chef de religion) dans Constantinople. Voilà donc l'étendard de Mahomet planté dans cette ville de par le consentement du faible Paléologue !...

Bajazet, après ce triomphe, voit, il est vrai, la fortune lui être infidèle et les revers fondre sur lui. Le fier et intrépide Tamerlan abat ce colosse, met son prisonnier dans une cage de fer comme une bête féroce.

Alors on peut croire un instant que cet empire naissant va être démembré. Tamerlan a brûlé et saccagé le pays, les enfants de Bajazet l'affaiblissent encore par les guerres qu'ils se livrent pour se disputer la couronne, et pourtant Mahomet, le plus jeune des fils de l'infortuné Bajazet, monte sur le trône après deux fratricides, et il consolide de nouveau le royaume ; il l'agrandit même, et il soumet les Valaques à un tribut. Amurat II, son fils et successeur, montre lui aussi de l'énergie et de la fermeté; il porte ses conquêtes aussi bien en Asie qu'en Europe.

Son général Michal Ogli ravagea les plus riches provinces de la Hongrie et en ramena un nombre considérable de captifs. Une *djami* (mosquée) fut bâtie à Andrinople en souvenir de cette victoire (hégire 840, ère chrétienne 1434). Moins de cent ans après que Soliman a été explorer les côtes d'Europe sur ce radeau singulier, voilà déjà ces Turcs se répandant comme un torrent furieux dans l'empire de Hongrie!...

Voilà un prince chrétien, Georges, despote de Servie, qui, pour s'assurer l'amitié de ce sultan, lui donne sa fille en mariage!...

L'an 850 de l'hégire et l'an 1451 de l'ère chrétienne, monta sur le trône de Turquie le fils d'Amurath II, Mahomet II, septième empereur des Turcs et l'un des souverains de ce pays qui ont laissé après eux les souvenirs les plus glorieux. C'est à lui que revint l'honneur de conquérir Constantinople et de donner cette splendide cité pour capitale à l'empire ottoman.

Ce sultan n'avait que vingt et un ans lorsqu'il succéda à son père. Dès la seconde année de son règne il tourna ses armes contre Constantinople et se dirigea vers cette ville avec une armée et une batterie considérables. Paléologue, tremblant à l'approche de cette horde de barbares, envoie des ambassadeurs à Mahomet pour lui demander la paix à quelque prix que ce soit. Ici le sultan turc laisse voir toute la ruse et toute la fourberie qui sont le fond du caractère turc. Il répond qu'il ne saurait voir un empereur aussi grand que Paléologue dans cette posture de suppliant, qu'il consent à lever le siége, mais à condition qu'on lui donnera un petit espace de terrain sur le Bosphore, ne serait-il pas plus grand que la largeur d'un cuir de bœuf! Il ajoute hypocritement : « Ce n'est certes pas pour moi que je montre cette exigence, si petite qu'elle soit : c'est pour mon peuple, qui murmurerait si j'avais fait de si grands frais sans aucun gain... » Mahomet II était très-lettré, il occupait ses loisirs à lire la vie de Jules César, de Scipion l'Africain, d'Annibal. Cette ruse probablement lui a été inspirée par celle de la même nature que Justin attribue à Didon, reine de Carthage.

Du reste, cette ruse eut encore un plein succès. Paléologue, trop heureux d'en être quitte à si bon compte, accorde cette minime faveur. Mahomet montre aux ambassadeurs une roche sur le bord du Bosphore : « Voilà, leur dit-il, ce que je demande. » On s'empresse d'acquiescer à son désir, on passe l'acte de cession. Le sultan fait couper la peau d'un bœuf en fines lanières dont il forme un enclos de cinq cents pas de circonférence, et du consentement des Grecs il se déclare là chez lui. Il renvoie, selon sa parole, son armée à Andrinople ; et tandis que Paléologue est enchanté de s'être débarrassé à si peu de frais d'un pareil ennemi, Mahomet, sur son rocher, dans ce petit enclos que sans façon il agrandit, fait bâtir en quarante jours un château fort flanqué de cinq hautes tours, et, en même temps, juste en face, sur la côte d'Asie, il en fait construire un autre. Puis il garnit ces deux places d'une forte garnison et d'une nombreuse artillerie, et, une fois maître du Bosphore, il fait savoir à tous les gouvernements d'avoir à ne plus faire passer aucun bâtiment de la mer Noire à Constantinople. Six mois après il remet le siége devant la capitale de l'empire grec. — Ce siége mémorable valut à ce sultan l'admiration de l'univers. — En effet, entre autres tours de force, il fit entrer dans le vieux port, par terre et par un chemin impraticable, plusieurs centaines de vaisseaux !

Le siége dura cinquante jours, et si Paléologue avait manqué d'énergie et de courage pendant son règne, sa fin fut glorieuse : il mourut l'épée à la main, après avoir fait des prodiges de valeur.

Je crois nécessaire de rappeler un détail de ce siége qui expliquera pourquoi, de nos jours encore, d'un côté du Bosphore, sur la côte d'Europe, on voit des églises chrétiennes, des couvents et des écoles, tandis que de l'autre côté, sur la côte d'Asie, où se trouvent Scutari et Stamboul, les mosquées seules règnent en souveraines.

Les chrétiens de Constantinople, découragés par les attaques incessantes des Turcs par mer et par terre, et voyant leurs murailles faire brèche de toutes parts, songèrent à capituler ; des ambassadeurs, portant des banderoles blanches, sortirent de la ville, et s'avancèrent vers le camp de Mahomet. — Celui-ci les reçut à merveille, en promettant la vie et les biens saufs à tous les chrétiens, avec la liberté de se retirer où bon leur semblerait. — Il s'engagea également à respecter tous leurs édifices religieux. — Les ambassadeurs quittèrent le camp du sultan, charmés des conditions qu'on leur avait faites, et, pressés de les faire connaître à Paléologue, reprirent le chemin de la capitale. Mais ils n'avaient pas encore atteint les portes de Constantinople, que Mahomet, se souvenant soudain d'une condition qu'il avait oublié de stipuler, lança des cavaliers à leur poursuite pour les prier de revenir. — Les ambassadeurs, se croyant poursuivis, pressent le pas de leurs montures, les cavaliers en font autant. Les sentinelles des remparts, trompées par cette poursuite qui leur sembla une ruse de guerre imaginée par Mahomet pour surprendre la ville, font feu sur les cavaliers ennemis. — Cette méprise fut funeste et coûta la vie à bon nombre de chrétiens, et le sultan, furieux de voir la guerre recommencer au moment même où il avait daigné consentir à traiter, s'écria que les chrétiens étaient tous des traîtres et des perfides, et ordonna que le siége fût repris avec vigueur. Paléologue, de son côté, soupçonnant la bonne foi des Turcs, se prépara à la défense, encourageant ses soldats à le suivre et à l'imiter.

L'empereur grec trouva une mort glorieuse sur une brèche. Déjà la moitié de la ville était au pouvoir des vainqueurs, qui faisaient un carnage affreux, lorsque les habitants des autres faubourgs, effrayés du sort qui les attendait, arborèrent le drapeau blanc et se mirent à crier du haut de leurs remparts :

« Eh quoi ! Mahomet, nous t'avons envoyé des ambassadeurs pour t'offrir les clefs de notre ville, nous avons voulu devenir tes sujets, et tu continues à nous combattre, à nous accabler ! Où est donc ta crainte de Dieu ? »

Mahomet, en entendant ces paroles, fit cesser le combat et ratifia ses conditions, mais en les appliquant seulement à cette moitié de la ville qui s'était rendue volontairement.

Voilà comment il s'exprima à ce sujet le lendemain, en faisant son entrée triomphale : « Je vous ai promis, quand vous êtes venus traiter avec moi, que votre religion serait respectée, si vous vous soumettiez volontairement ; mais puisque j'ai été forcé de prendre une moitié de la ville d'assaut, j'estime juste et j'ordonne que tous les édifices chrétiens situés dans la partie que j'ai conquise soient changés en *djamis* (mosquées) ; l'autre partie, celle qui s'est rendue volontairement, conservera les siens pour la récompenser de sa soumission. »

C'est ainsi que toutes les églises qui se trouvaient depuis l'Akséraï jusqu'à Sainte-Sophie furent changées en mosquées, et que toutes les autres restèrent aux chrétiens et à leur culte.

Et voilà pourquoi, aujourd'hui encore, on voit dans une moitié de Constantinople briller l'étendard de Mahomet, et dans l'autre les églises grecques, latines, les temples, les synagogues s'élever en toute liberté. — Et c'est une justice à rendre aux successeurs de Mahomet, qu'ils ont fidèlement maintenu sa parole, et que pleine et entière liberté est laissée à tous les cultes dans cette partie de la ville qui est devenue la ville européenne.

Après cette brillante conquête, le grand Mahomet ne se reposa pas sur ses lauriers. En deux ans il s'empara de plus de quarante villes, soumit la Bosnie, la Caramanie, et prit plusieurs provinces aux Perses. Étienne, prince de Moldavie, eut seul la gloire de battre les armées du sultan à Falchi (l'ancienne Taiphali d'Hérodote), sur les bords du Pruth. Mais cet échec fut promptement réparé par la défaite des Vénitiens et des Génois, qui perdirent à cette époque leur colonie de *Caffa*, en Crimée.

Tous ces succès enivrèrent Mahomet et, comme un vin trop capiteux, lui montèrent à la tête. — Il rêva la conquête du monde entier... Mais son ambition fut arrêtée par les décrets de la Providence, qui se plaît souvent à démontrer que, lorsqu'un homme a atteint le sommet de la gloire et des grandeurs, sa fin doit être prochaine.

La mort le surprit au milieu de ses rêves gigantesques; un simple transport au cerveau le tua en quelques heures.

Ce prince voulut laisser un monument en souvenir de ses conquêtes et de son règne glorieux; il fit construire sur l'emplacement où était l'église des Apôtres, élevée par l'épouse de l'empereur Justinien, une djami qui aujourd'hui porte encore son nom. Cette mosquée passe pour le plus grand monument de la ville après Sainte-Sophie. Elle fut bâtie par un architecte grec nommé Christodule. Le sultan, enchanté de la beauté de cette construction, fit don à Christodule d'une rue entière; mais un jour, en parlant de sa djami, il dit à l'architecte :

« N'est-ce pas qu'il te serait impossible de bâtir un monument plus beau et de plus larges dimensions ? »

Christodule répondit imprudemment qu'il le pourrait si on lui donnait les matériaux nécessaires. Le sultan, voulant priver son successeur d'un architecte capable d'élever un autre temple qui pourrait éclipser le sien, fit empaler le malheureux Christodule; mais il maintint la propriété de la rue à sa famille.

Sous Mahomet II, l'empire turc arriva au plus haut degré de puissance et de splendeur.

Bajazet II, fils de Mahomet, pieux, éclairé et guerrier habile, gouverna l'empire turc pendant trente-deux ans. Ce prince laissa après lui une grande réputation de sagesse et de religion. — Trois traits donneront la mesure de son caractère.

— Au moment de la mort de son père il était en pèlerinage à la Mecque ; le vizir lui écrivit de revenir au plus tôt pour ceindre la couronne impériale.

« Non, lui répondit-il, le service de Dieu passe avant tout, » et il continua son pèlerinage après avoir nommé son fils régent. A son retour, craignant que le pouvoir n'eût fait naître de l'ambition dans le cœur de son fils Corcud, il se retira à Nicée, pour éviter l'effusion du sang au cas où il lui eût fallu faire usage de la force pour prendre possession du trône. — Mais Corcud courut à sa rencontre avec les grands de l'empire et lui remit la couronne en se prosternant à ses pieds.

Mais, vers la fin de ses jours, son fils Sélim se conduisit tout autrement avec lui. — Bajazet, voyant qu'il intriguait pour lui enlever l'empire, le fit venir et lui adressa ces nobles paroles :

« Le ciel le veut, à ce qu'il paraît : soyez empereur, mon fils. » Et il abdiqua. — Pendant toutes ses expéditions guerrières, ses voyages religieux, il fit conserver avec soin la poussière qui s'attachait à ses habits ; de cette poussière accumulée pendant des années il fit faire une brique qu'il ordonna de placer dans son tombeau, sous son bras droit : car, disait-il en rappelant les paroles du Coran, « l'homme dont les pieds ont été couverts de la poussière des sentiers du Seigneur sera préservé par Dieu des feux de l'enfer. »

Ce prince est un des caractères les plus sympathiques de la longue série des souverains musulmans.

Selim Ier, surnommé *Yavus*, ce qui signifie en turc *féroce*, *sauvage*, était contemporain, en France, de Louis XII et de François Ier; en Angleterre, d'Henri VIII. Il monta sur le trône ottoman l'an 918 de l'hégire et l'an 1512 de notre ère.

Ce sultan s'est rendu célèbre par ses cruautés. Il détrôna son père, il fit étrangler ses frères Corcud et Achmet.

Tout son règne se passa à faire la guerre aux Perses et aux Égyptiens ; il prit aux premiers les villes de Damas et d'Alep. — Ce fut lui cependant qui le premier entra dans des relations diplomatiques avec l'Occident et conclut un traité avec la France.

Sous Soliman Ier, l'empire turc continua à s'agrandir, mais son successeur Sélim II, dit le *Mest* (ivrogne), ouvrit l'ère de la décadence.

De Othman Ier, fondateur de l'empire ottoman, jusqu'à Mahomet II, la fortune de la Turquie suit une échelle ascendante. — De Mahomet II jusqu'à Abdul-Aziz, la descente est rapide ; on pourrait presque croire qu'Abdul-Aziz est en train de franchir le dernier échelon.

Voyons, en effet, quel est l'état actuel de cet empire.

Les amis les plus sincères, les plus dévoués à la Turquie, sont forcés de reconnaître que cet empire marche à grands pas vers sa ruine.

Comme une contrée ébranlée par de fréquents tremblements de terre, la Turquie craque de toute part, et un jour peut venir où la secousse sera tellement forte qu'elle l'engloutira complétement. De tant de siècles d'existence il ne restera bientôt plus que le souvenir et quelques légendes !...

On peut dire sans exagération que depuis la chute de l'empire romain le monde n'a jamais vu de puissance qui ait égalé celle de l'empire ottoman.

Eh bien, on dirait que la Providence se fait un jeu malin à lui préparer le même sort.

L'un et l'autre de ces deux empires ont atteint le sommet de la grandeur terrestre ; comme Satan ils ont pu dire : « L'univers entier m'appartient. » Serait-il vrai qu'aucun des deux ne puisse échapper au prodige de la destruction, qui semble être la loi naturelle de toute création humaine ?

Par ces terribles chutes des empires, la Providence ne cesse de nous prouver qu'il n'y a rien de stable ici-bas, que les puissances les mieux établies n'ont qu'une durée limitée, et que rien ne peut résister à cette grande loi de destruction qui régit les destinées de l'humanité.

Quel enseignement pour les souverains qu'une ambition démesurée pousse à des conquêtes impossibles !...

Et comme ils en profitent peu !...

Voyez dans quel triste état se trouve la Turquie aujourd'hui !...

La Roumanie, malgré la soumission respectueuse du prince prussien, tend visiblement à se séparer.

L'Égypte, la plus belle et la plus riche province de la Turquie, est définitivement perdue pour elle.

Les apparences sont sauvées, car le vice-roi reste toujours tributaire; mais il faut convenir que le vassal se soucie peu de son seigneur et maître. Que de fois on se permet de dire en sa présence :

« Quand nous aurons réuni la Turquie à notre royaume, ses affaires iront mieux. »

La Servie a secoué le joug ottoman de 1810 à 1813, et en 1815 la Porte a été forcée de donner sa sanction à cette séparation.

Le Liban est déchiré par des révoltes incessantes, et il faut la main énergique, la haute intelligence et l'esprit conciliant de Davoud Pacha, le gouverneur actuel, pour contenir ces peuplades frémissantes sous un joug qu'elles se refusent à porter. Qu'un caprice, qu'une intrigue de la politique turque, qu'une raison quelconque viennent à enlever Davoud Pacha de son poste, et l'on verra de nouveau le sol du Liban rougi du sang chrétien, des massacres auront encore lieu.

Les Monténégrins n'attendent qu'une occasion pour arborer le drapeau de leur indépendance.

La Crète est elle-même en pleine révolution. Les Crétois sont fiers et braves jusqu'à la témérité ; la situation géographique de leur île leur permet de se retrancher dans des montagnes inexpugnables où ne peuvent les suivre les soldats envoyés contre eux, ce qui fait qu'ils parlent haut et semblent vouloir dicter des conditions. — Plus d'une fois le gouvernement turc a traité avec eux, ce qui les a rendus plus exigeants encore.

Il faut bien le dire, un gouvernement qui en est réduit à capituler avec ses sujets ne peut espérer une longue existence.

Toutes ces luttes partielles finiront tôt ou tard par bouleverser l'empire de fond en comble.

Voilà où en est ce pays avec ses sujets... De quel poids peut-il peser en Europe ?... Ils sont bien loin ces temps où l'armée du sultan faisait trembler les plus puissants princes de la chrétienté.

L'Europe soutient aujourd'hui la Turquie chancelante bien plus par calcul que par sympathie. Il s'est formé autour de cet illustre malade un protectorat européen sur lequel cependant elle aurait tort de compter aveuglément.

Ces protecteurs, en effet, ressemblent, à s'y méprendre, à des médecins qui ne songeraient qu'à prolonger l'agonie du malade pour avoir le temps de se partager ses dépouilles. — Mais que l'un d'eux ait trouvé seulement le moyen de s'assurer de la meilleure part, et l'on peut être sûr que, loin de continuer ses soins, il aidera le destin à trancher le fil d'une existence désormais inutile et même gênante pour lui.

Médecins fort dangereux, convenez-en.

Heureuses les nations qui ne sont point livrées aux soins d'une faculté semblable !...

Tant que les empereurs turcs se mettaient à la tête de leurs troupes, tant qu'ils étaient des princes conquérants, la Turquie n'a cessé de grandir en puissance : c'était son époque florissante.

Mais depuis que les sultans sont devenus des espèces de fétiches, n'ayant d'autre rôle à l'extérieur que celui de recevoir de l'encens des courtisans, des ministres et du peuple, et vivant à l'intérieur plongés dans les délices du harem, la décadence est arrivée à grands pas, tout le monde a suivi l'exemple du souverain, l'ambition et le plaisir ont primé toute autre préoccupation.

Le sultan, tel qu'il est aujourd'hui, ne peut être comparé qu'à l'empereur spirituel de la Chine. C'est une idole, l'ombre de Dieu sur la terre. Imbu de cette idée, il ne daigne même pas s'occuper des affaires de l'État, qui restent à la charge de celui qui représente l'empereur temporel, du grand vizir. Mais comme ce dernier sait qu'il ne restera pas longtemps en place, qu'une intrigue ou un caprice peuvent la lui faire perdre d'un moment à l'autre, il ne songe qu'à une chose, à faire fortune et à enrichir les siens... Ah mais je me trompe : il songe aussi à se venger de ses ennemis. Dans aucun pays du monde on ne voit des haines aussi implacables; tous les hommes dits d'État se détestent les uns les autres, et il n'en est pas un seul qui n'ait contre deux ou trois de ses collègues une inimitié mortelle.

Ces haines se perpétuent, comme en Corse, de famille en famille...

En Europe on a des antipathies, mais on n'a pas de ces haines mortelles qui ne reculent devant rien, et cela par la seule raison qu'un homme qui se croit blessé ou offensé par un autre homme a la ressource d'un coup d'épée, qui efface tout et réconcilie quelquefois d'anciens ennemis ; ces haines n'y sont fréquentes que chez les femmes, qui, ne pouvant laver l'injure dans le sang, en gardent le souvenir éternellement.

Eh bien, les Turcs sont comme les femmes d'Europe; le duel n'est pas dans leurs mœurs, et ils n'admettent pas que le sang puisse laver un outrage. Le désir de se venger dépose dans leur âme un levain mortel; et comme le Turc est fourbe de caractère, il dissimule sa colère quand on le blesse, il sait attendre, mais, le moment venu, il ne le laisse jamais échapper. Quand on le voit appeler son ennemi mon frère, mon ami, on est porté à admirer son abnégation tout évangélique; rien dans ses paroles ne trahit ses sentiments, mais le baiser de Judas n'est presque jamais que le prélude de la vengeance.

On comprendra après cela que le premier soin de l'homme qui arrive au poste de grand vizir est de perdre ses ennemis et d'attirer sur eux la disgrâce du souverain; ensuite il place ses créatures et songe à sa fortune; l'intérêt du pays est le dernier de ses soucis.

Les ministres, les gouverneurs, les employés, font exactement la même chose chacun dans sa sphère.

En France, il y a des opinions plus ou moins enracinées et qui font tort au patriotisme. Le légitimiste voit les choses autrement qu'un orléaniste, et tous les deux diffèrent d'un républicain au point qu'on les croit étrangers. La France aura beau être prospère au dedans et respectée au dehors, aucun d'eux ne sera satisfait ; on les verra même froids, maussades et indifférents si cet état prospère n'est pas dû à l'homme qui représente l'opinion à laquelle ils appartiennent.

En Turquie, il n'y a ni opinions ni patriotisme, il n'y a que des ambitions !...

Voici du reste quels sont les hommes qui dirigent ce pays...

Quelques renégats européens, mécontents du sort que la Providence leur fait chez eux, viennent en Turquie, et s'empressent de renier la religion de leurs pères pour arriver à la fortune et aux pachalics. Les titres de *bey* et de *pacha* sont recherchés par les Européens, parce que l'un rapporte vingt-cinq mille et l'autre cinquante mille francs par an !

Certes, je me pique d'être très-tolérante ; je crois que tout homme de bonne foi peut trouver dans sa religion, en vivant honnêtement, sa place au paradis ; mais celui qui va renier sa foi et se faire sectateur de Mahomet pour exploiter plus à son aise le gouvernement m'inspire un profond mépris; les musulmans eux-mêmes n'ont pour les gens de cette sorte qu'une très-minime considération. — Ils appellent, il est vrai, les chrétiens *giaour* (chiens), mais s'ils leur donnent cette épithète injurieuse, ce n'est pas parce qu'ils sont d'une autre religion, mais parce qu'ils ne voient jamais les chrétiens prier Dieu. — Et la preuve de ce que j'avance, c'est que les prêtres, les moines de toutes les religions sont traités par les musulmans avec un profond respect... « Ceux-là prient Dieu, disent-ils, et vont à l'église. »

Après les renégats, les hommes d'État turcs sont pris un peu partout, dans tous les échelons de la société. — Voici la carrière d'un Turc. — Si, enfant ou jeune homme, il a la chance de plaire par sa gentillesse ou sa bonne mine à un grand seigneur, à un homme en place, celui-ci le prend chez lui ; là, il devient une espèce de domestique, une bonne à tout faire ; il reste dans la maison de son protecteur plusieurs années, après quoi celui-ci songe à lui faire une position ; il le pousse dans la carrière administrative ou diplomatique.

Ainsi je connais plus d'un ministre d'une très-basse naissance, et qui a débuté par être la bonne à tout faire de tel ou tel personnage, et qui s'est plus tard servi de son influence pour arriver...

Comment voulez-vous que cela fasse des hommes supérieurs !...

Ils ne songent, je le répète, qu'à s'enrichir bien vite...

C'est ainsi que les finances turques sont dilapidées !...

Comme position financière, ce pays est dans une fâcheuse situation. Cela tient à deux choses... La Turquie ne produit pas, elle vit de l'or que les anciens Turcs avaient amassé, elle vide ses coffres... Le commerce, ainsi que tout état lucratif, est un monopole accaparé par les étrangers.

Le système d'impôt en Turquie révèle certes un esprit gouvernemental très-libéral, mais il n'est pas de nature à enrichir le budget ; le Turc ne paye que la dîme, c'est-à-dire le dixième de son revenu. Si sa récolte est mauvaise ou nulle, son impôt diminue ; s'il a trente arpents de terre et qu'il n'en cultive qu'un seul, il ne paye qu'en proportion. Ce système, bon et libéral, je le répète, pour le peuple, favorise son indolence et sa paresse ; aussi trouve-t-on en Turquie beaucoup de terres en friche, tout cela constitue des pertes sèches pour le budget, en le privant des trois quarts de l'impôt foncier.

On demandait un jour à un jeune homme de l'école de Saint-Cyr :

« Quel est le nerf de la guerre ?

— Le soldat, répondit l'élève.

— Non, répondit un général présent, c'est l'argent!... »

Le nerf donc de la guerre, l'argent, manque à la Turquie, et cependant les révoltes continuelles de ses sujets la forcent à entretenir son armée sur un demi-pied de guerre.

Tandis qu'elle a besoin de ses soldats pour essayer de contenir ceux qu'elle s'entête à considérer comme ses sujets, elle ne peut pas tenir tête à l'Europe, elle ne peut pas se défendre à elle seule contre la Russie, et elle est obligée de subir une tutelle désastreuse pour elle.

La trop grande diversité de races et de religions dont se compose l'empire d'Orient est aussi une des causes de sa ruine; pour gouverner despotiquement un État composé de tant d'éléments hétérogènes, il faudrait une main de fer, et encore!... Les conquêtes ont singulièrement compliqué la situation de ce pays : il est facile de conquérir des peuples, mais les fusionner avec le sien, surtout lorsqu'ils sont de religions différentes, est chose plus difficile, souvent même impossible.

Il est certain que la grande pomme de discorde en Orient, c'est la religion. Chaque culte a son clergé, et chaque corps de clergé travaille sourdement à miner et à détruire la puissance des musulmans.

Il n'est pas de gouvernement qui puisse résister à cet élément de trouble ; et ce n'est certes pas un sultan *idole*, un empereur *fétiche* qui peut opérer ce miracle.

La seule chose qui sauverait, à mon avis, l'empire ottoman d'une ruine complète serait l'abandon volontaire des provinces chrétiennes, qu'il ne peut espérer conserver, et dont les fréquentes révoltes poussent cet État à une ruine inévitable.

Si, du sein de ces hommes engourdis par la mollesse de la vie orientale et plongés dans une ignorance complète du grand mouvement qui s'est fait en Europe, surgissait un second Othman, ou un second Mahomet II, qui eût le courage de mettre de côté un amour-propre national imprudent, et qui osât dire aux Grecs, aux Moldaves, aux Crétois : « Vous ne voulez plus être mes vassaux ? Eh bien, constituez-vous à votre guise; loin de vous en empêcher, je vous y aiderai. Vous rêvez la pentarchie, la formation d'un grand empire chrétien ? Eh bien, que l'empire grec se fasse, telle est ma volonté, et j'y contribuerai de mon mieux ! .» Si cet homme disait cela, *et qu'il le fît*, il aurait sauvé la Turquie proprement dite d'une dissolution certaine, toute cause de troubles cesserait comme par enchantement.

L'empire, débarrassé de toutes les provinces qui par leur opposition systématique n'étaient qu'une source de complications pour lui, n'ayant plus à subir la pression du protectorat européen, reprendrait sa pleine et entière liberté d'action ; et si cet homme providentiel, ce Mahomet III, après avoir ainsi renoncé volontairement à des conquêtes qui ne pouvaient être conservées que par la violence, se retirait en Asie avec tous ceux qu'unissent la même loi et la même religion, s'il transportait tout l'élément musulman dans le berceau du mahométisme, s'il concentrait toutes ses forces, au lieu de les éparpiller pour essayer de soumettre des peuples frémissants sous un joug qu'ils détestent et qu'ils cherchent constamment à secouer ; si toutes les villes de la Turquie d'Asie étaient agrandies et fortifiées ; si cet homme, enfin, disait avec fermeté : « Je suis musulman, l'empire que je reconstitue ne doit compter que des musulmans parmi ses sujets ; qu'ils sortent donc de mes États tous ces grecs et chrétiens, qu'ils emmènent avec eux leur clergé, et qu'ils emportent toutes leurs richesses; je suis las de voir des hommes que j'ai comblés de biens, à qui j'ai laissé une entière liberté, et qui n'ont usé de cette liberté que pour saper les bases de mon empire; empereur des Turcs, je ne veux que des vrais croyants; » un homme de cette trempe-là enlèverait à l'Europe tout prétexte à un protectorat, qui n'aurait plus de raison d'être.

La formation des empires par nationalités est à la mode, et l'on verrait alors se former un empire grec nouveau, à côté duquel s'élèverait un empire turc régénéré et établi sur des bases solides, et qui, l'ayant aidé à se constituer, l'aurait forcément pour allié; l'Europe elle-même soutiendrait la Turquie dans cette transformation, et la Russie se verrait forcée de renoncer à Constantinople, n'ayant plus aucun prétexte pour offrir sa protection à des coreligionnaires.

Cette fameuse question d'Orient trouverait enfin sa solution, à la satisfaction de tout le monde, sauf peut-être une seule puissance, dont les convoitises seraient annulées.

Quant au nouvel empire turc, quels vastes horizons s'ouvriraient devant lui!...

L'Asie, au brillant soleil, aux suaves parfums, lui tendrait les bras comme à un élément de progrès ; car, on ne saurait le nier, si, vis-à-vis de certaines puissances européennes, la Turquie est en retard, son gouvernement si bon et si libéral serait un moyen de civilisation pour toutes ces peuplades asiatiques plongées dans la barbarie et régies par des gouvernements arbitraires.

Cette issue serait la seule qui préserverait l'Orient des désastres d'une nouvelle guerre, car, en respectant toutes les nationalités, elle les ferait rentrer dans leur courant naturel.

La cession de la Vénétie par l'Autriche devrait servir d'enseignement à toutes les puissances qui s'épuisent à retenir sous le joug des provinces qui ne peuvent en aucune façon se soumettre à la domination étrangère. Si, par un faux point d'honneur, l'Autriche ne s'était pas obstinée à garder, en dépit de l'Europe entière quelques millions d'Italiens qui ne voulaient pas de ce joug, que d'échecs et de désastres ne se serait-elle pas épargnés !...

Il vient toujours un moment où la force des choses l'emporte sur les combinaisons les plus tenaces, et tout le sang versé inutilement retombe sur la tête de ceux qui en sont responsables.

Oui, la leçon reçue par l'Autriche devrait faire réfléchir bien des nations, même celles qui se croient inattaquables ; et Dieu fasse qu'elles sachent en profiter : cela sauvera le monde du triste spectacle des horreurs de la guerre.

Je donne cette solution de la question d'Orient à méditer aux écrivains des journaux à grand format. . Mais je doute qu'ils la trouvent bonne, et pour cela ils auront mille raisons : d'abord, ils la trouveront mauvaise parce qu'elle est éclose dans le cerveau d'une femme, et ensuite, parce que, étant trop simple, elle réduirait à néant tous leurs raisonnements..., et qu'il faut bien remplir les colonnes de son journal !...

Seul, M. de Girardin pourrait m'approuver ; mais..., oh! il y a plusieurs *mais*... *primo* M. de Girardin ne lit pas de romans ; *secundo*, on le dit occupé à nous donner un pendant aux *Deux Sœurs*, *les Deux Frères*; *tertio*... enfin, je ne dois pas espérer être lue par lui ; quelque violent dépit que j'en éprouve, il faut bien que je m'en console.

COMME QUOI J'AI MIS TROIS MOIS

POUR ALLER

DE CONSTANTINOPLE A JÉRUSALEM

Smyrne, Rhodes, Alexandrette, Latakiè, les Ensériès, les Kurdes, les Turkomans, Beyrouth, le Liban et l'Anti-Liban.

Trouvant un jour que le ciel de l'Orient n'avait nullement le droit de faire concurrence à celui de Londres, car réputation, tout comme noblesse, oblige, je fis le raisonnement suivant : Si un ciel dont la beauté a été chantée sur tous les tons se permet de disparaître sous une couche d'affreux nuages noirs qui vous inondent des eaux du ciel pendant de longues semaines, qu'est-ce qui me force à supporter ce caprice?

Je me mis donc à faire mes malles, et en moins d'une demi-heure, barbotant comme un canard dans des mares d'eau sale, je me rendis au port sans jeter un regard d'adieu à Constantinople, avec son infernal pavé, sa boue, ses flaques d'eau et ses rues montagneuses.

L'agence française m'apprit que le bateau sur lequel j'avais compté ne partait pas ce jour-là. Cela me contraria beaucoup, mais pour rien au monde je ne serais revenue sur mes pas. J'allai donc au Lloyd autrichien : leur bateau *l'Italie* partait à quatre heures, faisant escale à Smyrne, Rhodes, Alexandrette, Latakié, Beyrouth et Jaffa. J'avais déjà fait la fâcheuse expérience que la propreté la plus grande ne règne pas à bord des bateaux de cette compagnie; mais, en revanche, les commandants et officiers y sont d'une extrême affabilité pour les voyageurs, et cela me décida.

On m'avait bien prévenue au bureau de l'agence qu'on craignait qu'il n'y eût plus de place, mais je ne me laissai pas décourager : je comptais sur ma bonne chance pour en trouver une, et je voulus voir le commandant, qui me confirma cette triste nouvelle. Puis il ajouta : « Le temps est fort mauvais (en effet le vent soufflait avec rage), nous aurons une mauvaise traversée, et si vous vous trouvez sans lit et sans cabine, vous souffrirez beaucoup. Attendez le prochain départ. »

Ce conseil était bon, c'est pourquoi je ne le suivis pas et persistai à m'embarquer.

Du reste, comme je n'ai jamais pu faire la moindre traversée, soit sur l'Océan, sur la Méditerranée, la mer Rouge, la mer Noire ou la mer Baltique, sans avoir une bonne petite tempête, avec accompagnement de mâts brisés, de chaudières sautées, etc., j'en ai pris mon parti et je m'embarque par tous les temps, ce qui n'est guère illogique, puisque, lors même que j'ai à mon départ ce que les marins appellent une mer d'huile, elle devient affreuse au bout de quelques heures, et que de quelque façon que je m'y prenne la tempête est inévitable.

Le manque de cabine et de lit me gênait davantage, car c'est une triste perspective de passer plusieurs nuits sur une chaise! Le salon des dames était même occupé : il avait été retenu par A... pacha, qui se rendait à son poste dans le Yémen, accompagné de sa mère, de deux odalisques et de plusieurs suivantes.

A... est un Turc assez civilisé, mais le poste qu'il occupe est des plus périlleux. Il lui est arrivé plusieurs fois d'être retenu comme prisonnier par ses administrés, et il ne peut aller d'une ville à l'autre sans une forte escorte. A... entendant dire que je n'avais pas de cabine, vint gracieusement à moi, et m'offrit de me présenter à sa mère. « Elle sera heureuse, me dit-il, de faire votre connaissance et de trouver une Européenne parlant le turc, et de cette façon ces dames vous céderont un lit où vous pourrez vous reposer. »

J'acceptai avec empressement, car la pensée de pouvoir me coucher un peu me fut très-agréable; mais en mettant le pied dans le salon de ces dames, une forte odeur me saisit à la gorge, je reculai épouvantée.

« Entrez, entrez, me dit le pacha, ne se doutant pas que cette odeur pût m'importuner, ces dames seront enchantées de vous donner l'hospitalité. »

Les suivantes étaient couchées par terre, pêle-mêle, recouvertes de vieilles hardes, et ayant pour matelas des tapis, des coussins et des paquets. La mère du pacha était assise dans un lit, les deux autres lits étaient occupés par les favorites.

Mme A... me fit l'accueil le plus aimable; elle poussa un cri de joie en m'entendant parler turc, car elle s'ennuyait, et elle pensa que ma société lui serait de quelque utilité pour charmer les heures de voyage. Elle me fit une place sur son lit, et, suivant l'usage des dames turques, elle se mit sans façon à m'embrasser, tout en m'accablant de questions.

« Comment vous appelle-t-on?

« D'où venez-vous?

« Où allez-vous?

« Avez-vous un mari? jeune, vieux?

« Combien a-t-il de femmes?

« Avez-vous des enfants?

« Voulez-vous venir avec nous?

« Mon fils vous épousera ; il renverra ses favorites, vous serez sa seule femme, et je vous aimerai beaucoup ; j'ai douze ans de plus que lui ; il a cinquante-huit ans et moi soixante-dix? Comment le trouvez-vous? Il est bon ; les vieux maris sont les meilleurs, car ils sont plus indulgents. Ne le croyez-vous pas? »

Elle m'adressa toutes ces questions en cinq minutes, sans attendre mes réponses.

Le pacha nous avait laissées seules. Mme A... continua : « Vous allez rester avec nous ; on va vous faire un lit pour cette nuit, et pendant le jour vous ne me quitterez pas. »

Les femmes turques ne connaissent pas les raffinements de notre civilisation, qui demande qu'on garde une certaine réserve vis-à-vis d'une étrangère ; elles sont tout de suite expansives et vous traitent comme une ancienne amie. La mère du pacha me parut bonne et charmante, et j'aurais accepté son invitation avec le plus grand plaisir, sans cette maudite odeur qui me suffoquait à tel point, que je craignis d'être prise par le mal de mer, que je n'avais jamais éprouvé jusque-là. J'eus du reste bien vite l'explication de cette odeur nauséabonde. Ces dames, pour se préserver contre le mal de mer, suçaient, non pas du citron, mais des gousses d'ail!!! Jugez de mon désespoir! Mme A... m'en offrit une, en m'assurant que c'était le meilleur préservatif contre ce mal terrible. Je me gardai bien d'accepter et me mis à aspirer mon flacon de sel anglais, pour résister à cette atmosphère empestée. On apporta le dîner, un dîner turc fait exprès pour ces dames par leur cuisinier.

Du mouton grillé, un *pilaff* à la volaille. La mère du pacha coupa des morceaux de viande avec ses doigts, prit du riz à pleines mains, et se mit à en distribuer à toutes les femmes, en commençant par moi. Je refusai, l'assurant que je n'avais pas faim; alors elles se mirent toutes à manger avec leurs mains, jetant par terre les os et les restes.

Ce spectacle acheva de me porter au cœur et

je me sauvai pour aller respirer un air plus pur sur le pont, en assurant à la grande dame turque que j'allais revenir.

Au dîner, A... Pacha était assis à côté de moi ; je remarquai que son fils, un grand garçon de vingt-cinq ans, se tenait droit dans un coin, les mains croisées sur la poitrine. « Votre fils ne se met donc pas à table? » lui dis-je.

Le pacha me regarda d'un air ébahi : « Comment voulez-vous, madame, que mon fils se mette à la même table que moi, et qu'il ose manger en ma présence?

— Pourquoi pas? lui répondis-je. Je vous assure que chez nous cela se passe tout autrement ; si mon fils était là, non-seulement il mangerait à la même table que moi, mais il serait assis à mes côtés.

— Oui, oui, je connais l'Europe, me dit-il, et je sais que les enfants y sont peu respectueux pour leurs parents ; mais en Turquie ils sont autrement élevés, grâce à Dieu !

— Certes, je suis d'avis qu'un fils ne saurait avoir trop de respect pour ses parents, mais en quoi le vôtre en manquerait-il vis-à-vis de vous, s'il dînait à la même table que vous? Comme je vois qu'on ne met pas deux couverts, il sera donc réduit à aller dîner à la table des domestiques?

— Eh bien, mieux vaut qu'il aille manger avec le service que de manquer de respect à son père, » me répondit le pacha avec le calme le plus parfait.

Pendant toute la traversée ce malheureux jeune homme ne se mit jamais à table avec nous, et dès que son père entrait dans le salon, il se levait bien vite et se tenait debout dans une attitude humble et respectueuse. Le commandant du bateau avait donné au pacha une grande cabine à cinq lits, croyant sans doute qu'il en céderait un à son fils; mais comme il n'aurait pas été convenable que le fils couchât dans la même chambre que son père, le pauvre garçon passa toutes ses nuits sur une chaise. Je ne pus m'empêcher de dire un jour au pacha : « Est-ce ainsi qu'on comprend chez vous l'amour paternel, que vous le subordonniez à un préjugé, à une étiquette exagérée? Comment pouvez-vous vous asseoir à une table bien servie, tandis que votre fils n'a que des restes à manger? Comment avez-vous le cœur de vous coucher dans une bonne et spacieuse cabine, tandis que votre fils reste sur une chaise pendant toute la nuit?

— Mais que voulez-vous que je fasse? Il n'y a plus de cabine, me répondit le pacha.

— Eh bien, faites-le coucher dans la vôtre, cédez-lui un des quatre lits qui vous sont inutiles ! »

Pour le coup A... fit un bond de surprise et s'écria d'un air choqué : « Quoi ! mon fils oserait coucher à côté de moi !... il oserait me manquer d'égards au point de s'habiller et de se déshabiller en ma présence!! Ah! comment pouvez-vous supposer cela, madame ? »

Du reste, si ce bon pacha trouvait *shocking* la pensée seule que son fils osât faire sa toilette devant lui, il faut convenir qu'il nous traitait tous avec un sans façon admirable : ses domestiques lui apportaient deux fois par jour un grand baquet d'eau, devant la porte de sa cabine, qui donnait dans la salle à manger, et ce bon Turc, avec un sans gêne parfait, se lavait les pieds et les mains devant nous tous, et puis faisait sa prière, toujours *coram populo*... De plus, suivant l'usage oriental, il lui fallait un serviteur pour lui donner sa pipe, un autre pour lui offrir un siége, un autre encore pour lui donner son mouchoir, enfin un négrillon pour faire ses commissions, de telle sorte que le salon était envahi par les onze domestiques du pacha.

Un voyageur voulut faire observer au commandant qu'il était très-inconvenant que ce Turc fît sa toilette dans ce salon et qu'il y gardât toute sa valetaille.

La réponse du commandant fut sublime de naïveté : « C'est vrai, dit-il, je conviens que ce pacha est parfaitement sans gêne. Mais comment voulez-vous que je me permette de lui faire une observation? Il a quarante-deux personnes à sa suite, et il a payé trente-huit mille francs à l'agence pour lui, ses gens et ses bagages. »

La réponse était sans réplique. — Du reste, A... avait dans son sac de voyage seize montres : il les distribuait aux officiers et commandants des bateaux sur lesquels il naviguait, et cela lui assurait le droit d'agir à sa guise : — tant pis pour les voyageurs que cela gênait.

La traversée fut très-mauvaise ; j'eus ma tempête, avec ses cris rauques et ses gémissements lugubres Je n'avais pris ma place que jusqu'à Smyrne : nous y arrivâmes par un temps assez beau, l'ouragan s'était calmé.

Le port de Smyrne n'est, en réalité, qu'une baie ; il n'est bordé par aucun quai, et, chose incroyable, il n'y a pas même un escalier pour aborder. — La barque qui était venue nous prendre à bord du bateau accosta dans une petite anse, et il nous fallut beaucoup d'adresse pour arriver jusqu'au rivage ; on est presque toujours hissé par les matelots. De sales ruelles aboutissent au port ; mon drogman m'en indiqua une qui me conduisit au plus bel hôtel de Smyrne, l'*Hôtel des Deux-Augustes*. Les chambres de cet hôtel ressemblent assez à des citernes : l'eau et l'humidité y suintent de toutes parts. Les fenêtres laissent un vaste accès à la brise ; les portes n'ont que des serrures délabrées, de sorte que vous en êtes réduit à pousser devant votre porte un lit ou une commode si vous voulez vous mettre à l'abri des malfaiteurs.

Le maître d'hôtel est un brave homme, père de dix-sept enfants, tous vivants et bien portants. — Le lendemain de mon arrivée, ayant vu sur mon passeport que j'étais femme de lettres, il vint me rendre visite, portant sous son bras un immense paquet :

« Moi aussi, madame, j'écris, me dit-il pompeusement, voilà mes mémoires. Lisez-les, et vous verrez qu'il y a là des choses dramatiques, intéressantes, et qui feraient, certes, un volume qui vaudrait bien ceux de M. Ponson du Terrail, auquel j'accorde cependant toute mon admiration. »

La curiosité me poussa à parcourir le roman de

ce gargotier, et je le lus d'un bout à l'autre. Le style n'était pas des plus élégants, des expressions d'une crudité brutale choquaient à chaque page, mais, comme il me l'avait dit, la partie dramatique ne manquait pas d'intérêt. Un grand gaillard, fils du maître d'hôtel, fait le métier de garçon; c'est lui qui sert à table. Celui-là est une vraie brute, entrant chez vous le chapeau sur la tête, s'asseyant pour vous rendre compte des commissions que vous lui aviez données. — Sur le même carré, en face de moi, logeait un couple anglais faisant son voyage de lune de miel; le mari avait bien soixante ans et la femme cinquante, ce qui ne l'empêchait nullement de prendre des petites allures de jeune fille échappée du couvent, et de faire sonner bien haut qu'elle n'était *madame* que depuis trois mois.
— J'avais fait connaissance avec ce couple respectable, et j'allai visiter avec eux les environs de Smyrne. — Comme je me serais ennuyée dans cette ville sans eux!... et comme ils m'ont amusée!...

Un jour, en entendant des cris, j'ouvre la porte de ma chambre, et j'aperçois en face de moi mon Anglais tenant le grand gaillard de garçon d'hôtel au collet, et le secouant rudement. Lorsqu'il me vit, il le lâcha.

« Comprenez-vous, madame, me dit-il, que ce manant se permet d'entrer chez milady son chapeau sur la tête ?

— Oh ! s'écria milady sortant à son tour de la chambre, il a fait pire que cela : il s'est assis devant moi, oui, en ma présence ! » Je ne pus m'empêcher de rire du courroux de ce couple britannique, et je les consolai en les assurant que chez moi il se conduisait avec le même sans façon, mais qu'il ne fallait pas oublier que nous étions en Orient.

Milady écrivait un journal où elle relatait ses impressions ; rien n'était drôle comme la manière dont elle jugeait les pays que nous parcourions. Un jour elle me dit qu'elle voudrait bien voir un Turc et un intérieur de maison turque. Je lui proposai de la conduire chez le gouverneur. Elle accepta d'abord avec empressement, puis, se penchant à mon oreille, elle me demanda d'un air mystérieux : « Mais êtes-vous bien sûre au moins que je ne courrai aucun danger ? »

Ses cinquante ans, sa peau sèche et ridée, sa taille droite et vierge de tout contour harmonieux firent que je ne compris pas.

« Quels dangers pourriez-vous courir, chère

madame, lui dis-je, en allant chez son excellence le gouverneur de Smyrne ?

— Dame ! je ne sais pas, me répondit-elle en minaudant, mais j'ai lu dans les romans que les Turcs ont des harems. »

J'avoue, à ma honte, qu'encore je ne comprenais pas et que je repris très-ingénument :

« Oh ! ce pacha n'a qu'une femme, et nous lui ferons une visite en sortant.

— Non, certes, s'écria mon Anglaise, je ne mettrai pas les pieds dans le harem, car il pourrait bien lui prendre fantaisie, à ce bon pacha, de m'y retenir. »

Cette fois enfin je compris la nature des dangers que craignait milady, et j'avoue franchement que je fus assez peu polie pour partir d'un grand éclat de rire... « Soyez sans crainte, lui dis-je lorsque je fus un peu calmée, je me porte caution pour le pacha, et vous réponds qu'il ne vous retiendra pas dans le harem. »

C.... Pacha nous reçut avec une bonne grâce charmante; il nous offrit le café et la cigarette d'usage, et quel ne fut pas mon étonnement en voyant milady accepter une cigarette et la fumer bravement, malgré les quintes de toux que lui donnait la fumée qu'elle avalait ! Du reste, il paraît que sa peur l'avait abandonnée, car elle se montra très-gracieuse avec le gouverneur. Le soir elle écrivait dans son journal :

« J'ai vu, à trois heures, le pacha gouverneur de la ville; beau garçon, avec de grands yeux noirs. Il parle français. J'ai pris du café dans des coquetiers et j'ai fumé une cigarette, car c'est l'usage que les ladys fument dans ce pays-ci. Le pacha, au lieu d'être assis, était accroupi sur son siége, comme un mendiant au coin d'une borne. C'est à tort que l'on dit dans les romans que les Turcs enlèvent les jolies femmes pour les enfermer dans des harems : celui-ci, non-seulement n'a pas tenté de me retenir, mais il a été très-respectueux pour moi. C'est très-mal vraiment que les auteurs mentent ainsi et effrayent les femmes au sujet des Turcs. » Ce qui ajoutait au ridicule de milady, c'est qu'avec ses cinquante ans, sa figure sèche et revêche, qu'on eût dit faite avec du vieux parchemin, elle portait des toilettes de jeune fille.

Je soupçonne qu'à son mariage elle n'avait pas changé de costume, et qu'elle avait emporté en voyage toute sa défroque de jeune fille pour l'user plus facilement. Avec ses robes roses et ses petits chapeaux elle avait un air si bizarre que les Smyrniotes la regardaient en riant, et nous suivaient même souvent pour jouir du spectacle à leur aise.

« O mon Dieu ! me disait-elle alors d'un air candide et effaré, tous ces hommes m'intimident en me regardant ainsi ; et puis je crains vraiment que mon mari ne devienne jaloux, ce qui me forcerait à me couvrir le visage d'un voile, tout comme les musulmanes ! »

Naïve candeur ! douce illusion !

Il y a réellement de par le monde des réputations bien usurpées, et de ce nombre est la beauté de Smyrne. Les poëtes l'ont appelée *Smyrne la belle, la perle de l'Orient, la couronne de l'Ionie.* Eh bien, franchement, c'est une affreuse et sale ville, qui n'a même pas pour elle cette animation qu'on retrouve dans certaines autres villes de l'Orient. Elle est triste et morne ; ses rues, par lesquelles jamais balai n'a passé, ont des tas d'ordures, des flaques d'eau puante. La fameuse rue des Roses, dont on a tant parlé, est une petite rue un peu moins sale que les autres, qui est pavée en marbre sur la longueur d'une centaine de mètres, mais voilà tout. C'est dans cette rue que demeurent les richards du pays.

La ville se déroule le long d'un golfe qui est assez beau ; mais, comme je l'ai déjà dit, pas de quai pour aborder, ce qui fait que les ruelles viennent aboutir directement à la mer. Du côté de la terre, la ville s'étage le long de Kizildag ou mont Pagus.

Les auteurs ont vanté le climat de Smyrne. Je n'ai pu en juger, car pendant les huit jours que j'y ai passés, je n'ai eu que pluie et brouillard !

Une compagnie anglaise a construit un chemin de fer qui va de Smyrne à Éphèse. La gare est superbe, elle est bâtie dans de grandes proportions ; mais, pour tout dividende, les actionnaires se partagent cinq cents francs de perte par jour. Un seul train dessert la ligne, et l'on ne compte jamais moins de cinq voyageurs et jamais plus de vingt. Cela vous expliquera l'absence des dividendes.

J'avais tellement entendu parler du fameux pont des Caravanes que, dès le lendemain de mon arrivée à Smyrne, j'allai le voir. C'est la rue des Roses qui y conduit, et au bout de trois quarts d'heure de marche on l'aperçoit. Mon couple anglais était avec moi. Milady avait, dans sa nature, une admiration expansive, amusante. Ce jour-là elle voulait voir des chameaux à tout prix ; son mari avait une manie moins amusante, celle de questionner sur tout. Sachant que l'Orient et moi nous étions de vieilles connaissances, il me demandait sans cesse :

« Qu'est-ce que c'est que cette plante?

« Comment appelle-t-on cet arbre?

« Cette fleur, quel est son nom en turc? »

Puis il ramassait les cailloux, les plantes, les fleurs; il fallait s'arrêter à chaque instant, c'était assommant. Après chaque course il revenait chargé comme un baudet, et s'il a persisté dans sa rage de collectionner pendant le reste de son voyage en Orient, il a dû rapporter à Londres des wagons remplis.

Le pont des Caravanes est formé d'une seule arcade composée d'immenses blocs de pierres qui ont un reflet doré au soleil. Sous ce pont coule avec un doux murmure un ruisseau à l'eau cristalline, claire et limpide, qu'on nomme le *Mélès* — Ce fameux ruisseau, sur les bords duquel naquit Homère, surnommé à cause de cela le vieillard Mélésigène, descend du haut d'une colline et traverse un cimetière turc ombragé de cyprès. — Ce lieu de repos est le rendez-vous de la société smyrniote : les musulmans y vont pour fumer et rêver sur les tombes, les Européens s'installent dans un petit café délicieusement situé sur une esplanade et entouré d'ombre et de verdure. — On y sert un café excellent.

C'est par ce pont qu'arrivent toutes les caravanes qui viennent du centre de l'Asie. — Ces caravanes sont traînées par des chameaux, attachés par cinq ou six à la suite les uns des autres ; quelquefois on en compte jusqu'à cent. Le conducteur marche à la tête des chameaux qui lui appartiennent, monté lui-même sur un petit âne maigre et chétif.

Milady fut servie à souhait : nous n'étions pas depuis un quart d'heure sur le pont, que nous aperçûmes une de ces caravanes qui marchait vers nous. A la vue de ces énormes et difformes bêtes se dandinant gracieusement tout comme si elles étaient jolies, et portant sur leur dos des chargements de plusieurs quintaux, milady poussa un cri ; je ne sais si ce fut un cri d'horreur ou d'admiration.

Elle voulut les toucher du doigt, et elle s'empressa d'écrire sur son carnet :

« J'ai vu, de mes yeux vu, plus de cent chameaux en liberté, et je les ai touchés, palpés moi-même ; ils étaient bien vivants et non empaillés. »

Après huit jours de séjour à Smyrne j'en avais assez : il pleuvait toujours, et je trouvai que pour une *fille aimée du soleil* elle en était privée trop longtemps.

On me signala l'arrivée d'un beau bateau russe, *le Grand-Duc Constantin;* je m'empressai d'aller y retenir ma place, et trois heures après je me retrouvai de nouveau entre le ciel et l'onde, mais cette fois au moins nous avions un beau et superbe bateau pour défier la tempête. La propreté la plus parfaite brillait partout, avec cela du confort et même de l'élégance ; enfin j'étais seule en fait de dames, ce qui m'assurait le salon pour moi toute seule.

Ceux qui ont souvent voyagé sur mer comprendront le bonheur que j'éprouvai à cette idée : je n'ai jamais souffert du mal de mer, mais, hélas! j'ai souvent fait la triste expérience combien c'est désagréable d'avoir des voisines qui en sont affligées.

M. et Mme Make...., mon couple anglais, s'étaient embarqués une heure avant moi sur un bateau du Lloyd partant pour l'Égypte directement ; celui où je me trouvais, *le Grand-Duc Constantin*, devait faire côte en Syrie et en Palestine. — Je n'avais pas eu le temps de leur dire adieu, mais comme le bateau sur lequel ils étaient, l'*Imperator*, filait à peine sept ou huit nœuds à l'heure, tandis que le nôtre en filait quatorze, car c'est le meilleur marcheur de la Méditerranée, je dis au commandant : « Tâchez de rejoindre l'*Imperator* et passez tout près de lui, je voudrais souhaiter un bon voyage et dire adieu à des Anglais qui sont à son bord. »

Le commandant L..., homme du monde, aimable et courtois, s'empressa d'acquiescer à mon désir; nous eûmes rejoint bien vite le vapeur autrichien, et alors le commandant donna l'ordre de diriger vers lui. L'ordre fut exécuté avec tant de zèle et de précipitation qu'on aurait pu sauter d'un bateau dans l'autre, tant ils se trouvèrent rapprochés : un mètre de plus et le pauvre *Imperator* eût été coulé bas. Le commandant, les officiers et les passagers, en voyant s'avancer droit sur eux ce colosse du nord, poussèrent des cris de détresse. Quant à moi, j'eus le temps de jeter un adieu à milady et un livre qu'elle m'avait demandé ; mais la pauvre femme, blême de peur, les bras et les yeux élevés vers le ciel, n'eut pas la force de me répondre un mot.

Le *Grand-Duc Constantin*, tout en ayant rasé de près le vaisseau, j'allais dire ennemi, ne l'avait pas pourtant effleuré, et le commandant de ce dernier en fut pour son épouvante. — Humilié de voir notre bateau le dépasser fièrement, il n'eut même pas la consolation de pouvoir verbaliser contre lui.

Après avoir touché à deux petits ports turcs, nous nous dirigeâmes vers Rhodes. Ici encore j'eus recours à l'amabilité de notre commandant, et je le priai de se presser un peu pour avoir plus de temps à nous donner à Rhodes, ce qu'il fit avec la meilleure grâce du monde.

La même différence qui existe entre les chemins de fer français et les chemins de fer russes se reproduit entre les bateaux des deux nations. A bord des Messageries françaises le voyageur n'est qu'un colis, il se loge et se case comme il peut, personne ne se préoccupe de son bien-être, car on le croit créé et mis au monde pour faire gagner de l'argent à la Société. Les bateaux russes n'ont en vue, au contraire, que la commodité des voyageurs ; dès qu'on est entré sur le pont, on est entouré de soins et de prévenances, tout le monde a l'air de vous dire :

« Vous avez payé le droit de vous considérer ici comme chez vous ; ordonnez, et vous serez obéi. »

Les commandants russes appartiennent tous à de grandes familles; plusieurs ont le grade d'amiral, et ne font ce service de la Méditerranée que pour s'habituer à la navigation ; par conséquent ils sont d'une politesse extrême pour les voyageurs, et ne songent même pas à se draper dans leur haute dignité pour imposer au public. Ceux des Messageries, au contraire, sont comme grisés de l'importance de leur position : c'est une faveur insigne lorsqu'ils daignent vous adresser la parole. Bien plus, les Messageries ont eu l'idée assez originale et très-française, hélas ! de créer un règlement que les voyageurs sont forcés de subir. Marchez-vous du pied gauche, quelqu'un du bateau vous crie brutalement : « Le règlement dit qu'il faut partir du pied droit. » Si vous vous asseyez, on vous dit : « Le règlement veut qu'on soit debout à cette heure ! » Ainsi, à bord des Messageries, vous êtes dans le salon, occupé à lire ou à écrire : un domestique vient à onze heures éteindre les lampes, sans vous en prévenir même et sans s'excuser. Si vous avez le malheur de vous récrier, il vous répond brusquement : « Le règlement dit qu'il faut éteindre les lampes à onze heures ! » Même chose vous arrive dans votre cabine : il vous est défendu de vous enfermer en dedans, et à l'heure indiquée, un domestique vient souffler votre lampe ! Songez combien c'est commode et agréable pour ceux qui ont le mal de mer, avec ses tristes conséquences, de se trouver plongé dans l'obscurité !

Enfin, les directeurs et administrateurs des Messageries ont inventé une foule de petites vexations qui rendent la vie désagréable à bord de leurs bateaux, et ils ont appelé cela un règlement.

A bord des bateaux du Lloyd et des bateaux russes il n'y a pas de règlement, et pourtant l'ordre le plus parfait y règne. On n'éteint pas les lampes quand les voyageurs désirent y voir clair, et malgré cela le feu n'y prend pas plus souvent qu'à bord des bateaux français.

J'étais à bord du *Grand-Duc Constantin*, et comme c'était la première fois que je voyageais sous pavillon russe, je ne connaissais pas les usages établis. Or, me trouvant un soir dans le salon, occupée à lire un livre très-intéressant qui avait chassé le sommeil, je jetai les yeux sur la pendule, et vis avec effroi qu'il allait être onze heures; le commandant entra sur ces entrefaites.

« Commandant, lui dis-je, j'ai une prière à vous adresser.

— Parlez, madame, elle est accordée d'avance.

— Eh bien, voici : mon livre est amusant, je n'ai pas encore envie de me coucher, laissez-moi la lampe jusqu'à minuit. »

Le commandant me regarda d'un air étonné, je vis bien qu'il ne comprenait pas.

« Vous voulez dire sans doute que cette lampe ne vous éclaire pas assez?

— Mais non, répondis-je, ce n'est pas cela; je croyais seulement qu'à votre bord le règlement était le même qu'à bord des Messageries, où l'on vient tout éteindre à onze heures.

— Comment, madame! s'écria-t-il, est-ce possible qu'on se permette d'éteindre les lumières sans demander aux voyageurs si cela leur convient?

— Mais oui, et s'ils se plaignent, on leur répond que c'est le règlement.

— Règlement! règlement! Mais comment peut-on en imposer un à des voyageurs qui ont payé pour avoir le droit de se croire chez eux?

— Je suis de votre avis, commandant, et je trouve cela illogique, arbitraire; mais les administrateurs français ne sont pas, à ce qu'il paraît, de la même opinion.

— Eh bien, reprit le commandant, moi aussi j'ai un règlement, mais qui n'est imposé qu'à moi tout seul: c'est de faire mon possible pour que les voyageurs se trouvent satisfaits à mon bord, qu'ils puissent y vivre à leur guise, et de plus j'ai à surveiller tout mon personnel, afin qu'il soit poli et empressé envers tout le monde. »

J'aurais bien voulu que les directeurs et administrateurs de nos Messageries françaises fussent là, et entendissent la leçon de politesse que leur donnait ce Russe gentilhomme.

Le même commandant, se trouvant six mois plus tard à Alexandrie au moment où je repartais pour la France, eut l'amabilité de venir me conduire à bord. Là, il commença par s'étonner qu'au moins un officier ne fût pas sur le pont pour recevoir les dames qui s'embarquaient, et que ce soin fût laissé à un domestique ; ensuite, étant entré avec moi dans la salle à manger, nous assistâmes à la scène suivante. Une pauvre jeune femme, déjà souffrante avant d'avoir mis le pied sur le bateau, se sentit encore plus indisposée par l'odeur de la marine et le vacillement du bateau ; sa femme de chambre lui avait monté son oreiller, et elle était là, à demi couchée, le coude appuyé sur ledit oreiller, lorsque le second passe, la regarde, et dit à un domestique : « Vous savez bien que le règlement défend d'enlever, même provisoirement, les coussins des lits ; redescendez celui-là, et veillez à ce que les voyageurs ne manquent pas ainsi au règlement. » Le domestique reprit brusquement le coussin de dessous les coudes de cette pauvre femme, et lui dit avec la même absence de politesse qu'il était interdit de se permettre de monter un oreiller dans le salon. Le second, ayant assisté à cette scène, s'en alla en se frottant les mains, enchanté sans doute du zèle qu'il venait de témoigner.

Le commandant russe, indigné de cette conduite, ne put s'empêcher de s'écrier : « Et l'on dit le peuple français le peuple le plus galant de la terre!! »

Je dois ajouter, cependant, qu'il se trouve parmi les commandants des Messageries quelques officiers, gens du monde, qui tâchent d'adoucir par leur urbanité et leur savoir-vivre ce que les règlements ont de choquant ; mais ces exceptions sont trop rares pour qu'il ne soit pas permis de s'en plaindre.

Par un temps superbe et un soleil splendide nous arrivâmes en vue de l'île de Rhodes. Mon cœur se mit à battre d'émotion en approchant de cette ville coquette qui serpente au bord de la mer, et dont les souvenirs sont si glorieux.

Je fermai les yeux, et, me recueillant un instant, je me mis à rêver de tous ces preux chevaliers qui l'ont illustrée : il me semblait qu'en arrivant sur ce sol si vaillamment défendu par eux, je devais d'abord les saluer dans ma pensée, avant de jeter un regard sur ceux qui les ont remplacés. Puis je me mis à songer à la fragilité de la destinée humaine !

Les maisons, les églises construites par ces brillants chevaliers sont là encore, presque en ruines il est vrai, mais elles sont là cependant, et des hommes qui les ont élevées, que reste-t-il ? Rien, sinon la gloire et le souvenir !

L'île de Rhodes est d'un aspect original, poétique et sauvage à la fois.

La grande chaîne du *Taïros* la traverse par le milieu ; elle serpente avec des ondulations capricieuses et fantastiques, formant tantôt des pointes aiguës d'un aspect bizarre, tantôt des versants arrondis. Sur ces versants se trouvent des petites vallées d'où s'échappent une multitude de petits cours d'eau qui y entretiennent une riche verdure.

Ce contraste avec les aspérités rocheuses de certains ravins est d'un effet très pittoresque. Virgile a chanté la beauté des vignobles de cette île. Aujourd'hui, si un poëte daignait s'occuper de ces choses-là, il pourrait chanter ses oliviers, ses pins toujours verts, ses grands figuiers, ses lauriers et ses myrtes qui croissent tous sans culture, mais n'en sont pas moins beaux pour cela.

En entrant dans le port, on laisse à sa droite une jetée de sable qui avance dans la mer, et sur laquelle sont placés, à peu de distance les uns des autres, quinze moulins à vent. Vus au crépuscule, ces moulins aux grandes ailes ont quelque chose de fantastique; on les prendrait pour des habitants d'un autre monde élevant leurs bras gigantesques vers le ciel.

Devant soi on voit la tour de Saint-Michel, ou plutôt ses ruines, car on l'a abattue cette pauvre tour! Elle était un peu ébranlée, il est vrai, mais on aurait pu la restaurer facilement; les Turcs, avec cet esprit de destruction qui les caractérise, ont préféré la démolir sans pitié.

Un amas de pierres, c'est tout ce qu'il en reste aujourd'hui!

Grâce à la célérité avec laquelle nous avions parcouru les autres stations où notre bateau avait touché, nous avions au moins sept heures pour visiter Rhodes. Je voulus mettre le temps à profit, et je m'empressai de descendre à terre, avec deux autres voyageurs russes, désireux comme moi de parcourir la ville. La première chose qui s'offre aux regards, c'est la belle église de Saint-Jean, convertie aujourd'hui en mosquée ; malgré toute ma tolérance, j'en ressentis une pénible impression, car il est deux villes dans le monde qu'il me répugne de voir entre les mains des infidèles : ce sont Rhodes et Jérusalem.

On sait combien j'aime le peuple turc ; je lui reconnais plus que qui que ce soit le droit de prendre sa place au soleil, créé par Dieu, à mon avis, pour éclairer et réchauffer également tout le monde. Mais je trouve qu'il serait de bon goût à lui d'abandonner de plein gré à l'Europe chrétienne les villes que je viens de nommer, et je crois que mes lecteurs seront de mon avis.

L'agent russe résidant à Rhodes nous servit de cicérone ; il nous conduisit dans une rue dallée de grandes pierres de taille, et nous montra au-dessus des portes de plusieurs maisons des armes de chevaliers sculptées sur la pierre, parmi lesquelles j'ai retrouvé les écussons de quelques-unes de nos grandes familles.

Nous nous dirigeâmes après cela vers l'ancienne salle d'armes. La porte était close malheureusement, et une sentinelle, le fusil sur l'épaule, en défendait l'entrée. L'agent russe nous apprit que le gouverneur avait été forcé d'interdire l'entrée de ce musée à cause des voyageurs qui ne se faisaient aucun scrupule d'emporter tout ce qui leur tombait sous la main.

Mais comme je tenais beaucoup à visiter cette salle, j'envoyai ma carte au gouverneur, et j'écrivis dessus en turc :

« Soyez tranquille, je ne volerai rien, et je me contenterai d'admirer. Donnez donc les clefs, s'il vous plaît. »

L'homme par qui j'avais fait partir ma carte revint bientôt, portant à la main les bienheureuses clefs, et nous fûmes introduits immédiatement ; seulement il entra avec nous cinq ou six militaires du poste voisin. Était-ce par curiosité, ou dans le but de nous surveiller ? Je l'ignore, mais le fait est qu'ils ne nous quittèrent pas des yeux, ce qui me gêna beaucoup, car, je l'avoue humblement, en voyant ces vieilles armes, ces cottes de mailles, ces casques gigantesques, moi aussi, malgré la promesse faite au gouverneur, je me sentis prise du désir d'emporter quelque souvenir.

Comme nous sortions de la salle, un aide de camp du pacha vint nous prier de sa part d'aller prendre le café chez lui, ce que nous acceptâmes avec le plus grand empressement.

Le gouverneur de Rhodes est un colonel de l'armée turque, haut de stature, d'un air digne et martial, et parlant fort correctement l'anglais. — C'est un homme instruit, ce qui est rare en Turquie, et c'est sans doute pour cela qu'on l'a confiné à Rhodes.

Après les compliments d'usage, je lui fis l'aveu que si ses soldats n'avaient pas épié mes mouvements, je n'aurais pas su résister au désir de voler une des reliques de nos grands chevaliers.

Il se mit à rire et me dit :

« Comment! mes soldats ont été assez mal appris pour vous empêcher de prendre ce qui vous plaisait? Mais, réellement, j'en suis au désespoir. De grâce, dites-moi quel est l'objet qui vous a tentée le plus? »

Je craignis d'être indiscrète, et je désignai un morceau de cotte de mailles.

Dix minutes après un soldat l'apportait, et le pacha me l'offrit très-gracieusement. Je le conservè religieusement, car il a peut-être recouvert la poitrine d'un de nos ancêtres, et, avec l'aide de mon imagination, je me figure qu'il a appartenu à celui qui entre tous m'est le plus sympathique.

Le gouverneur fut aimable et empressé pour nous ; il nous fit servir de l'excellent café avec des cigarettes, et me présenta deux ravissantes petites filles, l'une âgée de six ans, l'autre de neuf. Après cela il me conduisit chez sa femme.

Nos heures étant comptées, nous voulûmes prendre congé de lui, mais il désira nous accompagner pour nous montrer l'ancien palais du grand maître, qui sert à présent de caserne. C'est une belle construction, avec une cour carrée au milieu. Comme c'était l'heure du dîner des soldats, le chef vint offrir au pacha, sur un plateau, du pilaff préparé avec des raisins, du mouton grillé et du pain noir; cela me parut propre et appétissant; sans façon je demandai à en goûter, et, m'asseyant par terre, je mangeai bravement. Le pacha fut enchanté de me voir faire honneur au dîner de sa troupe, mais les soldats en furent plus charmés encore. Ils se groupèrent autour de moi d'un air joyeux. Mon mouton et mon pilaff mangés, je me levai et leur dis en turc :

« *Pek-ïei pilaff* (riz très-bon). »

A quoi ils me répondirent par une phrase dont la traduction est :

« Que Dieu et son prophète te récompensent de l'honneur que tu nous as fait. »

Cette caserne est tenue avec soin et propreté; la lingerie a surtout attiré mon attention.

Le pacha nous mena ensuite dans le quartier des juifs, qui est, ô miracle! d'une parfaite propreté... Mais ne voulant pas abuser plus longtemps de sa complaisance, nous prîmes congé de lui en le remerciant franchement de son aimable hospitalité.

En attendant, un vent très-fort s'était élevé, et, lorsque nous consultâmes nos montres, nous nous aperçûmes qu'il ne nous restait plus qu'un quart d'heure pour rejoindre notre bateau, car il était cinq heures moins le quart, et le commandant nous avait annoncé qu'il lèverait l'ancre à cinq heures précises. Nous allions donc nous rendre à bord lorsqu'un grand monument moyen âge attira notre attention; l'agent russe nous apprit que c'était l'ancien tribunal des chevaliers.

« Il y a là une salle très-belle, nous dit-il, et l'on y voit des bas-reliefs sculptés, très-bien conservés.

— Entrons! m'écriai-je.

— Oh! c'est impossible, nous dit l'agent, on ne peut entrer sans permission, et le gouverneur vient de nous quitter.

— Bah! nous nous en passerons. »

Et je m'élançai vers la porte, étant sûr que mes compagnons me suivraient; mais les deux factionnaires croisèrent la baïonnette devant nous. Ces messieurs voulurent parlementer, mais rien n'y fit; à tous leurs raisonnements, à l'offre même d'argent, ils répondaient invariablement : « *Yok* (non). » Ce que voyant, je pris mon air le plus aimable, et, prenant doucement leurs baïonnettes, je les écartai en leur disant :

« *Uzéré adamlar yok, lakim qary evet.* Ce qui veut dire : Pour les hommes, c'est non, mais pour les femmes, c'est oui. »

Ils se mirent à rire et me laissèrent passer, mais moi seule, sans mon escorte.

Certes, des factionnaires français auraient été moins aimables, et qui sait si, pour suivre leur consigne, ils ne m'auraient pas tout simplement passé la baïonnette au travers du corps?

En sortant du palais de justice, qui a en effet de très-belles sculptures et en parfait état, nous nous rappelâmes que nous avions à voir encore les murs d'enceinte. On nous offrit des ânes, que nous acceptâmes en nous disant :

« Allons, ce bon commandant nous attendra... »

L'agent nous fit observer que le temps devenait bien mauvais, et qu'il se pourrait que le commandant fût forcé de lever l'ancre... Mais on lui répondit en chœur :

« Allons donc!... sans nous il ne partira pas...»

Et nous voilà trottant sur nos petites montures vers ce mur d'enceinte dont nous voulions avoir le cœur net. La course est longue, et il nous fallut une demi-heure pour arriver auprès d'une espèce de petite tourelle surmontée d'une terrasse.

« On doit avoir une vue superbe de là-haut, dis-je, mais l'escalier est bien délabré.

— Je vais l'essayer, » me répond sur-le-champ Nicolaiewitch, un de mes compagnons; et, aussitôt fait que dit, il se lance sur l'escalier. Les pierres roulaient après lui, et des marches entières, mais il arriva jusque sur la terrasse, et là il resta le visage tourné vers la mer, immobile, paraissant fixer un objet qui attirait toute son attention; puis il poussa un cri d'effroi :

« Qu'est-ce, qu'est-ce donc? m'écriai-je la première. Est-ce un spectre de chevalier que vous voyez, un dauphin ou une baleine dansant sur les flots?

— C'est pire que tout cela, nous dit-il d'un air consterné, c'est notre bateau qui s'éloigne à toute vapeur.

— Sans nous!... c'est impossible, invraisemblable!... Un commandant aussi aimable ne peut nous abandonner comme cela. »

Et nous voilà escaladant la tourelle pour nous convaincre par nous-mêmes de la vérité.

Hélas! ce coquin de bateau filait réellement avec une vitesse désespérante. Sa machine lançait d'immenses nuages de fumée. La mer étant devenue très-forte, *le Grand-Duc* bondissait d'une vague à l'autre.

Pas de doute possible, le traître partait sans nous...; plusieurs milles le séparaient déjà du rivage; bientôt même, comme un point noir, il allait disparaître à l'horizon!

Nous étions là à le considérer bêtement, avec une mine tant soit peu déconcertée, puis tout d'un coup, sortant de notre torpeur, nous nous écriâmes en chœur :

« Mais c'est affreux, c'est épouvantable! Qu'allons-nous devenir sur cette île?... Moi qui suis attendu à Beyrouth! disait l'un.—Et mes effets! » s'écriait l'autre...

Notre situation me parut si bizarre que je fus prise d'un fou rire. Mes compagnons me regardèrent d'abord de travers, comme pour me dire que j'étais la grande coupable... Ensuite ils se mirent à rire comme moi. L'agent nous expliqua alors qu'on ne pouvait être en sûreté que dans le petit port de Rhodes, mais que les bateaux du calibre du nôtre ne pouvaient y mouiller, ce que du reste nous avions pu voir par nous-mêmes, *le Grand-duc Constantin* avait donc dû rester en dehors du petit port. Or, la mer devenant mauvaise, le commandant ne pouvait courir le risque de se briser contre les écueils de la jetée.

« Mais, lui dis-je, il aurait dû au moins nous faire prévenir.

— Il l'aura fait sans aucun doute. Et, tenez, voilà des matelots turcs qui viennent vers nous, je suis sûr que c'est lui qui nous les envoie. »

En effet, deux hommes essoufflés arrivèrent jusqu'à nous, en nous disant qu'ils nous cherchaient depuis plus d'une heure, pour nous engager, de la part du commandant, à revenir au plus vite à bord, car le mauvais temps le forçait de partir immédiatement.

Hélas! l'avertissement nous venait trop tard.

Nous rentrâmes à Rhodes avec un air penaud, mais notre position aurait été bien plus désagréable si nous n'avions pas eu la précaution de garder notre argent sur nous.

Pas plutôt en ville, nous vîmes accourir à notre rencontre le commis de l'agence russe, qui me remit une lettre.

Elle était du commandant. Il m'expliquait que,

voyant le gros temps arriver, il avait chargé deux matelots d'aller nous prier de venir nous embarquer au plus vite, mais que, ces hommes ne revenant pas, et nous non plus, il était forcé de s'éloigner pour ne pas exposer son bâtiment à un danger réel.

Il ajoutait encore :

« Ce qui me décide à ne pas vous attendre plus longtemps, c'est que, fussiez-vous même dans le port à l'heure qu'il est, il vous serait impossible de me rejoindre, car votre petite embarcation se briserait contre les écueils du port et ne pourrait accoster le bateau. — Le sort en est donc jeté, il faut, à mon grand regret, que je vous abandonne. Ce qui me console, c'est que l'île où je vous laisse n'est pas une île déserte ! Je ne puis même débarquer vos effets. Excusez-moi, et n'accusez que l'onde perfide de cette contrariété. - Notre agent mettra des places jusqu'à Jaffa à votre disposition... Je laisse vos caisses à Alexandrette ; en passant vous les prendrez... »

Plus loin la lettre devenait illisible, on voyait que la traîtresse de mer faisait déjà des siennes. Le commis de l'agent nous dit que le commandant avait jeté cette lettre dans un petit bateau qui avait eu beaucoup de peine à aborder au rivage.

Je communiquai cette lettre à mes compagnons d'infortune. Le commandant était évidemment dans son droit et tout le tort était de notre côté, mais il n'en était pas moins vrai que nous étions prisonniers sur l'île de Rhodes pour quinze jours au moins, et privés de nos caisses pour tout ce temps-là.

C'était triste, mais il n'y avait qu'un parti à prendre, celui de nous résigner.

Quel fut notre sort sur cette île enchantée? qui nous a offert l'hospitalité? quelles furent nos excursions? qu'est-ce que le tombeau de la sainte *Saouda?* le chasseur *Nalli?* la vallée enchantée? le plus fidèle des amoureux? le lecteur le saura une autre fois, car le récit de nos aventures pourrait remplir plus de cent pages, et je m'aperçois que je n'ai parlé encore ni du Liban, ni de Beyrouth, ni de Jaffa, ni de la ville sainte, sans compter les Bédouins et les Turkomans!

Et puis, que dirait M. Dentu si je lui annonçais qu'il me faut deux volumes? « Mauvaise affaire pour la vente! » telle serait sa réponse, et il n'en démordrait pas. Je me décide donc à laisser pour un petit volume à part, intitulé *Quinze jours à Rhodes,* tout ce que j'ai recueilli de souvenirs pendant ces quinze jours, et je reprends mon récit au moment de mon départ.

Dès qu'on me signala le bateau russe, je m'empressai de me rendre à bord, désirant bien cette fois-ci ne pas le manquer. Vingt-quatre heures après nous étions en vue d'Alexandrette. Cette petite ville, qui n'est en réalité qu'une petite bourgade, un ramassis de mauvaises masures turques bâties sans ordre et sans symétrie, est située dans une petite plaine au bord de la mer; derrière elle s'élèvent des montagnes couvertes de petits arbres rabougris.

Le commandant me conseilla de ne pas aller à terre, car, me dit-il, ce pays est malsain, empesté par des fièvres pernicieuses.

Je ne tins aucun compte de cet avis, et je pris une barque qui me conduisit sur la petite jetée qui forme le port.

Si de loin Alexandrette a un aspect misérable, de près c'est encore pire : on voit dans les rues des amas de saletés, des mares d'eau qui exhalent une odeur nauséabonde, et qui me firent comprendre pourquoi les malheureux habitants sont décimés par les fièvres.

Certes, il leur serait facile de faire disparaître cette cause d'infection et de mort ; mais l'indolence orientale est si forte qu'ils préfèrent ne pas avoir la peine de nettoyer leurs rues, et subir leur sort tranquillement... Ils disent : « Dieu est grand, il veut que nous mourions! » et ils tremblent la fièvre sans murmurer.

J'aperçus sur le port un sale petit bouge représentant un café. J'aime beaucoup le café arabe, et je voulus en prendre une tasse. La salle était encombrée de pauvres déguenillés, accroupis par terre et fumant gravement leur narguillé. Je n'eus pas le courage de m'installer à côté d'eux, et comme l'établissement ne possédait pas une seule chaise, j'étendis mon plaid sur une table en bois qui était devant le café et je m'y assis en attendant le café qu'on devait me servir. Pendant ce temps je m'amusai à regarder défiler devant moi les habitants du pays, et je fis la remarque, qu'on fait souvent en Orient, que même les mendiants ont un air digne et grave qui ne manque pas de distinction. Dans leurs haillons en lambeaux, où brillent l'or et l'argent, on les prendrait pour des acteurs jouant avec talent le rôle d'une grandeur déchue.

La misère en Europe est le plus souvent hideuse, en Orient elle est poétique. La pauvreté chez nous est le plus souvent accompagnée de son cortége lugubre, que tout le monde connaît.

En Orient elle n'est que l'absence de la richesse.

Pendant que j'étais en train de faire ces réflexions, un Arabe s'arrêta devant moi, et me dit en bon français :

« Avec un peu d'imagination, madame, vous pouvez vous figurer que vous êtes assise devant un des cafés du boulevard des Italiens ! »

Celui qui m'interpellait ainsi était un grand et robuste gaillard dont le costume cependant annonçait une position modeste « Comment ! lui dis-je, tu connais donc Paris?

— Oh oui ! me répondit-il, et je voudrais bien y retourner. Un voyageur à qui j'ai servi de guide pendant un an dans le Liban m'y a conduit parce qu'il avait été content de moi. »

Toutes les fois que je rencontre, en Orient, un naturel du pays parlant ma langue, je m'empresse de le faire causer, et comme celui-ci me parut intelligent, je lui offris une tasse de café et le questionnai sur Alexandrette.

« Cette ville, me dit-il, n'a rien de curieux, il n'y a que ces hautes montagnes qui l'encadrent, qui sont très-giboyeuses, et si madame aime la chasse, elle y trouvera, entre autre gibier, des faisans.

— Comment! tu sais donc que les femmes françaises chassent quelquefois?

— Mais oui, puisque j'ai été en France. Mon maître, le comte X..., m'a emmené une fois de Paris à son château. Là il y avait une grande forêt où l'on faisait de belles chasses. J'y ai vu des dames qui certes se tenaient joliment bien à cheval, et ne manquaient jamais leur coup. Quand elles visaient, crac! le gibier tombait...

— Pourquoi n'es-tu pas resté en France, mon ami, puisque tu t'y trouvais bien?

— Ah! voilà, madame : j'avais laissé ici ma pauvre vieille mère, le cœur me saignait de penser qu'elle était restée toute seule, alors j'ai pris mon courage à deux mains et je suis revenu. La joie qu'elle a éprouvée en me revoyant m'a fait oublier un peu le chagrin que j'ai eu de quitter ce beau pays! »

Ce garçon me sembla intelligent, je vis qu'il avait de bons sentiments. Comme il me fallait un guide pour visiter le Liban, je pensai que je ne saurais mieux trouver ; je lui dis donc : « Tu connais sans doute le Liban?

— Oui certes, madame, car, voyez-vous, j'aime

les voyages; et toutes les fois que je trouve une occasion pour aller visiter un pays nouveau, je la saisis avec empressement.

— Eh bien, veux-tu me servir de guide pour le reste de mon voyage? Je voyage en Orient pour prendre des notes, tu m'indiqueras les endroits et les choses curieuses à voir.

— Oh! avec le plus grand plaisir! s'écria le pauvre diable; d'autant plus que je comprends ce que madame veut, faire un livre sur nous et notre pays. »

J'étais ravie de la perspicacité de mon Arabe.

« Eh bien, lui dis-je, commence ton métier en m'enseignant où je dois aller, et si je dois m'arrêter ici. »

Il réfléchit un instant, et puis me répondit :

« Non, il vaut mieux aller jusqu'à *Latakiè*. Là nous visiterons les *Ensériés*, qui habitent la province située entre *Abdalla* et *Latakiè*, et puisque madame cherche les choses drôles et curieuses, eh bien, elle en trouvera par là...; mais par exemple il faudra les habiller...

— Comment, les habiller?... Qu'entends-tu par là?...

— Ah! je ne vous dis que ça, madame comprendra que j'avais raison quand elle verra les mœurs, et surtout la religion de ces gens-là. »

Décidément cet Arabe à demi parisien a du bon, me dis-je en moi-même; c'est ma bonne chance qui me l'a fait rencontrer, profitons-en.

« Allons, mon ami, ne perdons pas de temps, le bateau repart dans une heure, seras-tu prêt pour t'embarquer avec moi?

— C'est plus de temps qu'il ne m'en faut, mes bagages ne sont pas lourds, ma maison est là, tout à côté, cela sera bien vite fait. Mais il faut avant tout que je montre à madame les papiers que m'a donnés le comte X..., pour lui prouver que je suis un bon et honnête garçon.

— C'est inutile, lui dis-je, je te crois sur parole.

— Ah mais non, me répondit-il, je tiens à vous les montrer, et puis à vous faire donner des renseignements sur mon compte par l'agent de la compagnie. »

Pour lui faire plaisir, et du reste n'ayant rien de mieux à faire, je le suivis à ce qu'il appelait pompeusement sa maison.

C'était une petite hutte en terre, de trois mètres carrés. Dans un coin je vis un petit tapis roulé : c'était son lit; un coffre en bois blanc peint en rouge servait d'armoire à linge. Un peu de braise à demi éteinte remplaçait la cheminée, et à côté de ce feu imperceptible se trouvait accroupie une vieille femme maigre, osseuse, avec des mains crochues, et une espèce de voile noir sur la figure, qui surveillait une cafetière où bouillait du café.

Je crus entrer dans l'antre d'une sorcière essayant d'évoquer les morts ou de deviner les secrets de la Providence.

La vieille se leva à mon approche ; elle baisa le pan de ma robe et, attirant vers moi le tapis, me fit signe de m'asseoir.

Son fils ouvrit le coffre, en sortit une grande enveloppe pliée religieusement dans un linge, et me la tendit. — C'était, en effet, un certificat du comte ***, très en règle. Mon noble compatriote assurait que Aly l'avait servi pendant dix-huit mois avec une rare intelligence et une probité sans égale. Aly me regardait lire ce papier avec un air joyeux, il semblait me dire : « Vous le voyez, j'avais raison. »

« Eh bien, Aly, lui dis-je, puisque tu t'appelles ainsi, le certificat est, en effet, excellent, et plus que jamais je t'emmène avec moi. Mais il reste entre nous une question à régler : Quelles sont tes conditions ?

— Oh! je m'en rapporte à madame; elle me donnera ce qu'elle voudra. »

Rien ne m'épouvante autant que cette phrase, j'en ai fait souvent la triste expérience. Quand on vous dit : « Donnez-moi ce que vous voudrez ! » cela veut dire : « Payez-moi très-cher. »

« Non, lui dis-je, j'aime mieux convenir d'un prix d'avance. Seulement je te préviens (puisque tu as deviné que j'étais auteur) que les auteurs sont souvent plus riches en esprit qu'en pièces d'or.

— Eh bien, répliqua Aly, je vous avouerai avec la même franchise que je ne tiens pas à l'argent, et que n'importe ce que vous voudrez bien me donner me fera plaisir.

« La vérité est que je m'ennuie ici. Pour avoir de quoi vivre et nourrir ma mère, je charge et je décharge les marchandises dans le port. — Pour peu que madame me donne, ce sera toujours plus que je ne gagne à ce métier ; je ne puis donc faire le difficile. Du reste, rien que de rendre service à une Française me fera bien plaisir, car j'adore la France.

— Allons, c'est convenu, lui dis-je ; viens, et je vois que nous nous entendrons. » Il prit son paquet et se disposa à me suivre. Mais en s'approchant de sa mère pour l'embrasser, il resta là à me regarder, ouvrant la bouche et ne pouvant parler. Je compris sa pensée et lui tendis la main.

« C'est bien, lui dis-je, tu es un brave garçon, tu réfléchis que ta vieille mère va rester sans ressources pendant ton absence.

— Oui, c'est cela, madame ; mais je n'osais vous le dire, ça me serrait le cœur pourtant. »

Je sortis ma bourse, et, donnant quatre louis à la vieille femme, je lui dis en turc :

« Ton fils reviendra dans un mois ou deux : as-tu assez de cela pour vivre jusqu'à son retour?

— Que Dieu et Mahomet te bénissent, me dit-elle, cet or me fera vivre plus d'une année. »

Rassuré sur le sort de sa mère, Aly me suivit tout joyeux, et je m'embarquai avec lui. Déjà à bord du bateau il me rendit mille petits services.
— Ainsi, il avait emporté une cafetière, un moulin à café, et toute la journée il me faisait du café turc.

Latakiè, l'antique *Laodicée*, est bâtie sur une langue de terre qui s'avance à plus d'une demi-lieue dans la mer. Ses maisons peintes à la chaux, ses petits bouquets d'arbres les séparant les unes des autres, ses trois minarets s'élevant fièrement vers le ciel, font de loin un effet charmant.

Aly me dit : « Ne vous occupez de rien, montrez-moi vos bagages et laissez-moi traiter avec les bateliers. » — C'est ce que je fis, et je vis avec plaisir que maître Aly prenait mes intérêts, car il débattit très-bien le prix avec eux, et quand une fois payés ils me demandèrent encore un *backchich*, Aly leur donna quelques robustes coups de poing en guise de bonne main.

La ville de *Latakiè* n'offre rien de curieux à voir : les beaux vignobles qui étaient jadis la richesse de ce pays sont remplacés aujourd'hui par des plantations de tabac ; le *djébéli* de Latakiè est connu du monde entier.

En fait d'antiquités, cependant, il existe encore, à l'angle sud-est de la ville, un reste d'arc de triomphe sur lequel on voit un trophée assez bien conservé, composé de casques, de javelots et de boucliers, le tout d'un travail et d'une finesse extraordinaires. — Beaucoup de colonnes sont encore debout ; seulement, avec ce goût artistique qui caractérise les sectateurs de Mahomet, les musulmans ont eu l'idée ingénieuse de remplir de maçonnerie les intervalles laissés entre les colonnes, et ils y ont fait des espèces de niches !

En fait d'hôtels pour les voyageurs, il n'en existe pas à Latakiè. Aly me conduisit chez l'agha, beau vieillard à barbe blanche, qui me confia à sa femme, chez laquelle je devais loger. Pour lit, la bonne femme m'offrit ce qu'elle avait de mieux, un tapis par terre, mais dans une chambre qui avait, il est vrai, l'immense avantage de donner sur la mer.

Ce lit me parut un peu dur, et je fus sur pied de grand matin. Je fis demander Aly. « J'espère, lui dis-je, que nous n'allons pas rester longtemps ici. Hier tu m'as montré *Latakiè* et ses curiosités : où irons-nous aujourd'hui ? »

Mon Arabe était réellement un garçon inappréciable, car il m'annonça qu'il avait commandé trois chevaux avec un guide, et que dans une heure nous pourrions partir.

J'étais curieuse de savoir où il voulait me mener.

« Nous allons, me dit-il, suivre une vallée qui nous conduira à *Behlouliyeh* et jusqu'au bord du *Nahr-el-Kébir* (grand ruisseau) ; puis de là nous continuerons jusqu'à Alep. »

Le nom d'Alep me fit faire la grimace ; je songeai au fameux bouton d'Alep et lui dis : « Sais-tu, mon ami, que j'aimerais mieux aller ailleurs qu'à Alep.

— Et pourquoi cela, madame ?

— Pour mille raisons, dont la principale est le bouton d'Alep.

— Oh! que madame ne se préoccupe pas de ce bouton ; il n'est pas dangereux, et, du reste, on peut s'en préserver.

— Comment cela? J'ai entendu dire, au contraire, que personne n'échappait à ce mal.

— C'est que tous les habitants d'Alep, ainsi que les voyageurs qui y vont, ont l'imprudence de boire de l'eau du pays, et c'est l'eau qui donne ce bouton. — Mais nous, nous ferons une provision d'eau à *Nahr-el-Kébir*, et nous ne boirons pas de celle d'Alep : c'est bien simple. »

Tout cela me paraissait moins simple qu'à Aly, mais comme je l'avais choisi pour guide et que de quinze jours aucun bateau ne devait plus toucher à *Latakié*, autant valait passer mon temps en excursions que de rester à m'ennuyer et à coucher sur un mauvais lit.

« Va pour Alep, dis-je à Aly ; seulement, pense bien à emporter tout ce qu'il faut pour ce voyage. Voici l'argent pour acheter les provisions. »

Aly me demanda, d'un air très-naturel, combien j'avais d'argent, quels bijoux je voulais prendre avec moi. Cette question me parut singulière ; pourtant je lui tendis ma bourse, mon portefeuille et le petit sac où j'avais placé les quelques bijoux que je possédais.

Il compta le tout avec soin, puis il me dit, toujours d'un air très-naturel :

« Il faut que madame me confie tout cela, car autrement je n'en réponds pas. »

Connaissant déjà le caractère arabe par mes longs voyages en Égypte, j'eus confiance et me laissai dévaliser par mon domestique, ne gardant pas une seule piastre sur moi.

Il prit toute ma petite fortune, la plaça avec soin dans une ceinture qu'il portait autour du corps, tailla un petit roseau, sortit un encrier avec un chiffon de papier de sa ceinture et se mit à écrire quelque chose. Au bout de quelques minutes il me tendit le papier.

« Qu'est-ce que ce grimoire? lui dis-je.

— C'est un écrit par lequel je reconnais que vous vous êtes confiée à moi pour faire une excursion, que vous m'avez remis une somme de.... et tels et tels bijoux. — Vous allez donner cela à votre agent français, qui gardera ce papier; et s'il vous arrivait malheur, si je vous volais ou vous laissais voler, la police me ferait rechercher et pendre.

— C'est inutile, Aly, je te crois sur parole.

—Madame est bien bonne, et je l'en remercie, mais c'est égal, il faut être en règle. Je crois être, en effet, le guide le plus honnête de la Syrie et de la Palestine; bien sûr, et je le jure sur le Prophète, je me ferais plutôt tuer dix fois que de laisser tomber un cheveu de la tête des gens qui se confient à moi, et il faudrait que je fusse mort pour qu'on pût m'enlever l'argent qu'ils m'ont confié.

— Néanmoins, la police elle-même m'en voudrait si je ne faisais pas déposer ce papier chez l'agent du voyageur que je conduis, car cette police me rend responsable de tout ce qui peut vous arriver.

— Si l'on vous tuait, je serais pendu pour n'avoir pas su vous défendre ; si vous êtes blessée, j'aurai cinq cents coups de bâton, et enfin, si je vous volais, la police vous rendrait la valeur, se réservant d'agir contre moi. Je prie donc madame de porter ce papier à son agent, de le faire traduire devant elle et de le signer après. »

Je me rendis au désir d'Aly. Mon agent me confirma la vérité de tout ce qu'il venait de me dire et m'assura le connaître parfaitement. Souvent déjà il avait accompagné des voyageurs, et tous s'étaient loués de sa probité et de son intelligence.

Je quittai *Latakiè* rassurée sur le bon choix

du guide que j'avais pris, et bien décidée à suivre ses conseils en tout.

Aly avait installé mes malles sur un cheval, l'autre devait être monté tantôt par lui et tantôt par le conducteur. Enfin, le troisième, un charmant petit pur sang arabe, à la robe noire et luisante, ayant les quatre pieds blancs et les deux oreilles blanches, un cheval non-seulement joli mais doux et aux pieds sûrs, m'était tombé en partage. Nous nous engageâmes dans une vallée au milieu de laquelle coule la petite rivière de *Nahr-el-Kébir*. Figurez-vous un ruisseau large, peu profond, dont l'eau est légèrement bleue, qui coule entouré de fleurs, de figuiers sauvages et de plantes agrestes ; une vallée verte et riante, où les pins, les mûriers blancs et les platanes se trouvent à profusion ; — avec cela un ciel magnifique, un soleil brillant, une atmosphère d'une limpidité étonnante, figurez-vous tout cela, et vous comprendrez ma joie et ma satisfaction d'avoir suivi les conseils d'Aly, et surtout d'avoir abandonné le sale pavé de Constantinople.

Au bout de quatre heures de marche nous sortions de la vallée, prenant à gauche dans la direction d'un petit village. Aly m'expliqua que c'était le premier village appartenant à la tribu des *En-*

sériès. Tout en cheminant au petit pas de nos montures, je me mis à causer avec mon guide et le questionnai à ce sujet. Voici ce qu'il me dit, et je pus me convaincre plus tard qu'il m'avait exactement informée :

« Les *Ensériès* habitent toute cette contrée montagneuse que nous voyons devant nous ; ils sont à peu près cent mille. On les appelle *ensériès* ou *Nasariens*. Ils sont sujets de la Sublime Porte. D'un caractère doux et inoffensif, ils payent très-régulièrement leurs impôts, ce qui n'empêche pas que tant en Syrie qu'à Constantinople ils sont peu aimés ; les Turcs ont surtout un profond mépris pour eux. Mais comme ils ne donnent aucun ennui au gouvernement, on les laisse tranquilles.

— Selon toi, demandai-je à Aly, en quoi ces Ensériès, doux, inoffensifs, soumis et bons sujets du sultan méritent-ils ce mépris dont on les gratifie ?

— C'est à cause de leur religion, madame.

— Ils ne sont donc pas musulmans ?

— Non. Du reste, tous ne professent pas le même culte, et la plus grande partie pratique une religion qui n'en est pas une. C'est parmi ceux-là surtout que madame fera des études curieuses.

— Ah vraiment ! Mais quel est le moyen, à ton

avis, d'arriver à obtenir des renseignements exacts sur ces gens-là?

— Le meilleur moyen, le seul même qui soit praticable, c'est de visiter leur pays. Seulement, comme nous n'y trouverons pas d'hôtels, nous demanderons l'hospitalité aux cheiks, qui sont des hommes instruits, et qui nous mettront au courant de tout. Les *Ensériès* sont bons et hospitaliers, ils nous recevront bien ; quant à les faire causer, cela vous regarde, madame, car je vous avouerai que ceux surtout qu'on nomme les *Nasariens* aiment peu à confier aux étrangers les secrets de leur religion. »

Je suivis de point en point le conseil de mon guide, et je parcourus toute la contrée montagneuse qu'habitent les *Ensériès*, logeant chez les cheiks, et toujours parfaitement accueillie par les habitants.

Ces gens-là rappellent, par leurs mœurs et leur façon de recevoir l'étranger qui frappe à leur porte, les patriarches dont nous parle la Bible. Dès que vous avez mis le pied dans leur demeure, ils vous disent avec cordialité : « Ma maison vous appartient, ainsi que tout ce qu'elle renferme. » Et ce n'est pas une simple formule de politesse ; on voit la joie qu'ils éprouvent à vous être agréables, et cela vous met à votre aise sur-le-champ.

Chaque tribu, chaque village, chaque bourgade a son cheik ; il est nommé à l'unanimité, et le choix se porte d'ordinaire sur le plus vieux et le plus honorable. Le cheik remplit les fonctions de juge de paix et d'arbitre dans tous les différends ; ses jugements sont acceptés avec la plus grande soumission, et on lui témoigne la plus respectueuse déférence. Un étranger qui arrive dans le pays doit toujours commencer par présenter ses salutations au cheik, et ce dernier se fait un plaisir de le loger et de lui être utile et agréable.

C'est ainsi que je parvins à captiver la confiance de plusieurs de ces cheiks, et c'est grâce à cela que je suis arrivée à obtenir des renseignements très-exacts sur la religion des *Ensériès* et leurs mœurs. Sous le rapport de la religion, on peut les diviser en trois catégories :

La première est formée des sectateurs de *Nassr*, le Calvin de la religion musulmane. *Nassr* était une espèce de fou, assurent les uns, un aventurier et un ambitieux, affirment les autres.

Ses adeptes disent que ce fut un saint inspiré. Cet homme vivait au IXe siècle ; il appartenait à la tribu des *Nasariens*. D'un esprit contemplatif, d'un caractère sauvage, il vivait retiré dans une espèce de masure bâtie dans la vallée, au bord du *Nahr-el-Kébir*, se contentant des produits d'un troupeau de buffles, de moutons et de chameaux, qu'il conduisait lui-même dans les pâturages et qu'il soignait de ses propres mains. Il avait parmi les siens la réputation d'un homme de bien et d'un homme aimé de Dieu ; il était bon et serviable, et souvent on le voyait, la face tournée vers le levant, prier Dieu des heures entières. Un jour il disparut, sans qu'on pût retrouver ses traces. On se perdait en conjectures sur cette mystérieuse disparition, lorsque, quinze jours après, il reparut soudain, le visage illuminé, la parole inspirée. On le questionna. Alors il rassembla autour de lui le plus de monde qu'il put, et se mit à raconter que, se trouvant un jour en prière, il se sentit enlevé vers le ciel par une force surnaturelle, et que là, ébloui par une lueur extraordinaire, il n'avait pu voir le paradis, mais qu'au milieu d'une nuée blanchâtre il avait entrevu Dieu, et Mahomet couché à ses pieds. Alors Mahomet, l'apercevant, lui avait dit : « Prends bien note des paroles que je vais prononcer, et lorsque tu seras redescendu sur la terre, tu les répéteras à tes coreligionnaires.

Rappelle-toi seulement que si tu ne réussis pas à convaincre sept mille hommes, au moment de ta mort les portes du paradis te seront fermées par mon ordre. »

Alors le Prophète lui indiqua plusieurs passages du Coran qui avaient été mal interprétés et dénaturés par ses sectateurs. *Nassr* jurait qu'il était resté au ciel pendant tout le temps de sa disparition, et qu'il n'avait fait qu'écrire sous la dictée du Prophète les points qu'il fallait changer dans le Coran. Il raconta cette fable d'une voix inspirée, accompagnant son récit d'une foule de détails imagés et colorés, sur les merveilles du ciel, et finit par montrer les pages qu'il avait écrites dans le séjour des élus.

Ses auditeurs l'écoutèrent d'une oreille attentive. Quelques-uns se dirent : « C'est un fou ou un ambitieux, » et ils s'éloignèrent de lui ; le plus grand nombre fut convaincu : « *Nassr* a été toujours un saint homme aimé de Dieu, se disaient ces braves gens : qu'y a-t-il d'étonnant que Dieu l'ait choisi pour son prophète ? » Et ils adoptèrent les changements.

Du reste, ce qui est merveilleux séduit toujours les Arabes, qui ont l'imagination ardente et portée au surnaturel ; la fable débitée par *Nassr* d'un air inspiré et avec une gravité parfaite trouva donc créance parmi beaucoup de ses compatriotes. *Nassr* a dû entrer au ciel après sa mort, car il eut certainement dix ou douze mille adeptes. Aujourd'hui, si le nombre n'en est pas accru, c'est par la simple raison que les musulmans, tolérants de leur nature, et persuadés que tout honnête homme, quelle que soit sa religion, peut aller au ciel, n'ont pas jugé à propos de persécuter *Nassr* et ses sectateurs.

La seconde catégorie se compose de ceux qui croient à l'existence d'un Dieu, principe moteur et créateur de toutes choses, qui est immortel par lui-même, et a donné aussi aux hommes une âme immortelle. Cette âme doit un jour aller dans un autre monde, rejoindre Dieu au ciel, mais il faut auparavant qu'elle reste mille ans sur la terre, passant d'un corps dans un autre sans distinguer l'homme de la bête.

Selon eux, tous les animaux de la création, depuis le ver de terre et le serpent jusqu'au chameau et à l'éléphant, appartiennent à la même famille que nous; l'âme est condamnée à prendre diverses enveloppes terrestres et à subir maintes transformations pour expier ses fautes. Rien n'est amusant comme les raisonnements que font les

Ensériès qui sont partisans de cette espèce de métempsycose.

Un vieux cheik, très-instruit du reste, parlant le turc et pas trop mal le français, me fit sur cette théorie, qu'il approuvait du reste, des récits charmants.

Nous étions assis sur des tapis devant sa porte, ses enfants jouaient autour de nous, sa femme les surveillait ; je voyais passer devant moi des chevaux et des chameaux que leurs propriétaires conduisaient à une citerne voisine pour les abreuver. Mais j'écoutais le cheik attentivement afin de lui inspirer confiance.

Je traduis notre conversation mot à mot.

« Vous savez, madame, comment Dieu a créé les premiers hommes?

— Oui, je le sais, d'après ce que nous enseigne notre catéchisme.

— Si vous ne savez que ça, vous ne savez rien.

— C'est possible, mais je ne demande qu'à m'instruire, parlez.

— Dieu, qui a existé de tout temps, avait peuplé son monde, son ciel, si vous aimez mieux, de créatures destinées à le servir. Ces créatures, qu'on appelle des anges ordinairement, n'en étaient pas, puisqu'elles n'avaient pas de corps. Elles se révoltèrent un jour contre leur maître, contre Dieu. Celui-ci, moins pour se venger (car son cœur est miséricordieux) que pour les rendre dignes de son pardon, créa la terre, ou plutôt l'univers entier tel que nous le connaissons. Puis il logea dans un corps organique l'âme de tous les mauvais anges, et c'est ainsi que fut créé le genre humain. L'univers fut livré à l'homme et à la femme. Dieu leur dit : « Vous avez le choix entre le bien et le « mal; allez, vivez comme vous l'entendrez, mais « l'heure viendra où je romprai la prison de votre « âme; alors ceux qui par leur conduite ici-bas au-« ront mérité mon pardon reviendront vers moi ; « ceux, au contraire, qui auront encouru ma disgrâce « seront forcés de subir de nouvelles incarnations. » Les anges, devenus hommes, se laissèrent aller aux penchants de leur nature. Il y en eut de bons qui, à l'heure fixée par Dieu, retournèrent au ciel; d'autres, ni bons ni mauvais, subirent de nouvelles incarnations; d'autres enfin, pervers endurcis et d'une méchanceté incorrigible, furent changés en serpents, en reptiles, en bœufs, en moutons, en chiens, etc., etc. »

Sur ces incarnations successives, le bon cheik me raconta mille légendes très-amusantes.

« Un homme, me dit-il, qui s'était montré

traître et perfide, ennemi de ses semblables, entra après sa mort dans la peau d'un serpent. — Un autre, qui abusait de sa force et battait ceux qu'il savait être plus faibles, fut changé en taureau. — Un autre enfin, qui trouvait un grand plaisir à calomnier ses semblables et à en médire, et cela avec d'autant plus de malice que sa figure douce et candide ne laissait pas soupçonner la noirceur de son âme, fut le plus attrapé de tous : le Créateur suprême lui dit : « Je vais te donner un corps
« repoussant et hideux ; de ta bouche difforme
« sortira toujours une bave malsaine, et on ne
« pourra plus se tromper sur ton compte ! » — Et il en fit un crapaud... »

C'est ainsi, toujours suivant le cheik, que l'univers fut peuplé de créatures de toutes sortes, mais ayant toujours une âme de la même essence que la nôtre. Ces âmes se promènent mille ans sur la terre, à l'exception de celles qui atteignent avant le temps le degré de perfection que Dieu leur demande.

« Alors, dis-je au cheik, c'est parce que vous croyez que tous les animaux sont nos égaux et possèdent comme nous une âme immortelle, que vous ne tuez jamais aucune bête et que vous ne mangez jamais de leur chair ?

— Précisément, madame; car tuer un de ses semblables est un acte d'impiété impardonnable. »

Toute la tribu, qui appartient à cette religion, observe la même règle. — Un animal y est respecté à l'égal de l'homme, et ces braves gens ne vivent que de légumes, d'herbages et de fruits. — Ne croyez pas qu'ils s'en portent plus mal pour cela; non, ils sont très-robustes, atteignent un âge avancé, et ne connaissent aucun de ces maux auxquels nous sommes si sujets.

Un chameau passait à cet instant devant nous, chargé de lourds paquets et portant en plus cinq personnes sur son dos.

« Tenez, me dit le cheik, voyez cette pauvre bête ainsi chargée, eh bien, elle doit avoir une âme mauvaise, fière, hautaine et lente à rendre service, sans cela serait-elle soumise à un aussi triste sort?

— Et vous croyez, lui dis-je, qu'après cette dure expiation elle ira au ciel?

— Non, elle subira encore une quantité d'autres incarnations.

— Mais, savez-vous que rester mille ans sur la terre est un peu long?

— Cela dépend. Tenez, madame, me dit le cheik d'un air mystérieux et se rapprochant de moi, la meilleure preuve que nous sommes dans le vrai et que notre croyance est la seule logique, c'est que je me souviens très-bien de plusieurs de mes incarnations antérieures. Je ne vous raconterai que l'une d'elles, car elle vous intéresse.

— Elle m'intéresse, moi? m'écriai-je tout intriguée, et je fus tout oreilles.

— Quand vous vous êtes présentée ici, dans mon village, et que vous m'avez fait demander par votre guide, une voix secrète m'a dit : « C'est une ancienne connaissance à vous qui arrive! » Je suis venu vous voir tout ému, vous avez dû vous en apercevoir. Je vous regardais attentivement; je cherchais à rappeler mes souvenirs, et je vous jure que je vous ai reconnue.

— Ah bah! ce n'est pas possible! nous nous serions donc connus dans de précédentes incarnations?

— Précisément, madame, me répondit le cheik d'un air grave et convaincu.

— Contez-moi donc cela, m'écriai-je, je suis très-curieuse de savoir ce que j'étais avant d'être ce que je suis. »

Il se recueillit un instant et commença à parler d'une voix lente et persuasive :

« Essayez, vous aussi, de rappeler vos souvenirs, et vous verrez que les miens sont exacts.

« Tamerlan n'était rien encore qu'un aventurier ; vous étiez la fille d'un riche Scythe, et vous vous appeliez *Nalita*. - Tamerlan vous vit et vous demanda en mariage. — Votre père le reçut fort mal, lui disant que sa fille n'était pas destinée à devenir la femme d'un vilain boiteux et borgne comme lui. Alors il dit à votre père : « J'aime
« *Nalita*, et s'il faut être roi pour l'avoir pour
« épouse, eh bien, je me ferai roi ! » Votre père se mit à rire et répondit : « Je te promets que si tu
« reviens chez moi le front ceint d'une couronne,
« je t'accorderai la main de ma fille ! » Six mois après Tamerlan fut acclamé empereur des Scythes et vous l'épousiez... Vous en souvenez-vous ?

— Hélas ! non, répondis-je, mais je suis très-flattée d'avoir su, dans ma vie antérieure, inspirer une passion aussi violente au fier Tamerlan, que j'ai toujours beaucoup admiré.

— Moi, reprit le cheik, j'étais Persan de naissance, et adonné à l'art de la peinture. Je fus le seul à ne pas applaudir à votre union, car je vous aimais aussi. Je m'éloignai de vous l'âme ulcérée et gardant rancune à mon heureux rival. — L'an d'après, mes compatriotes prirent les armes contre les Scythes et leur souverain. — Je me joignis à

eux, mais, hélas! nous fûmes vaincus et beaucoup des nôtres furent faits prisonniers. J'étais du nombre. — Déjà une vingtaine d'entre nous avaient été passés au fil de l'épée par l'ordre de Tamerlan et en sa présence, j'allais subir le même sort, lorsque tout à coup je vis sortir de la tente du souverain une femme voilée. C'était vous, madame, mon cœur vous avait devinée. Cette femme dit à Tamerlan, en se penchant vers lui affectueuse : « Mon doux seigneur et maître, ac-
« cordez-moi une grâce. Vous ignorez peut-être
« que, lorsque vos occupations vous retiennent
« loin de moi, mon cœur est en deuil de ne pas
« voir votre chère image. L'homme que vous allez
« faire tuer a le talent de fixer sur la toile la
« figure des gens avec une ressemblance parfaite.
« Ordonnez-lui de faire votre portrait, et vous le
« tuerez après si tel est votre bon plaisir. » Tamerlan, touché de cette proposition qui lui prouvait votre affection pour lui, vous répondit qu'il n'avait rien à vous refuser, et me demanda si réellement j'étais capable de faire ce que vous disiez. J'acceptai l'épreuve avec empressement en vous bénissant au fond de mon cœur, car je comprenais que vous aviez voulu sauver d'une mort certaine l'ancien ami de votre père. Dès le lendemain mon

illustre modèle vint poser pour son portrait. Sachant que le plus sûr moyen de plaire aux hommes est de les flatter et de sembler ne pas voir leurs défectuosités morales et physiques, je m'arrangeai en conséquence. Tamerlan était boiteux du côté droit et borgne du côté gauche; je le peignis dans l'attitude d'un homme prêt à décocher une flèche, ayant la jambe droite courbée et l'œil gauche fermé pour bien viser. Tamerlan fut enchanté du portrait et de la flatterie pleine de courtoisie. Il m'accorda la vie et me renvoya en Perse chargé de riches présents. — Voilà, madame, comment je vous ai dû la vie, et, quoiqu'il y ait fort longtemps que tout cela s'est passé, je m'en souviens encore.

— Je crois bien, lui dis-je en riant, qu'il y a fort longtemps, car, sauf erreur, Tamerlan vivait sous le règne du sultan Bajazet, qu'il mit en cage, l'an 1401, et si depuis quatre siècles nous sommes sur la terre, nous pouvons nous vanter de n'être pas jeunes tous les deux. »

Je compris, après ce récit, pourquoi le cheik avait montré tant de zèle et de dévouement à me servir. Comme je lui avais sauvé la vie, il me devait bien une cordiale hospitalité!

Vous avouerai-je ce qui m'arriva? Il est tellement vrai qu'à force de vivre avec les fous on devient fou soi-même, que je commençais à croire réellement que j'avais été cette *Nalita,* et il me semblait que je me souvenais même, vaguement, de la vie que j'avais menée sous la tente du fameux souverain des Scythes. — Je le voyais passant d'un air fier en face du pauvre peintre, qui souriait en lui-même de l'idée ingénieuse qu'il avait eue en dissimulant les deux infirmités de son modèle.

Certes, ces *Ensériès* ont une façon très-originale de comprendre et d'expliquer la métempsycose ; ils sont fous, mais leur folie est amusante, et tandis que le cheik me contait toutes ses différentes incarnations, je ne pouvais m'empêcher de penser que ces braves gens pouvaient bien être dans le vrai. Car enfin, me disais-je, le bon Dieu doit être souvent embarrassé des âmes qui lui arrivent !

Mme ***, par exemple, passe sa vie à faire des méchancetés ; elle ne peut parler sans lancer une horrible calomnie sur tous ceux qu'elle connaît ou qu'elle ne connaît pas ; faire du mal semble être le seul but de sa vie.

Eh bien, en l'incarnant après sa mort dans le corps d'une vipère, Dieu lui donnera la seule forme qui lui convienne : elle pourra mordre à son aise, bondir, pour mordre encore, et elle aura la joie de voir que ses victimes ne pourront jamais s'échapper de ses morsures envenimées!

M. X... s'amuse bêtement à répéter tout ce qu'il entend : où serait-il mieux placé que sur le perchoir d'une cage?...

Un autre, que je ne puis nommer, serait charmant en paon : il déploierait son plumage avec satisfaction et ne cesserait de dire : « Voyez comme je suis beau!... »

Z..., qui passe sa vie à troubler les ménages, porterait les cornes d'un bœuf en guise de punition.

Quel beau troupeau d'oies on ferait de bon nombre de sceptiques!

Les parasites et les sangsues seraient changés en fourmis.

Les infidèles passeraient dans le corps des chiens et seraient forcés à cette fidélité qui est dans leur nature même.

Les envieux deviendraient des chevaux de luxe, obligés de traîner partout, et malgré eux, les grands et les riches de la terre!

Mme X... ne ressemble-t-elle pas à une jolie petite chatte blanche, même avant de s'incarner en elle?

Non, les *Ensériès* ne sont pas tout à fait fous,

et il y a au fond de leurs doctrines un enseignement qui n'est pas à dédaigner.

Quant à la troisième catégorie, elle se compose de ceux qui, au dire d'Aly, pratiquent une religion qui n'en est pas une, et je me range de son avis. Ces sectaires, qui sont les plus nombreux et les plus riches, ont, en effet, un culte et des mœurs bizarres. — Pour arriver à surprendre les secrets de leur culte, dont ils font un mystère, il m'a fallu déployer beaucoup de patience et encore plus de diplomatie ; mais sans Aly j'aurais peut-être échoué. Ce garçon, aussi brave qu'intelligent, joua une petite comédie qui aurait pu lui coûter la vie. — Il se fit *Ensériè*, ou plutôt simula le désir d'embrasser leur religion. De mon côté, j'offris à leur grand cheik un superbe pistolet, et j'accompagnai ce cadeau d'un mensonge qui me réussit à merveille :

« Je veux, lui dis-je, écrire sur votre religion ; je veux prouver aux Européens qu'elle est la seule bonne et la seule logique. Mais comme je ne la connais qu'imparfaitement, ne pourriez-vous pas m'initier à vos mystères ? Je ne puis vous faire des adeptes si je ne suis pas moi-même renseignée. »

Malgré cela j'ai eu bien du mal avant de pouvoir me rendre compte de quelque chose ; et lorsque je compris, je fus tellement saisie d'épouvante que je regrettai presque d'en avoir trop appris sur ce sujet.

Cette religion ou plutôt cette absence de religion est un mélange de croyances et de pratiques païennes qu'on est vraiment étonné de retrouver au siècle où nous vivons.

Vous expliquer cela, chers lecteurs, est presque impossible. — Rien que de vous en parler est déjà bien difficile !

Essayons pourtant :

« Les *Ensériès* de cette catégorie ne sont ni musulmans, ni protestants, ni catholiques, ni juifs; on pourrait les appeler athées, car ils ne croient ni à Dieu ni au diable, mais c'est encore leur faire trop d'honneur. Ils sont tout simplement idolâtres, ils adorent une déesse, l'entourent de respect et la servent avec ardeur.

« Leur déesse n'est pas en marbre ou en métal précieux : c'est une femme de leur choix qu'ils élèvent à cette dignité de la manière suivante. Tous les trois ans, on réunit dans le grand temple (car ils ont des temples) les filles les plus belles, les plus chastes, celles qui pourraient poser pour la Vénus de Milo ou une autre Vénus quelconque, et là elles se montrent aux sectateurs de leur culte dépouillées des vains atours dont l'art et la pudeur se servent ordinairement. La plus belle sera proclamée déesse à l'unanimité des suffrages de ces députés, et reste déesse pendant trois ans. Elle peut être réélue si elle a conservé sa beauté...; mais si elle la perd avant ce délai ou si elle faillit aux lois qui lui sont imposées, elle est déchue de sa divinité. »

Jusque-là il est facile de s'expliquer. Mais quant à vous apprendre les mystères de ce culte, le rôle que joue la déesse et de quelle façon on lui rend hommage, j'y renonce. Ceux qui seront curieux de connaître ces détails, qui rappellent les rites de Cérès, n'ont qu'à prendre à Marseille le bateau à vapeur pour Latakièh, s'enfoncer dans la vallée du *Nahr-el-Kébir* et pénétrer jusque chez les *Enseriès* idolâtres, et ils verront, ils sauront, s'ils sont adroits et patients.

Je me bornerai à citer dans Hérodote le passage suivant :

« On voit à *Saïs* des sépultures dont je ne puis sans impiété dire les noms. Elles sont dans l'enclos de Minerve, derrière le temple, et touchent au mur extérieur. L'enclos renferme aussi des obélisques de pierre, et tout auprès est un lac rond, entouré d'une bordure de pierre ; il est grand, à ce qu'il me semble, comme ce qu'on appelle le lac circulaire.

« Sur ce lac, pendant la nuit, les Égyptiens font les représentations mimiques de faits réels auxquels ils donnent le nom de *Mystères*. Quoique je les connaisse, et de plus tout ce qui s'y rattache, que cela repose en un silence religieux, ainsi que les rites de Cérès appelés *Thesmophories* par les Grecs. Je ne dirai que ce que l'on peut dire en toute sainteté. Les filles de *Danaüs* sont celles qui ont apporté d'Égypte ces rites et les ont enseignés aux femmes des Pélages. »

Eh bien, probablement une de ces filles de *Danaüs* aura abordé sur la côte des *Ensériès*, et là elle aura enseigné aussi aux femmes de cette contrée les scènes mimiques de l'ancien lac de l'enclos de Minerve. Celles-ci, trouvant ces fêtes de leur goût, auront persuadé aux hommes que cette religion était la seule bonne et logique, et une fois élevées au rang de déesses, elles surent conserver la tradition.

Les hommes ont accepté le culte, car on croit toujours facilement à ce qui plaît; seulement ils ont bâti des temples pour remplacer le lac, ce qui est moins étonnant.

Je ne trouve que cette explication qui puisse

jeter quelque lumière sur l'origine et la durée d'un culte qui est, sans contredit, le dernier mot de l'aberration humaine.

Tous les missionnaires, voire même les anglicans connus par leur persévérance, ont vainement essayé de ramener ces malheureux à un sentiment plus élevé de la Divinité. Ils ont tâché de leur prouver que la femme pouvait être jolie, aimable, charmante, et même fort respectable, puisqu'elle joue un aussi grand rôle dans la reproduction de l'espèce humaine; mais qu'enfin, elle n'était qu'une simple mortelle ne pouvant prétendre à la divinité; — qu'il est un autre Dieu qu'il faut adorer, parce qu'il est le créateur de toutes choses. Tous y ont perdu leur latin! — Les *Ensériés* leur font bon accueil, ils les laissent parler, mais les écoutent en riant, et finissent toujours par leur dire : « Quoi qu'il en soit, c'est nous qui sommes dans le vrai et vous dans le faux. »

Les musulmans civilisés n'aiment pas qu'on leur parle de cette peuplade barbare : ils semblent honteux d'avoir pour compatriotes des gens arriérés de trois mille ans. D'un autre côté, comme ils considèrent eux-mêmes la femme comme un être qui leur est inférieur, ils sont indignés de voir que les *Ensériés* en font une divinité.

Le fait est que cette province est pour les femmes un petit paradis terrestre. Les petites filles sont entourées de soins comme des déesses en herbe. Les jeunes filles belles et ayant l'âge sont adorées, mais peu platoniquement; les vieilles et les laides sont encore honorées, grâce au souvenir de leur divinité passée.

Bref, la barbarie des *Ensériès* pourrait bien, sauf les réserves nécessaires, avoir quelques avantages sur notre civilisation. Je laisse à mes lecteurs le soin d'en juger à leur aise.

Mes études sur ces peuplades terminées, Aly me conseilla d'aller à Alep. Mais comme nous avions fait tant soit peu l'école buissonnière, nous nous trouvions à peu de distance d'Antioche, et j'exprimai le désir de voir cette ville.

« Ça se trouve à merveille, me dit mon guide, car la route d'Antioche à Alep est la plus jolie. »

Nous nous dirigeâmes donc vers cette ville célèbre à travers une plaine immense, triste et inculte malgré la fertilité du sol; on voit à peine, de loin en loin, quelques touffes de verdure ombragées d'arbres rabougris, et qui font l'effet des oasis dans le désert. Tout en cheminant absorbée dans mes pensées, j'aperçus tout à coup quelque chose qui ressemblait à un village ou à un campement.

« Qu'est-ce que cela? demandai-je à Aly.

— Oh! me répondit-il en pressant le pas de sa monture de façon à s'éloigner de l'objet que je lui désignais, ce sont des Turkomans qui ont établi là un campement provisoire; passons loin d'eux, car ils sont méchants.

— Mais au contraire, dis-je à Aly, allons leur faire une visite!

— Non, madame, croyez-moi, éloignons-nous: ces gens-là sont de véritables sauvages et il ne faut pas s'y fier. »

Sans écouter le conseil de mon guide, je lançai mon cheval au galop tout droit dans leur direction. Aly s'arrêta un moment, puis, comme prenant une résolution désespérée, il me rejoignit.

« Tiens! te voilà? lui dis-je en riant. Je croyais que tu avais peur des Turkomans.

— Je vous avoue, me répondit-il, que je les évite toujours avec soin.

— Gageons que tu n'as jamais vu un Turkoman de près?

— Non, jamais, me dit Aly.

— Mais alors comment sais-tu qu'ils sont méchants?

— Ils en ont la réputation, madame.

— Bah! On calomnie tant de gens dans ce monde, que je ne désespère pas de découvrir que ces gens-là sont doux et hospitaliers.

— Qu'Allah le veuille! » me répondit Aly d'un air qui semblait dire : « Je le désire, mais ne l'espère pas. »

Arrivée à une petite distance de leur camp, et voyant qu'à notre approche plusieurs d'entre eux avaient pris les armes et qu'ils venaient à notre rencontre d'un air belliqueux, je commençai à croire qu'Aly pourrait bien avoir eu raison ; mais il était trop tard pour reculer. Je dis donc à mon guide et au conducteur des chevaux de s'arrêter, et je marchai seule au-devant des Turkomans, sans me laisser intimider par l'air peu avenant avec lequel ils me regardaient. Sachant qu'ils parlent tous l'idiome national, je leur dis en turc : « Voulez-vous avoir l'obligeance, mes amis, de dire à votre vénéré cheik qu'une dame française désire lui présenter ses hommages ? »

En m'entendant parler leur langue et en voyant que je m'adressais à eux avec politesse, ils s'avancèrent d'un air radouci ; l'un prit mon cheval pour le tenir, l'autre m'aida à descendre, tandis qu'un troisième s'en alla faire ma commission au cheik, que je vis bientôt apparaître.

C'était un vieillard borgne, maigre et osseux ; il vint me baiser le pan de ma robe.

« Je voyage dans ton pays, lui dis-je ; je suis Française et poëte (tout écrivain est nommé poëte en langue turque) ; je vais voir Antioche ; mais je suis lasse. J'ai aperçu ton camp, et j'ai pensé que tu ne me refuserais pas l'hospitalité : une cigarette et une tasse de café.

— Le serviteur d'Allah et de Mahomet, son prophète, est toujours trop heureux de partager le peu qu'il a avec l'étranger qui s'adresse à lui. Sois donc la bienvenue parmi nous, » me répondit-il d'un air fort aimable et empressé.

L'homme d'Orient le plus barbare devient toujours gracieux lorsqu'on lui demande quelque chose ; en cela surtout il diffère grandement de l'homme civilisé de l'Occident.

Je fis signe à Aly de s'avancer. Celui-ci, en voyant le bon accueil qu'on me faisait, s'était un peu rassuré, et, lui aussi, demanda du café et s'installa devant une table.

Après avoir bu une tasse de café avec ces braves gens, je me sentis tout à fait rassurée. Le café est chez le peuple de l'Orient le pain et le sel des Gaulois.

Je demandai alors au cheik la permission de visiter son campement, ce qu'il m'octroya de très-bonne grâce. Leurs petites tentes, faites grossièrement par eux-mêmes, sont cependant assez commodes et très-ingénieusement construites. Elles sont posées symétriquement autour de celle du cheik, qui est plus grande et plus belle. Le mobilier de ces tentes consiste en quelques ustensile de cuisine, en quelques petits tapis et couvertures de laine. Dans quelques-unes se trouve un coffre en bois blanc, avec des dessins verts, rouges, jaunes : c'est l'armoire à linge, le coffre à bijoux, la garde-robe des femmes.

La cuisine se fait devant la tente ; les ustensiles en sont peu nombreux : une marmite pour bouillir le *pilaff* (riz au gras), une grosse pierre sur laquelle les jours de gala on fait cuire un mouton tout entier, et une cafetière pour le café, complètent l'ameublement.

Les femmes turkomanes portent un costume mi-turc et mi-bédouin : pantalon en étoffe voyante, grande chemise noirâtre, serrée à la taille par une ceinture en laine aux vives couleurs. Elles ont un voile en étoffe d'un bleu noirâtre qui les cache peu, car on aperçoit très-bien leurs traits à travers ce léger tissu. Leurs yeux sont superbes, veloutés et ardents. On voit qu'ils sont éclos sous le chaud soleil d'Orient et qu'ils en contiennent un rayon! Les femmes et les enfants se tiennent par troupes devant la porte des tentes; ils rient, causent et babillent et ont l'air d'être assez contents de leur vie nomade au grand air.

Peu de Turkomans profitent de la permission du Coran d'avoir plusieurs femmes. Dans ce campement, composé de cinq à six cents personnes, le cheik et un autre vieillard, seuls, avaient deux femmes.

Tout autour de ce petit village improvisé, je vis de superbes troupeaux de chameaux, buffles, chèvres et moutons. C'est là, du reste, ce qui constitue toute la richesse de ces tribus. Le cheik me fit les honneurs du camp avec une bonne grâce charmante. Cet homme, avec sa démarche royale, a plutôt l'air d'un grand seigneur que d'un pauvre berger errant. Jetez sur ses épaules le manteau de cour, mettez-lui sur le front une couronne, et tout le monde dira : « Quel grand air il a! comme on voit qu'il est né pour gouverner! »

En attendant un sceptre plus glorieux, une souveraineté plus grande et plus lucrative, il gouverne ses troupeaux, ses deux femmes et sa tribu.

Rien d'admirable comme de voir toutes ces tribus errantes se soumettre sans murmurer au jugement du plus vieux d'entre eux. Car c'est lui seul qui rend la justice, et jamais le coupable ne se révolte contre ses arrêts. L'ordre le plus parfait règne. Dès qu'un différend s'élève, il écoute les plaignants avec calme et dignité, et prononce l'arrêt, qui est sans appel et exécuté immédiatement. Il condamne même à mort dans des cas graves.

J'ai quitté ce campement de Turkomans pénétrée de la pensée que les gens que nous appelons sauvages ne le sont pas autant que nous le croyons, ou bien que leur manque de civilisation a du bon.

Les Turkomans sont musulmans, mais ils sont loin d'être fanatiques. Comme ils sont peu zélés dans l'observation des préceptes de Mahomet, les Turcs ont un certain mépris pour eux.

Ils campent généralement dans le *yalet* d'Alep et dans celui de Damas; mais l'été étant très-chaud dans ces *yalets*, ils s'en vont ordinairement, vers les mois de juin et de juillet, dans l'Arménie et dans la Caramanie.

Les Turkomans et les Turcs sont les seuls qui parlent la langue turque; les Arabes ou Syriens et les Bédouins ne la parlent jamais. Devraient-ils manquer la meilleure affaire du monde, qu'ils ne prononceraient pas un mot en turc, tout comme jamais un Turc ne parlera l'arabe ; car il va sans dire que les Turcs et les Arabes se détestent cordialement.

Je pris enfin congé des Turkomans. Pour me faire honneur, ils voulurent m'escorter un bout de chemin. Le cheik marchait à côté de moi, les autres faisaient caracoler leurs chevaux en tirant des coups de fusil : c'est ce qu'ils appellent de la *fantasia*.

En me séparant d'eux, je les remerciai sincèrement de leur bon accueil.

« Tu vois, dis-je à Aly, que tu calomniais cette tribu. — Oh ! oui, me répondit-il d'un air à moitié convaincu ; pourtant il ne faudrait pas s'y fier toujours. Pour une femme, les plus sauvages deviennent bons, car c'est une des premières prescriptions du Coran de ne pas insulter une femme ; mais je sais bien que moi, tout seul, je n'oserais jamais m'aventurer au milieu d'eux. »

Les alentours d'Antioche sont secs et arides, sauf quelques monticules qui sont verts, riants et couverts d'arbres fruitiers.

La ville est d'un aspect repoussant par sa malpropreté ; les maisons sont basses, d'une vilaine apparence; les rues sont tortueuses et d'une saleté inouïe. Mon guide me conduisit dans une espèce d'hôtellerie tenue par un Grec. Je trouvai là une mauvaise chambre et un lit plus mauvais encore ; mais j'étais tellement brisée de fatigue que je me couchai et dormis d'un sommeil de plomb jusqu'au lendemain. En me réveillant, je m'aperçus qu'il pleuvait à verse. Je me fis monter à déjeuner, un affreux déjeuner, puis je fis appeler Aly.

« Qu'avons-nous à voir dans Antioche, lui demandai-je, et où vas-tu me faire aller ? »

Aly me regarda d'un air stupéfait : « Nous ne pouvons pas sortir aujourd'hui, me dit-il, car il a plu toute la nuit, et il pleut encore.

— Eh bien, quoi ? Crois-tu par hasard que la pluie m'effraye ? Tu dis connaître Paris, tu dois donc savoir que si l'on restait chez soi toutes les fois qu'il pleut et que le ciel est noir, sur douze mois de l'année on en passerait neuf enfermé dans sa chambre. »

Tout en disant cela, je me disposais à sortir.

« Mais madame ne connaît pas ce pays, me fit observer Aly. Je crois bien qu'à Paris la pluie ne gêne pas beaucoup ; mais ici, c'est autre chose. Voyez plutôt. »

Et il ouvrit ma croisée. Un singulier spectacle

s'offrit à mes yeux. J'étais dans la rue principale, où venaient aboutir une masse de ruelles : eh bien, toutes ces ruelles étaient changées en autant de petits torrents qui se précipitaient dans ma rue transformée en rivière. L'eau avait bien un demi-mètre de hauteur. Je restai interdite...

« C'est toujours comme ça, reprit Aly, quand il pleut ici.

— Bravo ! m'écriai-je. Et cela dure-t-il longtemps ?

— Oh ! quand la pluie commence, il y en a bien pour quatre ou cinq jours.

— Et tu penses que je vais me résigner à rester là pendant quatre ou cinq jours, dans cette sale chambre, avec une cuisine à l'huile de noix et au saindoux rance ?

— C'est que je ne vois pas trop le moyen de faire autrement.

— Le moyen est bien simple : Va préparer les chevaux et tout ce qu'il nous faut. J'ai mon manteau imperméable ; toi, achète un parapluie et un fort burnous, et partons.

— Partons, madame, si vous le voulez ; mais je vous avertis que nous aurons du mal rien que pour sortir de la ville. »

Ma prompte résolution semblait contrarier mon guide. Cependant une heure après j'étais en selle, malgré les protestations de mon gargotier, qui me jurait qu'il y avait réellement du danger à me risquer au milieu de ces torrents.

En effet, ce ne fut pas sans peine que nous parvînmes à traverser la ville. Nos montures avaient parfois de l'eau jusqu'au poitrail, et je fus forcée de relever mon amazone et de m'accroupir sur la selle, pour ne pas prendre un bain de pieds.

Nous nous engageâmes pourtant dans une petite vallée qui longe le pied du *Djébel-el-Ala*, et qui est arrosée par le *Nahr-el-Assy* (l'ancien Oronte). Cette vallée, appelée la vallée *d'Assy*, doit être charmante en été et au printemps; la végétation y est fort belle, grâce aux nombreux torrents qui viennent se jeter dans le *Nahr-el-Assy*. De plus, un canal étroit vient y déverser les eaux du lac d'Antioche. — Mais nous étions en plein hiver, le temps, sans être froid, était frais, et à chaque instant la route se trouvait coupée et obstruée par l'inondation. Il nous fallait lancer vigoureusement nos chevaux et stimuler leur ardeur par un bon coup de cravache pour leur faire traverser les obstacles, et plus d'une fois je me vis au moment d'être entraînée dans les flots de l'Oronte.

Aly avait un air morne et lugubre qui semblait dire : « Vous avez voulu partir malgré mes conseils, voyez à quoi vous vous exposez. »

Enfin, après cinq heures de marche, nous arrivâmes au pont de fer, bâti sur quatre arches jetées sur le fleuve. — Les eaux avaient tellement grossi son cours, qu'elles arrivaient à la hauteur du pont, qui, par parenthèse, me faisait l'effet d'être très-peu solide. — Pourtant je m'y aventurai résolûment pour m'abriter dans un petit village que j'apercevais de l'autre côté. — J'étais lasse, trempée, et je voulus m'y reposer au moins quelques heures. — Aly se mit à la recherche de la maison du cheik. — C'était une espèce de petite cabane, construite moitié en pierre, moitié en bois. — Malgré son apparence peu luxueuse, j'y entrai bravement. — Au milieu de la cuisine, autour d'un petit foyer, était assis le cheik fumant un chibouk et causant avec quelques notables du pays.

Aly lui expliqua ma position, en ajoutant que j'avais besoin d'un peu de repos et de nourriture.

Le cheik se leva avec empressement et me dit que sa maison était désormais la mienne. Il parut très-surpris en apprenant que nous nous étions aventurés par un temps pareil dans la vallée d'*Assy*. « Aucun de nous, me dit-il, n'oserait traverser cette vallée lorsque les torrents débordent et viennent s'y précipiter comme des démons déchaînés de toute part, car il suffit d'un faux pas de sa monture pour être emporté par les eaux. Il faut donc, madame, qu'une raison bien majeure vous ait poussée à braver ce danger.

— Oui, certes, lui répondis-je, une raison des plus majeures, et que je ne vous cacherai pas : je m'ennuyais à Antioche !! »

Le cheik me regarda d'un air stupéfait.

Aly crut devoir intervenir. « Madame, lui dit-il, est Française, et les Françaises se font un malin plaisir de braver les dangers.

— Ah! vous êtes Française! tant mieux, j'adore les gens de ce pays, me dit ce bon cheik d'un air aimable. — J'ai connu beaucoup un de vos empereurs qui a parcouru ces contrées. C'était un homme superbe, l'air digne et pas fier du tout. — Ainsi moi, madame, j'ai eu l'honneur un jour de faire partie de son escorte, et plus d'une fois il m'a adressé la parole.... Oh! oui, il était bon et vraiment pas fier du tout ! »

Je fus très-intriguée de cette brusque sortie, ne pouvant me rendre compte de quel empereur français ce brave homme voulait me parler, — il me paraissait trop jeune pour avoir connu le grand Napoléon.

« Comment s'appelait-il donc, lui demandai-je, cet empereur si noble et si bon que vous avez connu ?

— Lamartine, me répondit-il très-naïvement.

— Comment ? Lamartine !... Mais, mon ami, l'homme que vous venez de nommer est un de nos grands poëtes, une âme d'élite, un esprit supérieur, mais il n'est et n'a jamais été un empereur français.

— Est-ce possible ? me dit le cheik d'un air très-étonné. Je vous assure que dans tout le Liban, où on a conservé de lui un très-bon souvenir, on ne l'appelle pas autrement que l'empereur des Français, et, tous, nous avons cru que c'était votre souverain. Il avait si bien les façons d'un grand et puissant seigneur !...

— Pour grand seigneur, il l'est à coup sûr, lui dis-je ; mais, si vous pouviez lire ce qu'il a écrit sur votre beau pays, vous l'aimeriez encore davantage. »

Tout en causant, je m'étais assise auprès du feu ; les amis du cheik s'étaient mis à l'écart. Il appela sa femme, et lui donna tout bas quelques ordres qui, d'après ce que je compris, me concernaient.

Je restai encore une demi-heure à causer avec lui de Lamartine, de la France et du Liban. Au bout de ce temps, une charmante jeune fille de dix à douze ans vint lui parler à l'oreille. Alors il me dit :

« Si vous voulez suivre ma fille, elle vous conduira dans la chambre qu'on vient de vous préparer. Là, vous pourrez quitter vos vêtements mouillés, et dans une heure le dîner sera prêt. Je vous avertis seulement, ajouta-t-il d'un air gracieux, que je vous retiens prisonnière jusqu'au moment où le soleil aura reparu à l'horizon ; car je ne puis vous laisser continuer votre voyage par un temps pareil. »

La fillette me conduisit dans une petite pièce peinte à la chaux, d'un aspect propre et riant. Sa mère vint me rejoindre, et elle me força à accepter ses services comme femme de chambre ; je lui avouai que j'avais faim, très-faim, et elle me promit du mouton grillé et du pilaff avant une demi-heure.

En effet, au bout de ce temps un dîner qui me parut fort appétissant s'étala à mes yeux sur une nappe mise par terre. Le cheik et moi, nous nous assîmes à l'orientale, accroupis sur nos jambes, et nous fîmes honneur au repas, qui était réellement bon; seulement, en fait de fourchettes et de cuillères, force nous fut de nous servir de nos doigts.

Ce bon cheik m'accablait de questions sur l'Europe. Le progrès et la civilisation de l'Occident, qu'il avait l'air de comprendre et d'apprécier beaucoup, l'émerveillaient.

« Oh! me disait-il, si la Syrie avec son sol excellent, avec ses mines de toutes sortes, ses arbres qui produisent les fruits les plus succulents du monde, ses eaux pures et limpides qui la sillonnent en tout sens, avait, elle aussi, la chance d'attirer à elle le courant de la civilisation moderne; si ses habitants pouvaient apprendre à tirer parti des richesses qu'ils ont sous la main, quel beau et riche pays serait le nôtre! »

J'étais parfaitement de cet avis, d'autant plus qu'aucun peuple en Orient ne m'a paru plus curieux de s'initier à nos idées et plus avide de notre civilisation que le peuple de la Syrie. Le Syrien proprement dit est doux, affable, très-industrieux et très-intelligent; c'est merveille de voir comme il fabrique sur ces tout petits métiers qui représentent à la lettre l'enfance de l'art les belles étoffes de soie, tissues d'or, d'après des dessins d'un goût tout à fait oriental. Malheureusement cette industrie est fortement compromise aujourd'hui par les étoffes de pacotille faites en Europe à plus bas prix et qui ont envahi le marché.

Les pauvres Syriens ont presque renoncé à en produire chez eux, et bientôt on ne pourra plus s'en procurer.

Les grandes fabriques n'existent pas en Syrie; chaque Arabe a un petit métier chez lui, et il travaille dans une mauvaise chambre ou sur le seuil de sa porte.

Le lendemain matin, le soleil s'étant levé chaud et brillant sur un ciel redevenu d'un bleu superbe, je pris congé du cheik et de sa famille, et je continuai ma route vers Alep, où nous n'arrivâmes qu'au bout de vingt-quatre heures.

Alep est située dans une plaine parsemée de petits monticules qui s'étend de l'Euphrate à l'Oronte. Cette plaine est sèche, aride et désagréable à l'œil, mais on aperçoit au milieu une belle et riante oasis sur laquelle est bâtie la ville.

La rivière du *Kouaik*, qui descend des montagnes d'*Aïntab*, traverse cette oasis et lui fournit une eau limpide et abondante.

A une certaine distance, Alep fait un effet charmant; de grands minarets blancs, aux flèches effilées, aux dômes arrondis, ont l'air de s'élever du milieu de ce bouquet d'arbres, dont la fraîche verdure tranche très-bien avec les maisons peintes en rose ou en blanc.

Aly me conduisit dans un hôtel assez propre. La route m'ayant un peu fatiguée, je me couchai avant de rien voir, et je dormis d'un seul somme pendant dix heures. Le lendemain matin, mon fidèle guide vint m'apporter trois bouteilles d'eau prises à Antioche, en me recommandant bien de ne pas boire une seule goutte de celle d'Alep; après quoi il me fit visiter la ville et ses environs.

Je pus me convaincre une fois de plus qu'Aly était un excellent cicérone, qu'il possédait même une légère teinte d'érudition.

Les rues d'Alep sont étroites, mais très-propres, ce qui est rare dans une ville musulmane. — Elles sont soigneusement pavées, et presque toutes lavées sans cesse par un clair ruisseau qui les traverse, ce qui y entretient une bonne fraîcheur; plusieurs sont ornées de voûtes, ce qui leur donne un petit air mystérieux qui leur sied très-bien. On se croirait dans une ville souterraine, et lorsqu'à la tombée de la nuit les Bédouins s'y promènent

avec leurs bournous blancs, on les prendrait pour
des fantômes. Il y a aussi des bazars couverts de
voûtes qui sont très-animés. — Une foule bigarrée
s'y presse et s'y coudoie ; on voit là toutes sortes
de marchandises très-riches ; tous les produits de
la Perse, de l'Asie et de la Syrie y sont agglomérés.
— Les collectionneurs de vieilles et belles armes
trouveraient là de quoi satisfaire leur goût, car il y
en a de toutes les formes et de tous les siècles, richement incrustées de pierres précieuses.

Les maisons d'Alep sont très-simples à l'extérieur, mais quelques-unes sont meublées et ornées
intérieurement avec un luxe asiatique. Aly m'en
fit visiter plusieurs. Je ne vous parlerai que de
celle de l'Agha Shamil, qui m'a particulièrement
frappée. Une petite porte bâtarde vous introduit
dans un petit corridor qui donne sur une grande
cour dallée en marbre bleu. — Au milieu de cette
cour vous voyez une fontaine de pur style arabe,
avec des versets du Coran qui font arabesques. —
En face se trouve un beau et grand perron, qui
vous introduit dans une pièce carrée, vitrée par le
haut, dallée en marbre blanc. — Là aussi se
trouve une fontaine en marbre d'où s'échappe une
eau jaillissante à travers plusieurs groupes de
fleurs d'Asie les plus rares et les plus odorifé-

rantes. Ces fleurs ont l'air d'être là pour cacher des cages où apparaissent les plus jolis oiseaux de la création. — Nos vilains siéges sont remplacés par des coussins en soie brodés d'or, jetés pêle-mêle, sans ordre et sans symétrie!... Des chibouks, des narguillés sont disséminés sur le parquet. — Cette pièce, qui sert d'antichambre et de salon de réunion pendant l'été, est le centre auquel aboutissent toutes les sorties des appartements. — Ces portes sont ornées de riches tentures formant portières. — Le petit salon des femmes de Shamil ferait réellement concurrence aux plus élégants boudoirs de Paris. — Les tentures des murailles sont en soie fond blanc, avec des guirlandes de fleurs naturelles et or fin; les portières et les rideaux sont en satin rose brodé d'or. — Un large divan de la même étoffe fait le tour de l'appartement et trouve son complément dans une multitude de coussins de toutes formes et de toutes couleurs, tous plus riches les uns que les autres, qui sont éparpillés sur le parquet. Le reste de l'ameublement consiste en trois petites tables recouvertes de tapis, sur lesquelles l'or, l'argent et les perles fines se marient en de gracieuses arabesques. — Sur ces tables, des petites glaces à main, des fleurs, des cigarettes, et rien de plus.

Au milieu de tout cela, trois êtres animés, trois ravissantes jeunes filles dont l'aînée a un teint à faire rougir de honte tous les rosiers de mai ; puis deux autres femmes : une de trente ans, belle brune avec des formes de statue grecque, avec de longs cils noirs et un chaud rayon de soleil dans les yeux ; l'autre, petite, mignonne et blonde comme les blés.

En vérité, l'agha est un homme heureux. Je ne sais ce que Mahomet lui destine dans l'autre monde, mais je trouve que dans celui-ci son sort est très-enviable.

La ville d'Alep est entourée d'une vieille muraille sarrasine en ruines, percée de neuf portes, dont quelques-unes sont encore debout.

Un de ses faubourgs est très-beau et très-curieux à visiter. Toutes les maisons sont placées au milieu d'immenses jardins dans lesquels on cultive tous les fruits de l'Europe et de l'Asie.

Alep est une des villes orientales les plus agréables à habiter. J'y aurais passé volontiers une quinzaine de jours, mais j'avais peur... Oui, je l'avoue humblement, j'avais peur... Chaque matin je prenais une glace et regardais avec inquiétude pour m'assurer qu'aucune rougeur ne présageait sur ma figure le fameux bouton que je redoutais tant. Souvent, l'imagination aidant, je croyais le sentir déjà par un picotement au bout de mon nez.

C'est que le bouton d'Alep est bien méchant, et il se fait un malin plaisir de pousser là où il peut le plus facilement vous défigurer. Ainsi il adore le bout du nez, le milieu du front, les lèvres et le menton. Il est gros comme un œuf d'oiseau, rouge, avec un petit bout blanc, et il vous reste pendant un an, rien que ça!... Notez encore que, même lorsqu'il se décide à disparaître, il vous laisse une affreuse cicatrice que l'on garde toute sa vie!

Vous comprenez, lecteur, que j'avais raison d'avoir peur! Du reste, rien n'est drôle comme l'aspect des habitants du pays : les uns se promènent avec le fameux bouton en pleine efflorescence; d'autres n'en portent que les trous, mais on voit que presque tous en sont atteints.

On ne peut s'empêcher de rire de l'air bête que cela donne à ces braves gens; puis la pitié vous vient, quand on se dit que ce malencontreux bouton peut apparaître un beau jour sur votre nez ou sur votre front, et vous rendre tout aussi ridicule que les gens dont vous vous moquez. Oh! alors, je vous assure, l'envie vous prend de fuir ce pays et de n'y retourner jamais. J'éprouvai ce sentiment au bout de trois jours de séjour à Alep, et je l'éprouvai avec tant de force que je fis préparer mes chevaux, et m'éloignai au grand galop, sans jeter un coup d'œil en arrière.

Huit jours après, j'étais à bord du bateau *l'Alexandre*, en rade de Beyrouth : la mer était mauvaise, nous étions à stopper au large depuis deux heures.

« Eh bien! dis-je au commandant, n'allons-nous pas bientôt aborder?

— Hélas! me répondit-il, Beyrouth, comme toutes les grandes villes de la côte de Syrie, n'a pas de port. Tenez, regardez, il y a à peine une baie, et, si la mer était moins haute, vous apercevriez de tous côtés d'immenses rochers qui obstruent le passage. Quand la mer est calme, nous approchons davantage, et de grandes barques viennent nous accoster pour prendre les voyageurs et les marchandises ; mais, par le temps qu'il fait, elles ne se risquent pas aussi loin, car les vagues les jetteraient contre les rochers et les briseraient.

— Mais alors, qu'allons-nous faire? dis-je au commandant.

— J'attends une heure encore, me répondit-il,

et si pendant ce laps de temps le vent ne tombe pas, je passe outre et je continue.

— Vous continuez !... et les voyageurs qui vont à Beyrouth ?

— Que voulez-vous, madame, je les débarquerai à Jaffa, à moins qu'ils ne préfèrent aller à Alexandrie, auquel cas le prochain bateau les ramènera ici. »

J'avais le plus grand désir de voir Beyrouth, et je fus très-contrariée de cette complication ; mais je fus plus impatientée encore, lorsque je vis, une heure après, notre bateau se remettre en marche et prendre la direction de Jaffa.

« Je ne puis rester plus longtemps ici, me dit le commandant, car, même au large, je cours le danger d'être jeté à la côte. »

Que dire à cela ? que faire, sinon se résigner ? C'est ce que je fis. La mer devenait de plus en plus houleuse, le vent soufflait avec rage. C'était ma petite tempête de rigueur qui s'annonçait.

Trente-six heures après, nous étions en vue de Jaffa. Le commandant me dit :

« Je crains bien, madame, que vous ne soyez forcée de continuer votre voyage avec nous jusqu'à Alexandrie, car nous ne pourrons pas accoster. Je vais essayer de tenir la mer, mais il est plus que probable que les barques ne s'aventureront pas jusqu'à venir nous chercher. »

Ce qu'on appelle le port de Jaffa est une espèce de canal émaillé de grosses roches ; les unes sont à fleur d'eau, les autres sont traîtreusement recouvertes de quelques courants. Ses deux uniques entrées ont à peine trois ou quatre mètres de largeur ; les bateaux qui arrivent sont forcés de rester à un mille au large.

Le débarquement s'opère au moyen de ces grandes barques qui font le service des côtes ; et comme la navigation est très-dangereuse dans ces parages, il faut que les marins arabes déploient beaucoup d'adresse et de courage, car, pour peu que la mer soit agitée, leurs embarcations se brisent comme verre sur les écueils.

Ces détails me furent donnés par le commandant lui-même. Je lui demandai alors si cela lui arrivait souvent de ne pouvoir pas déposer les voyageurs dans tous ces ports abandonnés.

« Pendant les trois ou quatre mois d'hiver, me répondit-il, cela nous arrive presque à chaque voyage.

— C'est amusant pour les passagers ! lui dis-je.

— Pas davantage pour nous, je vous assure ; les voyageurs ne font qu'une perte de temps, tandis que les compagnies font une perte d'argent considérable. Le prix restant toujours le même, il faut conduire pour rien les voyageurs et les marchandises jusqu'en Égypte, et les ramener ici ; les voyageurs mangent quelques jours de plus à bord, les marchandises s'avarient souvent ; de là, perte pour les négociants, procès et récriminations sans fin.

— Mais, dis-je, il est incompréhensible que le gouvernement turc ne songe pas à faire des ports sur les côtes de la Syrie et de la Palestine.

— Que voulez-vous, madame, le caractère turc est insouciant. Ces braves gens se disent : « Puisque Dieu n'a pas voulu faire un port et s'est contenté d'une baie, pourquoi changer ce qu'il a fait ? » Et, comme c'est Dieu aussi qui a placé là tous ces écueils, ils les laissent, et lorsque des bateaux viennent à se briser, ils disent : *Allah-qerim* (à la grâce de Dieu) ! »

Cependant le gouvernement turc, malgré son peu d'initiative, comprendrait de quelle utilité serait pour le commerce l'amélioration de ses ports, si des spéculateurs européens voulaient s'en charger.

A coup sûr on leur ferait même, j'en suis certaine, des conditions très-avantageuses.

Mais les spéculateurs n'ont pas encore jeté les yeux sur cette pauvre Palestine, digne pourtant de tant d'intérêt.

Pendant que j'étais là à faire ces réflexions, le second vint parler tout bas au commandant. Celui-ci se retourna vers moi et me dit : « Le sort, le vent et la tempête le veulent ainsi, il faut que nous prenions la route d'Alexandrie, car par le temps que nous allons avoir nous ne sommes pas en sûreté ici. »

Et, en effet, le bateau se mit en marche à toute vapeur. — Non, jamais je n'ai maudit la mer comme ce jour-là.

Mais je n'étais pas au bout de mes tribulations.

Deux jours après, nous arrivons à Alexandrie ; j'attends une semaine le départ d'un bateau russe pour Jaffa, et je m'y embarque avec mon guide.

La mer était d'un calme parfait. « Cette fois-ci, me dis-je, je pourrai débarquer tranquillement. » Eh bien, non. Le sort s'était conjuré contre moi. Trois heures avant d'arriver en vue de Jaffa, des moutons blancs se montrèrent à l'horizon ; ils couraient, les brigands, par troupeaux joyeux sur les vagues. — Or, lorsque vous voyez l'écume blanchâtre de la mer former ce qu'on appelle en terme de marine de blancs petits moutons, dites-vous bien que voilà un grain (terme de marine aussi) qui va s'emparer de vous.

Ces précurseurs de tempêtes ne furent pas, cette fois aussi, de faux prophètes.

Nous étions encore à une heure de Jaffa, que déjà les mâts de notre bateau grinçaient lugubrement : la tempête approchait ; elle nous attendait, la traîtresse, juste en face de la ville. — Au lieu d'aborder, notre bateau se mit à danser une sarabande infernale.

Le commandant riait de mon air courroucé, et me dit pour me consoler : « Vous n'avez pas vu Beyrouth, eh bien, je vais vous y conduire. Beyrouth vaut bien Jaffa ! — Non, non, m'écriai-je, j'ai déjà perdu trop de temps, je veux descendre ici à tout prix ; je vous en prie, attendez, cette diable de mer finira bien par se calmer un peu. »

Il attendit douze heures !.. Les voyageurs, que les soubresauts du navire faisaient souffrir horriblement, me maudissaient, moi et la galanterie du commandant ; si bien que je finis par lui dire moi-même : « Eh bien, partons, allons à Beyrouth. »

Trente-six heures après, nous y étions.

Mais croiriez-vous que cette coquine de mer ne voulait pas en démordre ! Depuis une heure que nous étions là, en face de la ville, aucun bateau n'avait encore osé se risquer à venir nous accoster.

Pour le coup, ma petite dose de patience était à bout.

Le commandant me disait pour me calmer : « Je vous débarquerai à Smyrne, prenez patience. » — Mais je n'écoutais pas.

« Allons, vous viendrez avec nous jusqu'à Constantinople.

— Non, lui répondis-je, je n'ai pas quitté cette affreuse ville et son affreux climat pour y retourner.

— Mais alors, que voulez-vous faire ?

— Ce que je veux faire ! mais descendre ici ; et tenez, voici une barque qui se dirige vers nous, je vais en profiter. » En effet, une barque s'avançait, bondissant d'une vague à l'autre, tantôt disparaissant sous les flots, tantôt reparaissant on ne sait comment. Nous étions là à la suivre des yeux. « Les malheureux vont être engloutis, » me disait le commandant. Voyez-vous à votre droite cette carcasse de vaisseau ? Il y a quinze jours, ce navire était ici à notre place, il avait jeté l'ancre et attendait. La mer étant devenue mauvaise, il eut l'imprudence de rester sans bouger : le vent s'éleva avec une telle violence, qu'il fut lancé contre des écueils cachés par là et brisé comme un verre. Il n'en reste que quelques débris, et jusqu'à aujourd'hui on n'a pas encore retrouvé le corps du commandant. »

La petite barque était pourtant parvenue à s'approcher de nous ; c'était le service de santé qui venait nous offrir sa pratique. « Va-t-il venir d'autres barques pour nous prendre ? criai-je du pont au conducteur de la barque.

— Je ne crois pas, me répondit l'homme de la santé, car les matelots ont très-bien vu avec quelle peine nous sommes arrivés jusqu'à vous.

— Voulez-vous me prendre dans votre bateau, moi, mon drogman et mes bagages ? leur criai-je encore.

— Certainement ; mais comment ferez-vous pour descendre ? Impossible de mettre l'échelle ; les vagues nous empêchent d'accoster.

— Je sauterai dans votre barque, » leur dis-je avec décision.

Le commandant fit tout ce qu'il put pour m'empêcher de sauter.

« Vous allez tomber à l'eau, me dit-il, et il n'est même pas bien certain que cette barque puisse rentrer à Beyrouth ! »

Mais je n'écoutai rien ; coûte que coûte, je voulais tenter de ce moyen pour ne pas m'exposer à retourner à Constantinople, ce qui m'aurait valu sept semaines de plus! J'appelai Aly.

« Jette, lui dis-je, nos bagages dans la barque, et tâche qu'ils ne touchent pas à l'eau. »

Aly, aidé de deux matelots, les descendit au moyen d'une corde. Cela fait, je me préparai à mon tour au saut périlleux qui m'attendait. Le commandant me fit encore quelques remontrances sur mon imprudence; mais, je l'ai dit, ma patience était à bout, je n'écoutai rien et marchai résolûment. Deux matelots me hissèrent sur le parapet du pont, et de là, saisissant le moment où la vague soulevait la barque, je me laissai glisser, et je tombai dans la barque sans me faire aucun mal.

Aly ouvrait de grands yeux qui semblaient étonnés et effrayés de mon audace.

« Faut-il que je vous suive? me dit-il d'un air un peu embarrassé.

— Dame, lui dis-je, oui, à moins que tu ne préfères aller jusqu'à Constantinople ; auquel cas le commandant aura la bonté de te ramener ici dans un mois... »

Cette perspective lui sourit peu, paraît-il, car il se fit aussitôt hisser comme moi et descendit par le même procédé.

Les vagues étaient si fortes qu'elles passaient par-dessus nos têtes; dix fois nous faillîmes chavirer ou nous briser contre les perfides rochers qui obstruent l'entrée du port. L'onde furieuse et écumante tapait sur notre dos et nous fouettait la figure d'une façon très-peu agréable.

Arrivés à trente brasses de la côte, j'aperçus une vague plus formidable que toutes les autres qui venait droit sur nous : je compris que celle-là allait nous faire chavirer immanquablement. Comme j'étais assise à la quille du bateau, je me laissai glisser prestement dans l'eau pour éviter le choc, et bien m'en prit, car lorsque la vague eut passé et que je pus revenir sur l'eau, je vis mes malheureux compagnons pris et coiffés, pour ainsi dire, par la barque. Plusieurs même me firent l'effet d'être blessés et étourdis. Pour mon compte, je ne m'inquiétai pas trop de ma position, car je nage comme un poisson, et je me sentais bien de force à arriver jusqu'au rivage ; mais les Arabes qui étaient là sur la rive à regarder notre barque en décidèrent autrement. Ils se jetèrent à l'eau à mon secours, et, sans se soucier de leurs compatriotes qui barbotaient sous la barque, ils m'entourèrent en un clin d'œil, me tirant l'un par la tête, l'autre par le bras. J'avais beau leur dire :

« Laissez-moi tranquille, je nage très-bien ! » ils continuaient à se disputer ma personne, ou plutôt les *bakchichs* qu'ils espéraient que leur vaudrait mon sauvetage.

Tout cela fut exécuté avec tant de violence que j'eus peur que l'idée ne leur vînt d'user de la méthode de Salomon pour se mettre d'accord sur mon compte.

Enfin je touchai la terre ferme et je respirai !... Mais quelle peine pour y mettre le pied !... Rien, pas un escalier pour monter, pas même une échelle quelconque : des rocs à pic qu'il fallut gravir !... Jugez comme c'est commode, quand les vagues viennent se briser contre vous et vous font perdre l'équilibre !...

Je craignais à chaque instant d'avoir la tête broyée contre les pierres ; j'en fus quitte, grâce à Dieu, pour un rhume de cerveau et le contenu de ma bourse, car, une fois hors de l'eau, mes sauveteurs m'entourèrent et se mirent à hurler *bakchich !* à qui mieux mieux. L'un me disait :

« Sans moi tu serais morte ! »

L'autre :

« C'est moi qui le premier t'ai aperçue ! »

Celui-là :

« C'est moi qui me suis jeté à l'eau le premier pour te sauver !... »

J'étais assourdie et transie de froid. Je donnai donc cinq francs à l'un, dix francs à l'autre, en tout une cinquantaine de francs, ce qui ne les empêcha pas de crier plus fort qu'auparavant et de me retenir prisonnière au milieu d'eux.

Pour en finir, je pris ma bourse et la vidai par terre, puis j'ajoutai :

« Voulez-vous le porte-monnaie aussi ? »

Ils se mirent à rire et se disposaient déjà à ramasser mon argent, lorsqu'un homme apparut tout à coup, qui se mit à leur distribuer des coups de poing en les agonisant de sottises. Mes sauveteurs le laissèrent faire en s'éloignant et en lui abandonnant l'argent que je leur avais donné. Cela m'intrigua beaucoup, et j'allais demander à cet intrus de quel droit il s'appropriait ce qui ne lui appartenait pas, lorsqu'il s'avança vers moi et, me tendant mon argent, me dit en bon français :

« Vous avez tort, madame, de vous laisser piller ainsi. »

Puis il ajouta :

« Je suis Constantin, le propriétaire de l'*hôtel Belle-Vue*, à Beyrouth. Venez chez moi vous changer de linge et vous réchauffer un peu.

— J'en ai grand besoin, lui dis-je, car ce bain forcé m'a fait peu de plaisir. »

Et je me mis à le suivre. Mais je n'avais pas fait dix pas que je poussai un cri d'effroi :

« Qu'avez-vous, madame? me dit Constantin, vous êtes-vous blessée ?

— Non, mais je songe avec désespoir que ma position n'est guère agréable. Mes caisses étaient dans la barque qui a chaviré, et Dieu sait où les vagues les ont emportées. »

Constantin se gratta le front et me dit d'un air penaud :

« Quant à cela, c'est grave, je n'en disconviens pas, mais ne vous inquiétez pas trop, madame. »

Puis se frappant la poitrine il ajouta :

« Constantin est un brave homme, et il sera trop heureux de mettre tout l'argent qu'il a, et des effets, à votre disposition. »

Je ne pus m'empêcher de rire de cette façon de faire son éloge à la troisième personne, mais je le remerciai de son obligeance.

« Essayez d'abord, lui dis-je, de faire repêcher mes malles, et puis nous verrons. »

Il s'inclina, ordonna à son domestique de me conduire à la chambre *neuve*, où je trouvai du feu et un bon lit, et il disparut dans la direction du port.

Une demi-heure après, je me couchai pour de bon, n'ayant pas d'autre moyen de me réchauffer et de faire sécher les seuls effets que je possédais.

Constantin ne tarda pas longtemps à revenir. Il était radieux, enchanté ; deux portefaix le suivaient, portant mes bagages qu'il avait fait, à la lettre, repêcher. Il y eut bien quelques petits dégâts causés par l'eau qui y avait pénétré, mais je fus bien contente, comme vous pensez, de n'avoir pas tout perdu. Les vagues avaient sans doute trouvé mes coffres trop lourds pour les emporter du rivage dans les profondeurs de la mer.

L'*hôtel Belle-Vue* est une grande construction de style arabe. Au rez-de-chaussée, il y a une cour entourée de plusieurs salons ; au premier, une terrasse carrée, à ciel ouvert, avec des chambres qui y aboutissent. Au second, la même distribution.

J'étais logée au second étage. D'une des fenêtres de ma chambre je voyais les cimes neigeuses du Liban, de l'autre j'apercevais la ville, avec ses maisons blanches, surmontées de grandes terrasses. Toutes ces maisons, échelonnées sur un amphithéâtre de collines verdoyantes, ayant pour cadre, au nord le Liban, au midi la mer, sont d'un effet charmant.

Je contemplais ce gracieux spectacle, lorsque soudain je me souvins de mon guide Aly !

Ce bain froid, pris contre ma volonté, m'avait troublé la mémoire : j'avais oublié ce pauvre Aly ! S'était-il noyé ? était-il blessé ? Je sonnai au plus vite, Constantin entra. Le premier mot qu'il me dit calma mon inquiétude, car il m'annonça qu'un Arabe venait d'arriver, qui se disait à mon service.

« Oui, certes, dis-je à l'hôtelier, mais dans quel état a-t-on repêché ce pauvre Aly ?

— Mais en très-bon état ; seulement il n'a pas chaud.

— Pauvre diable... Écoutez, Constantin, dis-je, allez vite lui faire du feu, donnez-lui des habits, enfin soignez-le comme vous me soignez moi-même.

— Madame sera servie, » me dit Constantin, et il s'éloigna prestement.

Il faut vous dire que l'*hôtel Belle-Vue*, tenu par Constantin, est réellement un hôtel excellent : la cuisine y est bonne et tout est très-propre. On y jouit d'un très-bon air, d'une vue superbe, et, chose rare en Orient, vous êtes logé et nourri pour douze francs par jour !...

Constantin a été, dit-on, un *birbante* maritime. C'est possible, mais ce que je sais bien, c'est qu'à présent il est l'honnêteté, la probité même, consciencieux comme le sont bien peu d'hôteliers. — Il se met en quatre pour obliger et bien servir les voyageurs, et se contente d'un petit bénéfice. — Aussi beaucoup de familles anglaises, effrayées des prix exorbitants de l'Égypte, viennent y passer l'hiver.

La ville de Beyrouth n'a rien d'intéressant ni de curieux à voir, elle ressemble à toutes ses sœurs de l'Orient, mais ses environs sont très-jolis. — Le climat est doux et tempéré pendant l'hiver, le soleil brillant et chaud, ce qui fait un contraste original avec les neiges qui recouvrent les cimes du Liban.

Voulant faire une excursion dans les environs, le lendemain de mon arrivée je fis monter Constantin chez moi pour lui demander si l'on pouvait se procurer des voitures à Beyrouth :

« Certainement, madame, et de très-bonnes encore.

— Alors c'est parfait, lui dis-je, faites-m'en retenir une pour toute la journée.

— Je préviens seulement madame qu'elles sont toutes couvertes, et il faut que j'aille voir si le consul de France n'a pas retenu celle dont je parle et si elle est libre aujourd'hui.

— Comment, *si elle est libre!* Mais est-ce que vos voitures se réduiraient, par hasard, à une seule ?

— Hélas ! oui, madame, nous n'avons qu'une seule calèche ; mais par exemple celle-là est belle. Or, vous comprenez que si on ne la retient pas quelques jours à l'avance...

— Oui, oui, je comprends. Une seule voiture pour vingt mille habitants ; il faut une jolie chance pour mettre la main dessus ! Mais, n'importe, allez voir tout de même. »

Constantin revint au bout d'un quart d'heure, mais à sa mine allongée je compris que l'unique calèche était retenue. Mais fort heureusement on me donna deux jolis petits chevaux de selle, car, si les voitures étaient à Beyrouth au singulier, les chevaux étaient au pluriel.

Aly tint à me faire admirer tout d'abord la superbe route qui conduit de Beyrouth à Damas. — C'est une société française qui l'a faite, et elle donne de meilleurs bénéfices à ses actionnaires que le chemin de fer de Smyrne à Éphèse. En suivant cette route pendant une demi-heure, on arrive à la fameuse promenade des Pins, dont les habitants de Beyrouth sont aussi fiers que le Parisien peut l'être de son boulevard des Italiens. Cette promenade se compose d'un petit bois de pins rabougris, dans les allées duquel on enfonce dans le sable jusqu'à mi-jambe. Sur la route se trouve un petit café arabe où tous les promeneurs s'arrêtent pour fumer et prendre du café. Si par elle-même la promenade est peu attrayante, sur la route qui y conduit on jouit d'un coup d'œil original.— En face on voit le Liban avec ses crêtes et ses sinuosités, qui forment un contraste singulier avec la riante verdure de certains endroits, laquelle, à son tour, se détache admirablement sur les neiges éternelles des cimes.

Lorsque je rentrai en ville, je rencontrai une caravane assez intéressante : elle se composait d'une dizaine de femmes arabes assises à cheval, à califourchon, et non à la façon des dames européennes. Leurs costumes étaient étranges pour des amazones; elles avaient de larges pantalons en soie rouge, brodés d'or, ou d'une autre couleur, mais toujours claire; sur ce pantalon, une grande jupe de couleur non moins voyante. Quelques unes avaient la figure recouverte d'un voile, c'étaient les musulmanes ; les autres, sans voile, étaient des Arabes chrétiennes. Le voile, ou plutôt le chiffon que les femmes syriennes portent est horrible : c'est un carré de mousseline de couleur, avec des ramages bigarrés ; cela leur fait un museau affreux.

En deux jours j'eus visité tout ce que Beyrouth a de curieux, et je m'y serais fortement ennuyée en attendant le prochain bateau, si je n'y avais pas fait la connaissance de deux hommes des plus distingués, Davoud-Oglan-Pacha et le consul de Russie. Le premier est un homme réellement éminent et d'une intelligence supérieure ; il est, comme on le sait, le gouverneur du Liban. Les Arabes l'appellent le Roi des Montagnes. Davoud-Pacha a su se faire craindre et respecter aussi bien par les Druses que par les Maronites et les Turkomans. Mais ces gens-là, tout en le craignant, l'aiment beaucoup, à cause de son équité, de son énergie et de l'impartialité dont on cite des exemples frappants. Il rend la justice à tous, et n'est pas moins sévère pour ses coreligionnaires que pour ceux qui ne le sont pas.

Davoud-Pacha est très-instruit ; il est l'auteur de plusieurs ouvrages remarquables, entre autres de l'*Histoire de la législation des anciens Germains*. C'est lui qui a rétabli la tranquillité au Liban, et c'est bien grâce à lui si de nouveaux massacres n'ont pas ensanglanté ces contrées.

Le consul de Russie, M. Becker, est depuis trente ans consul en Orient; aussi a-t-il pris beaucoup des habitudes et des mœurs de ce pays. Il en a d'abord l'hospitalité, les manières affables et bienveillantes envers l'étranger. La jolie maison qu'il habite est meublée à l'orientale, et possède une petite ménagerie qui a fait mon bonheur. Le principal personnage de cette ménagerie est un petit singe qui est bien l'animal le plus amusant et le plus intelligent que j'aie jamais vu, servant à table, comme un vrai maître-d'hôtel, saluant avec courtoisie les visiteurs qui lui conviennent, mordant ceux qui lui déplaisent. Il a pour amis intimes deux beaux chiens et une gazelle au doux et larmoyant regard. En contemplant cette charmante petite bête, je fis un jour la remarque que les poëtes sont parfois inexplicables dans leurs comparaisons : ainsi, lorsqu'ils parlent d'une femme, d'une beauté accomplie, ils vous diront

Qu'elle a un cou de cygne,
Une taille de guêpe,
Un regard de gazelle.

Eh bien, que votre imagination se mette en campagne, lecteur, et qu'elle se figure une femme ayant une taille pouvant lutter de finesse avec celle de la guêpe! ce cou long, ondoyant et bête du cygne! ces gros yeux ronds, à fleur de tête et larmoyants de la gazelle! Cette femme-là serait tout simplement atroce, et elle n'aurait rien de mieux à faire que de se cacher pour ne pas effrayer les passants.

Douze jours après, je me retrouvai en face de Jaffa, et, cette fois-ci, la mer était calme, unie comme une glace; nous avions à bord de notre bateau quelque chose comme trois cents pèlerins russes, pauvres diables en haillons qui avaient retenu des places sur le pont.

La façon dont on débarque ces pieux pèlerins est assez originale. Dès que notre bateau eut jeté l'ancre, il fut entouré d'une multitude de barques arabes, dont chacune contenait une dizaine de grands gaillards en guise de bateliers; ils criaient, gesticulaient à qui mieux mieux, et finirent par prendre notre bateau d'assaut : d'assaut est le mot, car les uns pénétrèrent par l'échelle; les autres, s'accrochant comme des chats, escaladèrent par l'avant et par l'arrière. Une fois sur le pont, ils se mirent à traiter avec les pèlerins russes du prix de leur débarquement.

« Combien nous demandez-vous?

— Dix piastres par personne, dit l'un.

— Cinq! » crie un autre.

Chacun offre un prix différent, gesticule et se démène comme il peut. Les pèlerins, assourdis par ce tapage, ne sachant à qui se confier, se bouchent les oreilles, mais ne bougent pas ; alors les bateliers arabes se décident à un moyen énergique et expéditif ; ils empoignent à bras-le-corps ces pauvres gens, hommes, femmes, enfants ou vieillards, et, sans même se donner la peine de descendre avec leur fardeau par l'escalier accroché au bateau, ils les jettent tous par-dessus le pont dans les barques. Vous vous figurez sans peine quel vacarme en résulte.

Les Russes se défendent comme ils peuvent ; chacun d'eux essaye de protéger ses paquets, sa besace, qui contient ses hardes et son pain ; mais les bateliers les leur arrachent des mains et jettent tout pêle-mêle dans les barques. Tout, non, je me trompe, car une grande partie tombe dans la mer.

Les pèlerins, une fois débarqués à Jaffa, vont à l'agence russe, où ils sont tenus de déposer l'argent nécessaire pour payer leurs frais de retour. Ordinairement ils y passent un jour, ou quelques heures, pour se reposer des fatigues de leur traversée. Leur campement est en plein air ; les uns s'entassent dans la cour de l'agence et dans celle de la maison, consulaire les autres où ils veulent. Ensuite ils continuent leur route à pied jusqu'à Jérusalem. Or, avec un excellent cheval, j'ai mis moi-même quatorze heures pour y arriver. Jugez du temps qu'il leur faut pour y aller à pied !

Ces pèlerins appartiennent presque tous au bas peuple russe ; beaucoup ne sont que de simples mendiants. Ils quittent leurs chaumières sans emporter un centime, prennent une besace qui contient quelques haillons, et une autre vide, qu'ils remplissent en route du pain qu'ils doivent à la charité.

Généralement, toute la famille part : enfants, vieillards, femmes. On voit des mères, plus dévotes que bonnes mères, traîner après elles ou porter sur leur dos de pauvres petits enfants en bas âge, tout pâles et étiolés par les fatigues, le froid et la chaleur. Il y en a qui viennent du fond de la Russie ; sur leur chemin, ils mendient : « C'est pour aller en terre sainte, » disent-ils ; et on leur donne du pain et de l'argent, car ceux qui font ce pèlerinage sont très-bien vus en Russie. Donc chacun s'empresse de leur venir en aide ; il arrive même qu'on leur confie de l'argent pour acheter telle ou telle chose au saint sépulcre...

Quoique pauvres et mendiants, ils sont honnêtes, et ils font toujours de cet argent l'emploi qu'on leur a indiqué.

Lorsqu'ils arrivent à Odessa, ils ont souvent plus de quatre ou cinq cents roubles; ils s'embarquent sur un bateau russe qui fait le voyage de la côte, et qui met de vingt à vingt-cinq jours pour faire le trajet d'Odessa à Jaffa. Ces malheureux n'ont que des places sur le pont; ils restent là tout le temps, exposés au froid et à la pluie. Jugez de ce qu'ils doivent souffrir, et combien doit être robuste la dévotion qui les porte à endurer cette traversée si longue, avec un pont pour lit et le ciel pour plafond!...

Ce qui m'a révoltée, c'est de voir des femmes ayant avec elles de tout jeunes enfants! Ces pauvres petits êtres poussaient des cris de douleur qui me fendaient le cœur... Je dois dire cependant qu'au premier mot que j'ai dit en leur faveur au commandant, il donna des ordres pour qu'on mît pendant la nuit les mères et les enfants à l'abri...

Pour comprendre comment des pèlerins quelquefois riches au départ finissent par mendier leur pain, il suffira de dire qu'ils payent d'abord à Odessa leurs places pour aller à Jaffa, puis ils déposent à l'agence la somme nécessaire pour le retour, et le reste, sans garder un rouge liard pour eux, ils le donnent à l'évêque grec de Jérusalem, pour être distribué aux églises et aux couvents de leur religion.

En voyant le petit port ou plutôt ce qui forme le port de Jaffa, je n'ai pu m'empêcher de remonter en pensée au temps des Hébreux. Alors Jaffa était une ville importante, le seul port qu'ils eussent sur la Méditerranée, ce qui fait supposer que leurs ingénieurs étaient peu habiles. Je crois cependant que les abords de ce port devaient être moins ensablés qu'ils ne le sont aujourd'hui, puisque c'est là que furent débarqués ces fameux cèdres que Salomon fit venir du Liban pour orner son palais. Ce qui prouve, par parenthèse, que la science de transplanter les arbres était déjà connue à cette époque, et que l'honneur de sa découverte n'en revient pas tout à fait à M. Haussmann.

Jaffa a été illustrée de maintes façons : c'est là que vivait le prophète Jonas ; c'est de là qu'il s'embarqua pour aller à Tarse. La Bible nous dit que pendant ce trajet une tempête furieuse se déchaîna sur la mer, que le bateau sombra et que Jonas fut avalé par... vous savez la fin de l'histoire... j'allais dire la fable.

Andromède et Persée ont, eux aussi, illustré

Jaffa. On montre encore le rocher où Andromède fut exposée... selon la fable, je puis le dire cette fois-ci.

Jaffa ou *Joppé* (la bien-heureuse) a eu à subir mille vicissitudes : prise et reprise par les Égyptiens, les Assyriens; brûlée par Judas Macchabée, ravagée par Vespasien, conquise par les Sarrasins au VIIe siècle, les croisés l'enlevèrent d'assaut au XIIe siècle, et en firent un comté que posséda Gautier de Brienne; enfin, les soudans d'Égypte la reprirent aux croisés, et se la virent à leur tour enlevée par les Turcs. Une fois devenue ville musulmane, ses jours de splendeur disparurent comme par enchantement.

Aujourd'hui Jaffa est une sale petite bourgade sans importance, si ce n'est cependant qu'elle fait le commerce des oranges. Le passage des pèlerins lui donne du mouvement et de l'animation; elle a aussi deux ou trois foires dans le courant de l'année qui sont visitées par les Bédouins venant des bords du Jourdain et de la mer Morte.

Ces tribus sont presque sauvages; les hommes ont des types durs et cruels; à voir leurs petites dents blanches, aiguës, leurs larges mâchoires, on se demande s'ils ne seraient pas par hasard anthropophages. Ce qui est positif, c'est qu'ils détroussent très-volontiers les voyageurs, et feraient de fort bons *birbanti* dans les États pontificaux.

Les Bédouins ont pour tout costume un carré de laine sur la tête. Malgré ce costume, ou plutôt cette absence de costume, l'autorité turque n'ose pas les empêcher d'entrer dans Jaffa.

Il est une autre tribu qui porte le même costume et qui envahit chaque année la ville aux approches de Pâques, époque à laquelle abondent les étrangers allant en terre sainte. Les gens qui composent cette tribu mendient ordinairement, et comme ils ont l'aspect assez farouche, lorsqu'ils viennent vous demander l'aumône ils ont plutôt l'air de vous demander la bourse ou la vie que la charité, s'il vous plaît!

Vue de la mer, Jaffa est charmante. Toute la ville est bâtie en amphithéâtre sur une colline sablonneuse. En allant à droite vers le nord, on aperçoit le commencement des montagnes de la Judée. L'intérieur de la ville est sombre et misérable : de petites rues tortueuses à escaliers, des portes basses. Pour y circuler à cheval, on risque de se casser la tête à chaque instant. La population vit dans la rue : pour ces bonnes gens comme pour les Napolitains, la rue est un domicile. Ils y font leur cuisine et leur toilette. Les femmes arabes chrétiennes portent le costume arabe, moins le voile. La population de Jaffa est d'environ six mille habitants, dont un cinquième à peu près est chrétien.

Il n'y a pas de consuls à Jaffa, mais seulement des agents consulaires, qui presque tous sont des négociants. Le principal commerce consiste en huiles, en grains et en fruits, parmi lesquels les belles oranges de Jaffa sont réputées dans le monde entier.

La ville est défendue par une enceinte fortifiée qui se trouve dans un état pitoyable ; elle possède quelques canons braqués sur la mer.

Jaffa n'offre rien qui puisse charmer les étrangers : pas un hôtel, pas la moindre ressource ; on est réduit à demander l'hospitalité à un agent consulaire, ou bien à aller loger dans un couvent.

Comme souvenir de son ancienne splendeur et comme preuve de sa haute antiquité, il ne lui reste que quelques colonnes brisées et quelques gros blocs de pierre ou de marbre rouge.

La ville n'a qu'une seule porte, située au nord-est ; elle offre un coup d'œil original. Une foule de charretiers, d'âniers, de marchands, de Bédouins, y tiennent une espèce de marché. Je ne sais pas s'il s'y vend beaucoup de marchandises, mais j sais que toutes ces bonnes gens crient, hurlent, gesticulent, comme s'ils allaient s'entre-dévorer.

La seule promenade qu'on puisse citer, à l'exception des jardins d'orangers, est une espèce d'esplanade plantée de sycomores, où se trouve une fontaine mauresque nommée *Abou-Nabbout.* C'est là que viennent flâner les oisifs de la ville et que les Arabes fument leurs narguillés en savourant le café. Les femmes arabes y viennent aussi par bandes, s'asseyent en cercle et causent gaîment. Celles qui sont chrétiennes gagnent peu à n'être pas voilées, car les Syriennes n'ont pas un joli type. Celles qui ont un voile ont au moins l'avantage de laisser supposer des charmes inconnus, tout comme les houris du prophète. Elles ont pour voile, ainsi que les femmes de Beyrouth, un affreux mouchoir en mousseline imprimée sur fond rouge, jaune ou vert, avec des dessins de fleurs. Ce mouchoir leur encadre le visage et ne les embellit guère. Autant le voile des Stamboulines est gracieux et avantageux en cachant à demi celles qu'il recouvre, autant ce mouchoir bizarre est désavantageux à tous les points de vue.

Si la ville de Jaffa est laide, malpropre, sombre, en revanche ses environs sont charmants, gais et riants. Rien n'est joli comme ces beaux jardins d'orangers et de citronniers échelonnés sur les collines le long du rivage, à travers lesquels on jouit d'une vue superbe sur la mer en respirant le doux parfum des fleurs.

Il fallut pourtant quitter cette belle nature pour se diriger vers Jérusalem ! J'avais hâte d'y arriver, et comme mon guide Aly connaissait très-bien cette route, je le chargeai des préparatifs du voyage.

On trouve à Jaffa des portantines, espèces de chaises à porteur, pour les dames qui redoutent la fatigue du cheval. Quatre vigoureux Arabes vous enlèvent, et c'est une justice à leur rendre qu'ils courent, montent, descendent et s'arrêtent sans se souvenir le moins du monde des secousses qu'ils font éprouver aux personnes qui ont l'imprudence de se confier à leurs soins. Il va sans dire que je préférai me confier à un bon cheval, malgré les représentations d'Aly.

L'année 1865, les Pâques des Grecs, des Latins et des Arméniens tombaient le même jour ; aussi le chiffre des pèlerins était-il triplé ; l'affluence était énorme. Les routes de Damas et de Jaffa à Jérusalem étaient encombrées de voyageurs ; on apercevait au loin une file interminable de toutes sortes de quadrupèdes ; chevaux, chameaux, ânes, mulets, avançaient péniblement à travers un dédale de rochers, faisant rouler des pierres sous leurs pas et soulevant des masses de poussière. Les gens perchés sur ces montures présentaient un coup d'œil des plus bizarres ; on y trouvait un échantillon de toutes les nations de l'ancien monde, depuis l'Abyssin jusqu'au Cosaque du Don.

Le musulman s'y faisait remarquer par l'élégance et le pittoresque de son costume, le juif par sa malpropreté, le Russe par son bonnet et ses habits en peau de mouton. Le Chypriote, assis sur une immense pile de coussins et de couvertures, conservait son air sérieux, et ne semblait préoccupé que du moyen de conserver son équilibre sur ce singulier échafaudage.

Tout ce monde paraissait très-pressé d'arriver. Les enfants de Mahomet se rendaient à Jérusalem pour se prosterner devant l'*Essakhiah*, rocher qui se trouve dans la mosquée d'Omar et qu'ils croient suspendu dans l'espace sans aucun point d'appui. La légende musulmane dit que Mahomet se trouvait sur ce rocher lorsque Dieu lui donna l'ordre de monter au ciel pour prendre ses ordres. Le rocher, à la voix du Créateur maître suprême, quitta de lui-même le sol. Dieu lui commanda de s'arrêter dans cette position, et il y resta suspendu par la volonté divine.

Les enfants d'Abraham allaient à Jérusalem

pour y répandre des larmes sur les derniers vestiges du temple de Salomon, et pour demander à Dieu qu'il soit reconstruit un jour. Ils espèrent toujours rentrer en possession de leur ville natale et rebâtir leur temple. Ce miracle, ils l'attendent de la volonté de Dieu, avec l'aide de MM. de Rothschild et Montefiore.

Les chrétiens enfin s'acheminaient vers la ville sainte pour y faire leurs dévotions, pour y laver leurs péchés et déposer leurs offrandes au pied des autels du saint sépulcre. L'argent qu'on apporte chaque année à Jérusalem de toutes les parties du monde est vraiment incalculable. Que devient cet argent? Personne n'a su me l'expliquer. Venaient encore bien d'autres personnes attirées tout simplement par la curiosité et le spectacle grandiose des cérémonies de la semaine sainte.

Parmi cette foule, on remarquait un certain nombre de dandys de la vieille Europe, qui, trouvant insipide et banal de se faire transporter à Jérusalem à l'aide de la vapeur, et d'y arriver par des voies carrossables, croient qu'il est de meilleur ton, plus *chic*, comme on dit en argot, de rester hissés pendant plusieurs semaines sur le dos d'un chameau pour traverser le grand désert qui s'étend de Jérusalem au mont Sinaï, et de prolonger le voyage d'un mois en passant par *Pètra* et *Korak*.

Peu d'entre ces messieurs peuvent se rendre compte du but de leur voyage. Ils ne le font ni pour collectionner des cailloux et des pierres du désert, ni pour recueillir des insectes et des herbes, qui n'existent pas dans le désert, ni pour vérifier l'exactitude des récits des voyageurs qui les ont précédés; non, leur seul but est de faire une chose excentrique et de pouvoir s'en vanter après.

Ils arrivent noirs comme des Abyssins à Jérusalem, mais cela leur est égal. Depuis quelques années, il est bien porté d'aller se balancer pendant plusieurs semaines sur le dos d'un chameau ou d'un dromadaire, et de se griller aux rayons d'un soleil ardent, par conséquent le nombre des voyageurs qui prennent la route du grand désert a doublé. Les pick pockets anglais s'accordent aussi le luxe de ce voyage, et ils profitent des cérémonies de la semaine sainte pour exercer leur métier à cœur joie.

Dans le nombre des voyageurs se rendant à Jérusalem je distinguai aussi quelques Parisiens. Je me sers du verbe *distinguer* avec intention, car un Parisien se fait remarquer partout où il se trouve, par l'étrangeté de son attitude. Il ne parle que des boulevards, du café Foix, du café Anglais, et paraît profondément étonné que lesdits cafés et boulevards ne le suivent pas dans ses pérégrinations. Il les cherche même au pied des pyramides, car le plaisir est incomplet quand ils ne sont pas là.

Puis il critique tout ce qu'il voit, tout ce qu'il entend, et se drape dans un scepticisme de mauvais aloi. Après cela, le Parisien a une rare inexpérience des voyages, surtout dans les pays qui ne ressemblent en rien à la France par les mœurs et le climat : il emporte une foule d'inutilités qui l'embarrassent, et n'a rien de ce qui pourrait lui être nécessaire.

Ceux qui se rendaient à Jérusalem en 1865 avaient deux ou trois révolvers à leur ceinture, autant de poignards, puis des pistolets et des coutelas à l'arçon de leur selle ; ils marchaient armés en guerre, comme pour une nouvelle croisade, croyant voir partout une troupe de *birbanti* prêts à les dévaliser. Les musulmans qu'ils rencontraient souriaient en les regardant avec un air railleur.

Le voyage de Jaffa à Jérusalem est de quatorze à quinze heures à cheval. On voit de distance en distance de petites tourelles surmontées d'une terrasse : dans ces tourelles se tiennent les gardiens de la route, établis là pour veiller à la sécurité des voyageurs. Du haut de ces terrasses la vue est très-étendue, une sentinelle y monte la garde nuit et jour... Grâce à cette active surveillance, la route est plus sûre que les rues de Paris en plein jour !

LES ESSENCES DE JÉRUSALEM

La ville, les environs, le saint sépulcre et ses cérémonies religieuses, la mosquée d'Omar.

Avant tout, un aveu. Je n'ai du reste pas grand mérite à le faire, car un aveu désarme toute attaque, et je préfère dire moi-même ce qui m'a inspiré le titre de ce chapitre que de le laisser dire aux autres !

Eh bien oui, *les Essences de Jérusalem* sont un pur plagiat, celui que j'ai pillé est M. Veuillot..; mais il est si riche, qu'il me pardonnera facilement (je n'en doute pas) ce petit larcin.

Quand on a écrit *les Parfums de Rome*, on ne peut refuser un bon accueil aux *Essences de Jérusalem*. La ville sainte vaut bien la ville éternelle.

La première chose qui frappe le regard en arrivant à Jérusalem par la route de Jaffa, c'est l'immense établissement russe, construction lourde, massive, disposée sur un grand plateau et qui masque complétement ce côté de la ville. On dirait que la Russie a tenu à honneur de témoigner ainsi de sa prépondérance, et on ne saurait trop le regretter. C'est là qu'est l'ancien emplacement du camp de Titus; on y retrouve aussi les traces du premier campement de Godefroy de Bouillon. Ces constructions consistent en quatre grands corps de logis, affectés à l'usage d'une mission religieuse russe. Il y a un hôpital, un hospice pour les femmes, et un autre pour les hommes; ces deux hospices sont séparés par un grand bassin rempli d'eau !... Est-ce pour empêcher toute communication ? Je l'ignore.

Au centre de ces édifices s'élève une très-belle cathédrale, d'un style mêlé, mais se rapprochant, comme toujours, du style byzantin. L'intérieur n'est pas encore terminé.

Il y a aussi une résidence pour le consulat russe. Tout cela est entouré d'une haute muraille ayant plus d'un kilomètre de longueur. L'intention est plus qu'évidente : la Russie veut avoir sa ville dans la ville sainte, et c'est par là surtout qu'elle veut éclipser les autres puissances.

L'origine de Jérusalem remonte, à ce que prétendent beaucoup d'archéologues, à Melchisédech, contemporain d'Abraham. Pour ne pas me laisser entraîner dans des digressions qui me feraient dépasser le cadre de mon volume, je ne puis m'amuser à citer tout ce qui a été dit sur l'origine de cette ville, qui, en tout cas, est une des plus anciennes et des plus illustres du monde.

Lorsqu'on a traversé le plateau occupé par la colonie moscovite, l'œil embrasse toute l'étendue de la ville, dont le mur d'enceinte se dirige en courbe du nord au sud-ouest; çà et là, des créneaux, qui remontent à différentes époques, disparaissent sous le massif des bâtiments élevés plus récemment. Je citerai seulement la terrasse du couvent des Franciscains, situé près de la tour de Tancrède; celle d'un magnifique palais encore en construction, que la ville sainte devra à l'active sollicitude de son patriarche latin, monseigneur Valerga; enfin, les tourelles et le minaret de la citadelle, nommée à tort la *Tour de David*.

Le mont Sion se dresse au milieu de tout cela, avec ce charme indescriptible de grandeur et de poésie qui n'appartient qu'à lui. Les beaux arbres du jardin des Arméniens font un contraste admirable avec le fond morne et terne du tableau. A droite, au delà d'une vallée étroite, plantée de quelques oliviers rabougris et ensemencée de céréales, vous voyez un vaste coteau, fort bien cultivé et couvert de vignes, de mûriers, de grenadiers entremêlés de rosiers, d'amandiers, d'acacias et de lilas de Perse. Ce coteau, ou plutôt ce vaste jardin, est la propriété d'un moine grec qui, en bon seigneur qu'il est, l'a mis à la disposition du public. Les désœuvrés de Jérusalem viennent s'y promener ; les femmes surtout l'ont pris en affection et en ont fait le but de leurs promenades journalières. Drapées avec grâce et dignité dans leurs blancs linceuls, elles font un effet très-pittoresque, vues à travers les touffes de fleurs et de verdure dont ce jardin est orné.

Tout le mur d'enceinte de la ville, restauré au XVIe siècle par le sultan Soliman, ne résisterait pas, sans aucun doute, à un boulet de canon lancé par nos pièces rayées. Pourtant, en plusieurs endroits, spécialement du côté de l'est, près de la porte d'Or, on voit encore dans les soubassements de la muraille d'immenses monolithes de quinze à vingt-cinq mètres cubes d'épaisseur. Ces monolithes, témoins muets de la splendeur de l'antique Jérusalem, semblent, par leurs dimensions colossales, reprocher à notre siècle l'état de faiblesse et d'abandon dans lequel nous laissons le berceau du christianisme.

Ces immenses blocs de pierre sont en bossage, c'est-à-dire sur deux faces, et taillés seulement sur les bords, de manière qu'il reste au milieu un cadre proéminent qui devait servir de point d'appui au levier destiné à les déplacer. Cette façon de tailler la pierre en bossage est le caractère distinctif de toutes les constructions judaïques depuis Salomon jusqu'à Hérode.

Tout récemment encore on a déblayé, dans des ruines situées tout près du saint sépulcre, de magnifiques spécimens de cette architecture. C'était une rangée entière de beaux monolithes salomoniens, qui ont été achetés par le gouvernement russe.

Les archéologues ont vu dans cette riche trouvaille une preuve de plus de l'authenticité du saint sépulcre.

La porte d'Or est actuellement murée, et voici pourquoi. La légende turque dit qu'une prophétie a annoncé aux musulmans qu'ils seraient chassés un jour de Jérusalem par des chrétiens qui viendraient par cette porte-là, et qui entreraient en profitant du moment où le *Muézin* aurait appelé tous les fidèles à la mosquée. Sur cette prophétie les

Turcs ont fait murer la porte, oubliant sans doute que ce serait là un faible rempart contre les hommes, et bien éphémère contre la volonté divine. C'est par la porte d'Or que Notre-Seigneur fit son entrée dans Jérusalem après la resurrection de Lazare.

Les autres portes ont aussi leurs souvenirs.

C'est par la porte dite de Jaffa qu'entrent habituellement toutes les caravanes de pèlerins.

Celle du Sud, qui donne sur le mont Sion, est celle par où passent les processions d'enterrements chrétiens ; celle de l'Est mène, par une descente rapide, à Gethsémanie, à la vallée de Josaphat, au mont des Oliviers, et de là au Jourdain ; les Arabes l'appellent *Bab-el-Sitty-Marian* (porte de la Dame-Marie), car c'est ainsi que les musulmans nomment la sainte Vierge. Les femmes musulmanes, qui ont pour elle une grande vénération, vont fréquemment en pèlerinage se prosterner sur son tombeau.

Au nord, on voit encore la porte de Damas, qui donne sur une plaine traversée par la route qui conduit à Naplouse et à Damas. C'est par ce côté, qui est le plus faible au point de vue stratégique, qu'on a toujours attaqué et pris d'assaut Jérusalem, depuis Titus jusqu'aux Turcs *Seldjoucides*, au XVIe siècle.

Il n'y a pas de ville au monde qui ait autant de fois changé de maître, et qui ait supporté autant de siéges et de destructions; aussi le côté nord ne présente actuellement qu'un amas de ruines sur lesquelles s'élèvent pêle-mêle d'affreuses habitations arabes dont la structure est des plus primitives et d'une absence complète d'art, de goût et de symétrie; leur solidité même laisse beaucoup à désirer. Aussi lorsque le gouvernement autrichien acheta une partie de ce terrain pour y bâtir un hospice pour ses nationaux, on fut forcé de déblayer le terrain à la profondeur de plus de quinze mètres, ce qui prouve, par parenthèse, de combien se trouve exhaussé de nos jours le sol de Jérusalem. Du reste, ce qui le prouve mieux encore, c'est l'examen de certaines parties du mur d'enceinte, dont la hauteur à l'extérieur dépasse de beaucoup celle qu'il a intérieurement.

Il y a bien encore une cinquième porte à Jérusalem : c'est celle des *Magrabites*, qui a vue sur le village de Silsam; mais ce n'est qu'une espèce de poterne ordinairement fermée.

C'est toujours par la porte de Damas que fait son entrée solennelle à Jérusalem tout nouveau gouverneur civil ou militaire de la province. Serait-ce en commémoration des anciens conquérants qui l'ont visité? Le fait est que la tradition s'en est conservée et qu'on l'observe encore scrupuleusement. Un pacha qui aurait la maladresse d'arriver par une autre porte serait fort mal reçu par la population et fortement réprimandé par son gouvernement.

Les musulmans avaient introduit à Jérusalem l'usage de fermer toutes les portes de la ville au coucher du soleil, et de ne les rouvrir qu'au lever du jour. On les fermait aussi tous les vendredis de onze heures à une heure après midi, ces heures étant consacrées à des prières solennelles dans la mosquée d'Omar. On comprendra facilement combien cet usage était incommode pour les Européens et les voyageurs, qui se trouvaient souvent obligés de camper à la belle étoile s'ils s'étaient un peu attardés. Aujourd'hui on a introduit quelques modifications. Les vendredis, les portes sont encore closes; mais depuis qu'on a bâti les hospices russes en dehors de la ville, on a commencé par accorder des laisser-passer de faveur pour les sujets du czar; et comme les autres Européens se sont récriés contre ces exceptions, le gouverneur actuel, Izzet-Pacha, a donné l'ordre de laisser entr'ouverte toute la nuit la porte principale, c'est-à-dire celle de Jaffa. C'est donc à l'aimable tolérance de ce pacha que les Européens doivent de ne plus se trouver exposés à coucher en plein air. J'allais oublier de vous dire que cet usage de fermer les portes le vendredi de onze heures à une heure s'attache à une légende fort accréditée, qui prétend que les musulmans seront chassés de Jérusalem un vendredi, au moment de leur grande prière.

Izzet-Pacha, homme adroit, intelligent et habile, a rendu de grands services à la ville, et les touristes lui doivent le confort qu'ils y trouvent. Avec beaucoup d'énergie et de savoir-faire, il a su vaincre le fanatisme musulman, qui s'opposait obstinément à toutes les améliorations nécessaires. Avant lui, par exemple, on manquait d'eau pendant tout l'été ; pour remédier à ce grave inconvénient il a fait arriver en ville l'eau des puits de Salomon, en faisant réparer les aqueducs construits par le grand roi d'Israël. C'est un service signalé rendu à la population entière, qui n'avait pour se désaltérer que l'eau des pluies recueillie dans des citernes. Qu'on se figure ce qui se passait lorsqu'il ne pleuvait pas !

Ce même pacha a fait aussi repaver toutes les rues de la ville, qui étaient avant lui dans un état tellement déplorable qu'on ne pouvait pas s'y promener sans courir le risque de se casser une jambe. Il a même fait éclairer la ville au moyen de lanternes à l'huile. Dame! ça ne vaut ni le gaz, ni la lumière électrique, mais c'est déjà un progrès sur l'obscurité, et pour une ville turque la lanterne à l'huile est le signe d'une grande civilisation.

Les touristes doivent encore à Izzet-Pacha la libre entrée dans la mosquée d'Omar. Anciennement, aucun chrétien ne pouvait y pénétrer; l'infraction à cette défense était punie de mort, à moins que le chrétien ne fût assez lâche pour consentir à abjurer sa foi et à se faire musulman. — Je retrouve à ce sujet quelques détails curieux dans un vieux bouquin intitulé : *Le Bouquet sacré, composé des Roses du Calvaire, de Lys de Bethléem et des Jacinthes d'Olivet*, écrit par le révérend père Boucher, mineur observantin, l'an 1613.

Le père Boucher raconte son voyage en Orient. Il commence par l'Égypte, et ce qu'il dit prouve que les Européens y étaient en petit nombre à cette époque.

« Ayant obtenu la permission (je cite l'auteur) de faire un sermon à Alexandrie, trente-trois personnes se présentèrent pour écouter mon prêche; dix étaient Françaises et les vingt-trois autres étaient Italiennes, ce qui me força à prêcher d'abord en français, ensuite en italien. »

Plus loin il parle longuement des dangers qu'il a courus pour se rendre d'Alexandrie au Caire. Il a mis cinq jours à dos de chameau, dit-il, pour faire ce trajet, après avoir traversé des provinces habitées exclusivement par des voleurs. Certes, le chemin de fer qui conduit aujourd'hui d'une de ces villes à l'autre laisse beaucoup à désirer, mais pourtant on met moins de cinq jours pour faire ce voyage, et on n'a pas à craindre des attaques à main armée.

En parlant du Caire, le bon père Boucher a fait une singulière confusion ; il dit que cette ville s'appelait, au temps jadis, *Memphis*, ensuite *Babilonne* et enfin *Kaïro!*

Voici ce qu'il dit de Jérusalem. Je dois avouer que ce bon père a eu un peu trop d'imagination, et que comme voyageur il a usé et abusé du proverbe : « A beau mentir qui vient de loin ! » car il commence par donner une longue et détaillée description du temple de Salomon, dont, même en 1613, il ne restait que des vestiges en ruine. Mais le pieux pèlerin le reconstruit dans son imagination, et, prenant la fiction pour la réalité, il a écrit et publié ce qui suit :

« On voit encore debout, du temple de Salomon, d'abord le parvis des Gentils, puis celui des Juifs, parvis de deux cent cinquante pas carrés, ce qui fait mille pas de circuit, séparés l'un de l'autre par un escalier de quinze marches, où se tenaient les prêtres pour chanter les quinze psaumes. Mais le sanctuaire, où était l'arche d'alliance, avec les chandeliers d'or massif, les tables d'or, tout cela a disparu : on n'y trouve plus autre chose qu'une grande quantité de lampes.

« La partie couverte du temple de Salomon n'a plus sa forme carrée, elle présente une forme pyramidale, appelée *polyhedra*, c'est-à-dire plusieurs faces. On y voit seize colonnes de bronze assorti, ornées de verrières cristallines, et le bas enrichi tout autour de mosaïques. Entre ces colonnes on en voit d'autres plus petites en porphyre et en marbre.

« Ce fut un plaisir doux pour mes yeux (c'est toujours le pieux pèlerin qui parle), quand du Mophet où j'étais je vis cet édifice ; le soleil dardait sur lui ses rayons brûlants et faisait miroiter de mille couleurs toutes ces pierres transparentes et ces verrières cristallines. Ces rayons faisaient jaillir tant d'étincelles que je crus voir devant mes yeux un ciel tout parsemé d'étoiles brillantes.

« Les quatre portes du temple sont encore debout, mais la porte dorée est close de murailles. Tout le temple est entouré d'un mur. Aux quatre angles se trouve un oratoire ; celui qui donne par la porte dans la vallée de Josaphat est très-grand. Ce fut là que la Vierge, âgée de trois ans, fut présentée au temple ; c'est pourquoi on l'appelle temple de la Présentation. La Vierge resta là jusqu'à l'âge de quinze ans, où elle épousa Joseph. Ce temple était comme un monastère où les jeunes filles dévotes restaient jusqu'à leur mariage.

« Cet oratoire sert aujourd'hui de logis ou de palais au *cady* ou juge de Jérusalem et à ses deux *cacayats* (juges assesseurs). Tous ceux qui entrent dans le temple de Salomon et qui ne sont pas mahométans sont condamnés à mort, ou bien il faut qu'ils se fassent Turcs sur l'heure ; les Turcs n'estiment aucun lieu en sainteté autant que celui-là.

« Or, si moi, pauvre pèlerin, je suis parvenu à y entrer, voici comment.

« Le *morphidi*, grand patriarche des musulmans de toute la Palestine, tomba malade ; son médecin était allé à *Gaza*, pourtant le mal empirait ; alors le *morphidi* envoya chercher le médecin du couvent où j'étais logé ; deux serviteurs vinrent lui dire que leur maître le priait instamment de venir vers lui.

« Le docteur répondit qu'il ne pouvait y aller, non par mauvaise volonté, mais à cause de la rigueur de la loi qui punissait de mort tout chrétien qui entrait au temple.

« Le morphidi renvoya son *sancton* dire au R. P. prieur de lui envoyer son docteur sans crainte, qu'il jurait sur son turban qu'il ne lui serait fait aucun mal. Après ce serment, le médecin se décida à y aller, car lorsqu'un Turc jure sur son turban, c'est-à-dire sur la tête de son roi, même pour se sauver de la mort il ne se parjurerait pas. Le prieur me dit donc : «Accompagnez, mon fils, le médecin, car vous verrez des choses rares et curieuses. Ce que je fis avec empressement.

« Nous sortîmes du couvent, le médecin, moi et deux truchements, le premier sancton du morphidi, deux de ses serviteurs et deux janissaires. Nous entrâmes dans le temple par la porte belle, élevée au-dessus de la rue de huit marches en beau marbre blanc et gris. Nous cheminâmes dans le temple environ soixante pas, au bout desquels nous entrâmes dans le logis dudit morphidi, qui est magnifique et situé dans la partie septentrionale dudit temple... Suivant la coutume du pays, nous laissâmes nos souliers à la porte.

« Les parois de la chambre du morphidi étaient azurées et dorées, le pavé couvert de tapis turcs ; lui était couché sur des coussins. Nous lui fîmes, le docteur et moi, le salut obligé, qui consiste à ployer le corps, baisser la tête, et porter la main droite sur son cœur, en lui disant : *salamalek Sultani*... Il nous rendit notre salut, et nous pria de nous asseoir, en nous montrant de beaux et riches coussins brodés d'or et d'argent.

« La première parole qu'il prononça fut un reproche envers le docteur religieux : « Plusieurs « princes et rois, lui dit-il, payeraient gros pour « entrer là où tu es entré sans rien payer ; et tu te « fais prier ! »

« Le médecin lui répondit qu'il avait eu la crainte d'être attiré dans un guet-apens par une feinte.

« Ce soupçon eut l'air de blesser beaucoup le Turc ; il lui assura de nouveau qu'il n'avait rien à craindre, et qu'il n'avait pas l'habitude de payer un service par une trahison.

« Après quoi il s'apprêta à lui raconter ses maux. Il lui avoua que depuis trente ans, par mortification, il ne vivait qu'avec du riz, des légumes, des fruits secs et de l'eau. En entendant cela, je me dis à moi-même : Ah ! pauvre homme, que de mal tu endures pour te damner éternellement !

« Durant que tu fais ta consultation, dis-je au morphidi, veux-tu me permettre de mettre la tête à la fenêtre ?

« Alors il comprit que j'avais grand désir de voir le temple, et il m'offrit d'aller le visiter, me faisant suivre d'un *santon* (religieux turc), ce que j'acceptai avec empressement, comme vous pouvez croire.

« On me conduisit d'abord dans une petite galerie, puis dans l'intérieur couvert du temple.

« Voici ce que je vis.

« Vingt-quatre piliers de marbre qui supportent le reste de l'édifice ; chaque pilier est orné de quatre lampes qui brûlent nuit et jour ; les verrières sont de cristal de roche, les parois faites de mosaïques parsemées d'une quantité d'animaux divers ainsi que de fleurs ; du reste, ni chaises, ni bancs, ni autre chose.

« J'ai vu l'endroit où Jésus chassa les vendeurs du temple, et où il donna l'absolution à la femme adultère, lieu que l'Écriture appelle *intravit templum sicut vendentes : venit in templum et adducunt ad eum mulierem.*

« Les Turcs reconnaissent cette partie du temple comme le vrai temple : c'est pourquoi ils défendent, sous peine de mort, aux chrétiens d'y entrer. Le morphidi nous fit de beaux cadeaux avant de nous renvoyer. En sortant, plus de trente Turcs ou Maures, qui étaient devant la porte dans la rue, en entendant dire que nous étions entrés dans le saint temple, nous entourèrent et se mirent, avec force menaces et grincements de dents, à nous injurier, nous traitant de chiens, de maudits, qui avions osé profaner le saint temple du Dieu de Mahomet. Malgré l'escorte de nos janissaires, nous courûmes grand danger d'être massacrés. »

J'interromps le récit de ce bon religieux observantin, et je répète encore qu'il lui a fallu une merveilleuse imagination pour décrire ainsi le temple de Salomon, car même à l'époque où il écrivait ce temple n'était plus qu'à l'état de souvenir.

Mais en ce qui concerne la défense faite aux chrétiens d'entrer dans la mosquée d'Omar sous peine de mort, son récit est parfaitement exact. Cet usage existait encore il y a trente ans, et ce n'est que depuis quinze ou vingt ans qu'on commença à faire quelques exceptions. On accorda des entrées de faveur à quelques illustres étrangers, et maintenant, grâce à la tolérance d'Izzet-Pacha, tous les touristes de qualité peuvent visiter la mosquée d'Omar impunément. Seulement, pour être juste, il faut convenir que ces visites entraînent les élus à de fortes dépenses. On est obligé de donner de forts *backchichs* aux employés de la police qui servent d'escorte et de ciceroni, et qui sont chargés en même temps de protéger les visiteurs contre le fanatisme des vrais croyants. Les musulmans se figurent toujours que le pied impur des chrétiens souille le sol de leur temple sacré, et ils les mettraient volontiers en pièces si on les laissait faire. Le cheik de la mosquée réclame lui aussi un fort *backchich* pour lui-même, de sorte que cette visite revient fort cher. Le pacha actuel ayant été instruit de cet abus, a ordonné qu'il fût défendu rigoureusement à tous ces gens-là de demander la moindre rétribution : c'est une attention des plus délicates dont on doit savoir gré au gouverneur. A l'heure qu'il est, l'escorte et le cheik se contentent de vous saluer humblement lorsque vous sortez, mais avec un regard si expressif, qu'il est presque impossible de leur refuser quelque chose ; mais au moins ce *backchich* n'est plus obligatoire, et l'on s'en tire avec un louis, tandis qu'auparavant on n'en était pas quitte à moins de deux ou trois cents francs.

A quelques pas de la porte de Jaffa se trouve la douane, qui ouvre et bouleverse, au milieu de la poussière de la route, les bagages des pèlerins. Un *backchich* ou le courbaches du cavas d'un des consulats vous débarrassent facilement des ennuis de cette visite.

En traversant une rue qui forme bazar, on arrive dans le cœur même de la ville, dans la rue principale, où sont tous les magasins européens, et aussi le meilleur ou le moins mauvais des hôtels de Jérusalem, celui de la *Méditerranée*.

Si l'empire ottoman présente une vraie mosaïque de peuplades de tout genre, l'enceinte crénelée de Jérusalem, dont on fait, à pied, le tour en moins de soixante minutes, offre une mosaïque plus curieuse encore de presque toutes les religions et rites connus. Les musulmans des cultes *shite* et *soumite*, les juifs talmudistes, samaritains et caraïniens, les chrétiens catholiques romains ou grecs unis, grecs orthodoxes ou de l'Église d'Orient, arméniens-grégoriens, arméniens-catholiques, cophtes, abyssiniens, syriens, protestants et anglicans, luthériens, calvinistes, ménonnites, quakers, enfin toutes les sectes y ont leurs représentants, même les Bédouins de quelques tribus qui n'ont aucune espèce de croyance. Tous ces clergés, généralement composés d'un personnel assez nombreux, sont réunis là, dans ce petit centre, au milieu d'une population dont le chiffre ne s'élève guère qu'à vingt-deux mille âmes.

De tous ces sectaires qui se heurtent dans ce petit espace, renfermé dans les murs de Jérusalem, les plus à plaindre sont sans contredit les juifs. Cette malheureuse race y grouille dans une misère et une saleté épouvantables, qui vous impressionnent péniblement. Les efforts charitables de MM. de Rothschild et Montefiore n'y apportent que de bien légers adoucissements.

Dans le dernier voyage que M. Moïse Montefiore a fait en Palestine, il forma le plan d'élever pour ses malheureux coreligionnaires des bâtisses en dehors de la ville, à l'instar de la colonie moscovite. Je ne sais si ce projet sera réalisé, mais il serait à souhaiter qu'il le fût, car ce serait le seul moyen de remédier efficacement aux souffrances de ces bonnes gens. L'hospice juif, qui se trouve sur la route de Bethléem, a tiré déjà de la misère bon nombre de personnes : les familles qui y sont admises sont approvisionnées d'eau, et ont à leur disposition une chambre bien aérée et une cuisine. Faire un second établissement de ce genre, en plus grand, serait réellement une œuvre bien digne de MM. de Rothschild et Montefiore.

Lors de la dernière épidémie cholérique, Jérusalem a été fortement atteinte. Les pauvres juifs, réunis ordinairement au nombre de cinq ou six familles dans la même masure, mouraient comme des mouches. On voyait souvent dans la même chambre, humide et malpropre, un ou deux morts couchés sur le parquet, et un agonisant. Ce spectacle était navrant. Je dois dire à la louange de nos consuls, qu'ils se sont admirablement conduits dans cette circonstance, et qu'ils ont bravement payé de leur personne en allant visiter les malades et leur distribuant des secours de tout genre.

Les juifs, épouvantés de voir avec quelle rage le fléau sévissait parmi eux, voulurent essayer de le conjurer par une cérémonie religieuse digne des temps les plus barbares du paganisme.

Deux familles venaient d'être frappées du choléra le même jour, laissant deux orphelins, l'une une fille de douze ans, l'autre un fils de seize ans. Toute la population juive se rendit au cimetière; deux tombes furent creusées, rapprochées l'une de l'autre; alors on fit descendre dans l'une la jeune fille, et dans l'autre le jeune garçon. Leurs têtes dépassaient à peine l'ouverture ; les cadavres des deux familles furent jetés à côté, attendant leur sépulture. Le rabbin s'avança vers les deux jeunes gens, et les maria au nom de la mort. La foule se pressait autour de cette sinistre cérémonie !

Le mariage célébré, les formules accomplies, on retira les nouveaux mariés de leur lugubre prison, et on mit les cadavres à leur place. Chacun des assistants se mit en devoir de jeter des poignées de terre sur eux, et en peu de temps les fosses furent comblées. La nuit était survenue ; alors on alluma des torches de résine, et leur lueur vacillante éclaira un hideux spectacle.

Sur ces tombes, des gens pâles, hâves, aux yeux creux, aux vêtements en lambeaux, se mirent à danser une espèce de sarabande, entremêlée de contorsions, de cris et de hurlements épouvantables. On mangea, on but, en présence des pauvres mariés de la mort, qu'on forçat même à danser sur la terre qui recouvrait les restes à peine ensevelis de leur famille. Cette danse, cette orgie au milieu d'un cimetière, cette lumière blafarde projetée par les torches, cette foule échevelée, tout cela formait un spectacle d'une horreur impossible à décrire. Plusieurs de ces malheureux n'eurent pas même le temps de quitter le cimetière, ils y tombèrent foudroyés par le choléra, et la fête finit par un drame nouveau : on enterra encore des morts.

On me dira sans doute que l'autorité aurait dû faire cesser un scandale semblable. Oui, j'en conviens; mais elle ne l'a point fait, parce que, de parti pris, elle laisse à toutes les religions qui sont représentées à Jérusalem le droit de faire toutes les démonstrations et cérémonies qui rentrent dans leur rite.

Une des choses les plus curieuses de Jérusalem après le saint sépulcre, c'est la mosquée d'Omar.

Ainsi que le Christ l'avait prédit à ses apôtres, de ce superbe temple, construit à grands frais par Hérode le Grand sur l'emplacement de l'ancien temple de Salomon, il ne devait bientôt plus rester pierre sur pierre. En effet, Titus vint mettre le siége devant Jérusalem à la tête de ses légions victorieuses. La ville se défendit vaillamment, mais fut prise d'assaut.

Titus, irrité de cette longue résistance, la livra au pillage, et ses soldats, après avoir mis tout à feu et à sang, rasèrent le temple, dont ils ne laissèrent d'autres traces que la grande cour quadrangulaire au milieu de laquelle se trouve le rocher *Sakhrah*, que les musulmans croient suspendu sans appui dans l'espace.

Plus tard, sur l'emplacement de cette cour l'empereur Adrien fit placer la statue de Jupiter et l'entoura d'un temple provisoire ; mais au commencement du IVe siècle la pieuse impératrice Hélène, mère de Constantin, empereur de Byzance, vint faire un pèlerinage à Jérusalem ; elle visita le temple et s'empressa de faire disparaître cette dernière idole léguée par le paganisme. Puis elle rendit au culte chrétien les lieux qui lui étaient chers, ceux où s'étaient déroulées les scènes de la passion. Elle fit élever des églises somptueuses au-dessus du saint sépulcre, sur le tombeau de la Vierge, à l'endroit où eut lieu l'Ascension, au mont des Oliviers et en d'autres endroits encore, tant à Jérusalem que dans les environs illustrés par le souvenir du Rédempteur du genre humain. Un siècle plus tard, Justinien fit considérablement agrandir le temple de la grotte de la Nativité à Bethléem, et il fit construire l'église de la Présentation, à l'extrémité méridionale de la grande plate-forme de l'ancien temple de Salomon, à l'endroit même où la tradition plaçait l'école des jeunes filles consacrées à Dieu, et où entra la Vierge Marie dès l'âge de trois ans.

Mais le reste du quadrangle qu'occupait jadis le temple consacré à Jehovah restait complétement abandonné; on n'y voyait aucune construction. C'était là que les juifs venaient pleurer, et ce sol était arrosé de leurs larmes. Les chrétiens, par esprit de représailles, jetaient les ordures de la ville sur ce terrain.

En 636, le calife Omar vint, avec ses troupes victorieuses, prendre possession de Jérusalem. Le patriarche des chrétiens, Sophronios, dont le grand âge et les manières affables avaient captivé Omar, l'invita à entrer dans le saint sépulcre pour y faire ses prières. Le chef musulman lui répondit : « Je vénère la mémoire de Jésus, le plus grand prophète après Mahomet; mais il faut que tu saches bien une chose, vieillard respectable, c'est que tout endroit où j'aurai fait mes prières sera aussitôt transformé en mosquée et enlevé à tout jamais au culte des chrétiens. »

Après cette sortie, Sophronios se garda bien d'insister. Le calife désira pourtant visiter le monument chrétien, mais il n'y fit pas sa prière et se dirigea, pour remplir ce pieux devoir, au sud-ouest de la plate-forme qui précède le saint sépulcre.

Cet endroit fut consacré par les musulmans par

un minaret fort élevé que l'on y voit encore aujourd'hui.

Sa prière terminée, Omar se rendit à l'emplacement de l'ancien temple de Salomon. A la vue du rocher sacré Sakhrah couvert d'immondices et si maltraité par les chrétiens, le calife entra dans une grande colère; puis, ôtant son manteau, il se mit à essuyer et purifier la pierre de ses propres mains. Son exemple fut suivi par tous ses soldats, et bientôt ce lieu, destiné à former la cour d'un temple musulman, fut complétement déblayé des ordures qui l'encombraient. Peu de jours après, Omar fit jeter les premiers fondements de la mosquée qui porte son nom. Cette mosquée se trouve sur l'emplacement qu'occupait jadis le temple de Salomon.

Comme on le voit donc, il ne restait plus rien de cet ancien temple en 636, et le révérend père Boucher a fait preuve réellement de beaucoup d'imagination en en donnant la description que je viens de citer.

La mosquée d'Omar est un superbe édifice de forme octogone, qui se fait admirer par sa légèreté et sa grâce. Les croisés eurent le bon esprit, pendant leur domination à Jérusalem, de substituer tout simplement la croix au croissant de la coupole sans rien changer à cette splendide construction. Un autel fut établi sur le rocher du centre ; mais, de la part des croisés, était-ce bon goût ou naïveté ? Le doute est permis à ce sujet, car plus d'un récit de ces temps-là fait supposer que ces chevaliers bardés de fer, braves et fervents chrétiens, mais ignorants archéologues, prirent la mosquée d'Omar pour l'ancien temple de Salomon transformé en église chrétienne, et les versets du Coran tracés en caractères bleu d'azur sur terre cuite pour de simples ornementations. Ils ne songèrent pas à les effacer, ne sachant pas s'expliquer leur origine. C'est ainsi que cet édifice ne subit aucun changement, n'éprouva aucune altération ; et lorsque le sultan Saladin reprit possession de la ville sainte, il n'eut qu'à faire à son tour remplacer la croix par le croissant.

Au commencement du XVII° siècle, près de mille ans après l'érection de la mosquée d'Omar, quelques-unes des terres cuites exigèrent des réparations considérables ; plusieurs d'entre elles furent remplacées par d'autres, fabriquées aux poteries d'Hébron ; mais, hélas ! déjà à cette époque le secret de ces brillantes et solides couleurs des anciens était perdu, car on reconnaît les nouvelles terres cuites à leur teinte pâle et fanée, en comparaison du bleu des anciennes.

Cela me fait penser qu'en Espagne, surtout dans le midi, on trouve aussi de vieilles mosquées laissées par les Maures en souvenir de leur domination, et rendues depuis leur expulsion au culte chrétien, qui conservent sur leurs murs des versets du Coran, gravés en relief.

Si, par hasard, vous demandez au curé ce que veulent dire ces dessins, il vous répond : « Ce sont des arabesques! » C'est ainsi que pour bien des gens qui viennent prier aujourd'hui dans les anciennes mosquées changées en églises toutes les inscriptions turques et arabes passent pour des arabesques!

Il est douloureux pour nous autres catholiques de voir combien de lieux consacrés par des épisodes de la vie de Notre-Seigneur sont transformés en mosquées à Jérusalem! Je citerai la salle du Cénacle, la place de l'Ascension, au sommet du mont des Oliviers, et bien d'autres. Des familles arabes ont la custodie de ces sanctuaires ; ils vous les laissent visiter, mais en vous demandant toujours des backchichs, à moins que vous n'ayez à votre service le bâton d'un cavass de consulat.

La ville de Jérusalem se divise en quatre quartiers : celui des chrétiens, appelé quartier des

Francs, dans lequel se trouvent l'église du Saint-Sépulcre, les principaux couvents, et les marchands européens ; celui des arméniens, où l'on remarque le superbe couvent d'Arménie, situé sur le sommet du mont Sion ; le quartier des musulmans, dans lequel se trouvent le sérail ou palais du gouverneur et la fameuse mosquée d'Omar ; et enfin le dernier, celui des juifs, qui est situé sur le versant du mont Sion, dans la vallée que Josèphe a appelée *Tyropon* (vallée des fromages). Cette partie de la ville est la plus malsaine et la moins bien exposée ; elle se compose d'un dédale de ruelles plus étroites les unes que les autres et où s'étale la plus hideuse misère. Les maisons sont faites en boue, et servent d'abri à des nuées d'insectes qui viennent s'abattre sur les cinq ou six familles qui y demeurent. Les fenêtres et les portes en sont si basses et si étroites, que c'est à peine si l'air et le soleil peuvent y pénétrer quelquefois. Pour combler la mesure, un cloaque où viennent se déverser tous les égouts de la ville s'étale tout à côté en répandant une odeur nauséabonde. Lorsqu'on parcourt ce quartier et qu'on voit au milieu de cette boue infecte et de cette misère des filles juives d'une beauté admirable, avec cet air biblique qui vous fait songer malgré vous au *Cantique des cantiques*, on se sent douloureusement impressionné. Ces filles, belles comme des anges, perdues dans un milieu semblable et ayant pour cadre cette saleté révoltante, nous font le même effet que la vue des fleurs les plus belles, les plus fraîches et les plus rares jetées sur un tas de fumier.

Mais au moins ces belles jeunes filles y jouissent d'une sécurité qu'elles ne trouveraient pas ailleurs.

On professe à Jérusalem pour la race juive un mépris si peu chrétien, que les parents peuvent être presque sûrs que nul n'attentera à leur vertu : l'homme qui serait accusé d'aimer une juive se verrait déshonoré.

La population de Jérusalem est, je l'ai dit je crois, de vingt-deux mille âmes environ ; mais aux approches de Pâques cette population double, grâce au nombre des pèlerins qui viennent de toutes les parties du monde. En 1865 elle avait triplé.

Or, comme Jérusalem ne possède que quatre mauvais hôtels qui peuvent contenir tout au plus de trente à quarante personnes chacun, sur vingt-deux mille personnes au moins nouvellement arrivées, il y en avait donc environ cent cinquante logées dans les hôtels, le reste couchait en plein air... On avait établi des campements autour des murs de la ville, et même plus loin; les nationalités se groupèrent dans ces camps improvisés.

On faisait sa cuisine et sa toilette en plein vent ; c'était vraiment un spectacle bizarre et original.

Pour être juste, cependant, il faut dire que Jérusalem offre aux pèlerins une ressource inconnue chez nous, en Europe, celle de pouvoir loger dans les nombreux couvents qu'elle possède... Ces couvents offrent l'hospitalité aux voyageurs .. Mais il y a le revers de la médaille. D'abord, cette hospitalité n'en est pas une, car les religieux savent tous bien en tirer parti pour leur bourse, et le séjour dans un couvent vous revient souvent fort cher. Ensuite, tout comme les directeurs des messageries, ils ont établi un règlement. Vous êtes assujetti à certaines heures, à certaines exigences, ce qui est très-ennuyeux pour des gens en voyage. Enfin tous ces couvents sont si salement tenus qu'on y est littéralement dévoré par la vermine..; mieux vaut encore camper à la belle étoile que d'être exposé à tous ces désagréments. J'arrive maintenant à la partie la plus intéressante et la plus curieuse de la ville sainte, le saint sépulcre et les fêtes de Pâques qui y sont célébrées.

L'édifice du saint sépulcre est bien le monument le plus bizarre et le plus irrégulier, dans sa disposition intérieure, qu'on puisse imaginer ; cependant, après un examen approfondi, on s'explique cette irrégularité par la nécessité où l'on s'est trouvé de réunir en un seul édifice tous les endroits consacrés par la foi des chrétiens.

La façade porte évidemment les traces de l'architecture du XIIe siècle.

A la porte d'entrée, à gauche, se trouve un divan où trônent majestueusement quelques Arabes musulmans, gardiens du *Wakouf :* ce sont les deux familles *Nesdi* et *Joudi*. Les principaux revenus de leur place consistent en cadeaux que leur font, de temps en temps les représentants des puissances et les chefs religieux des différents rites chrétiens qui possèdent des sanctuaires dans le temple. Il faut y ajouter les petits bakchichs que leurs donnent les pèlerins.

C'est entre les mains de ces deux familles que se trouvent les clefs de l'unique porte donnant accès dans le temple. Ces Arabes prétendent être en possession de ce droit depuis des temps immémoriaux ; mais il est assez douteux que ce droit date même de la restauration de la ville, sous le sultan Soliman, au XVe siècle.

En général les Arabes, tout comme les Turcs, connaissent peu l'histoire de leurs familles, et, n'ayant pas le même nom de père en fils, il leur est très-difficile de remonter de quelques siècles en arrière, pour classer leurs ancêtres dans une généalogie pareille à celles qu'on fait en Europe.

La porte du temple est ouverte tous les jours pendant deux heures au lever du soleil ; elle est ouverte deux autres heures avant le déclin du jour, et on la referme au coucher du soleil pour toute la nuit. Pendant le reste de la journée, le droit de faire ouvrir la porte appartient aux trois principales communautés chrétiennes, latine, grecque et arménienne. Chacune d'elles, cependant, doit avoir l'autorisation des deux autres.

A la première station du temple, ce qui frappe d'abord le regard, c'est la pierre de l'onction. Un rectangle de marbre rouge recouvre l'endroit où le corps du Christ fut déposé après sa mort et oint de parfums par les saintes femmes qui veillaient auprès de lui.

On traverse ensuite une série de sombres arcades, et l'on entre dans la rotonde, le principal théâtre de toutes les cérémonies et processions. Cette rotonde demande un examen tout particulier.

Figurez-vous une salle de spectacle, à peu près

comme toutes celles de l'Europe, ayant seulement le cercle un peu plus formé à l'endroit où l'on place ordinairement l'orchestre et où commencent les planches. L'église des Grecs, appelée église de la Résurrection, et formant la grande nef de tout l'édifice, y tiendrait l'emplacement de la scène, et la rotonde serait la salle des spectateurs. Entre les dix-huit piliers qui forment cette rotonde se trouvent disposées des espèces de loges en arcades, appartenant au clergé des différents rites chrétiens. Les loges se présentent sur deux rangs ou galeries; dans la galerie inférieure, six arcades appartiennent aux Grecs, trois aux Latins, deux aux Cophtes et Abyssins, deux aux Syriens. Le reste est au pouvoir des Arméniens.

La seconde galerie, ou bel étage, appartient presque entièrement aux Latins, à l'exception de six loges qui sont la propriété arménienne. C'est là qu'est établi le bel orgue de la chapelle latine de la Vierge. Mais au-dessus de ces deux rangs de loges il en existe un troisième qui se trouve même sous la calotte du dôme, et que l'on appelle galerie de la coupole; cette troisième galerie est une possession exclusive des Grecs et la pomme de discorde entre le cabinet des Tuileries et celui de Saint-Pétersbourg.

Une seule porte, ouvrant sur la terrasse du couvent grec, y donne accès aux moines, qui y entrent avec leurs lampes allumées le jour des grandes fêtes qu'ils célèbrent selon leur rite.

Toutes ces arcades sont ornées d'un nombre infini de lampes, plus ou moins riches, plus ou moins bizarres de forme. Pour les allumer il existe entre les différents cultes un accord tacite, d'après lequel, toutes les fois qu'il y a fête latine, les Arméniens et les Grecs se font un devoir d'éclairer leurs arcades; et en revanche, les jours des fêtes grecques ou arméniennes, les Latins leur rendent la même politesse. Les arcades des Syriens, dont le clergé est très-pauvre, sont à toutes ces occasions éclairées par leurs protecteurs les Arméniens. Quant aux Cophtes et aux Abyssins, on n'éclaire pour eux qu'un seul jour dans l'année, le cinquième dimanche du grand carême.

Seule, la galerie de la coupole n'entre pas dans ces arrangements avec le clergé des autres cultes : elle n'est illuminée qu'aux fêtes des Grecs, qui seuls y ont des lampes.

L'année 1865 il doit y avoir eu une notable économie d'huile au saint sépulcre, puisque les Pâques catholiques ont coïncidé avec celles des Grecs et des Arméniens, ce qui a attiré une grande affluence de voyageurs, et a puissamment contribué à donner à l'intérieur de la rotonde, pendant les grands jours de la semaine sainte, un caractère d'originalité tout particulier.

Le centre de la rotonde, qui a environ vingt mètres de diamètre, est occupé par l'édicule du saint sépulcre, dont l'entrée est tournée vers la nef des Grecs. Cet édicule se divise en deux parties, la chapelle de l'Ange et la chambre sépulcrale, cette dernière communiquant avec la chapelle de l'Ange par une porte très-basse, taillée dans le roc vif. Elle représente le véritable emplacement du tombeau du Christ; en la comparant avec les tombeaux des rois situés au nord de la porte de Damas, et si bien explorés l'an dernier par M. le comte de Saulcy, on peut facilement faire revivre dans son imagination le drame sublime qui s'y est passé l'an 33 de notre ère. C'est là que doivent aller ceux qui n'ont qu'une foi vacillante et ceux qui se posent en athées, car sur cette pierre sanctifiée par le sang du Dieu fait homme on se sent pris d'un saisissement étrange; l'âme s'élève vers Dieu, et des larmes d'attendrissement viennent mouiller vos paupières. Vous croyez assister à ce drame merveilleux tant il se déroule à vos yeux. Il vous semble voir le Dieu rédempteur, une foi sainte vous envahit, on comprend cette bonté miséricordieuse qui vous promet le pardon et l'oubli. Si les juifs, qui nient Jésus-Christ, entraient dans ce sanctuaire et s'y recueillaient un peu, il me semble impossible que le voile qui recouvre leurs yeux ne se déchirât pas de lui-même et qu'ils pussent résister à reconnaître avec les chrétiens la divinité de Notre-Seigneur et sa mission promise et annoncée.

J'ai vu cet effet se produire sur des hommes posant en sceptiques et se faisant un point d'honneur de rire de notre sainte religion, et qui, n'étant entrés que par simple curiosité, se sont sentis envahis tout d'un coup par ce mystérieux attendrissement dont je parlais. L'émotion les a portés au recueillement, et en sortant leur front était sérieux et rêveur : la grâce les avait touchés!!

L'endroit où a reposé le corps de Notre-Seigneur est actuellement recouvert de marbre jaune, et l'on assure qu'il ne reste que fort peu de la couche supérieure du roc primitif, enlevé par parcelles dans le cours des siècles par les pieux visiteurs de Jérusalem.

Les parois de cette chambre sépulcrale sont également recouvertes de marbre jaune, et un grand nombre de lampes en or et en argent, appartenant aux différents clergés, en ornent le plafond, ainsi que la voûte de la chapelle d'entrée, qui, outre la porte du milieu, a encore dans l'épaisseur du mur deux ouvertures latérales de forme ronde.

C'est par là que le prêtre qui dit la messe reçoit l'eau, le charbon, etc., et elles jouent un grand rôle le jour du samedi saint, pendant les cérémonies grecques du feu sacré ou nouveau, dont je parlerai plus tard.

L'intérieur de la chapelle de l'Ange, ainsi que l'extérieur de l'édicule, sont revêtus de marbre jaune et blanc et surchargés de colonnettes, de sculptures et d'ornements du plus mauvais goût, le tout surmonté d'un dôme en forme de mitre d'un style impossible.

En entrant dans la rotonde, on est ébloui par des flots de lumière provenant d'en haut. La coupole qui recouvre tout l'édifice de la rotonde a au centre une immense ouverture donnant libre accès aux rayons du soleil et à la pluie aussi, ce qui fait que le vrai dôme de cette église est le ciel. L'idée est grandiose sans doute, mais dans la pratique elle présente beaucoup d'inconvénients. En temps de pluie, tout le pavé est inondé, et pour protéger contre l'eau du ciel les innombrables lampes qui décorent la façade du saint sépulcre, les ecclésiastiques ont dû étendre au-dessus de ce dôme une immense toile cirée qui est réellement d'un effet pitoyable.

Cela a cependant son bon côté. Cette ouverture donne de l'air, et si elle n'existait pas, bien des gens seraient asphyxiés dans l'église, surtout pendant la grande cérémonie du nouveau feu des Grecs.

Cette coupole, avec son ouverture au centre et sa galerie intérieure, est excessivement basse, elle n'appartient à aucun style. Par en haut, elle se rattache à des terrasses dont les unes appartiennent au couvent grec, les autres sont une dépendance de l'hospice Saladin, une ancienne mosquée qui sert de *schan* aux pèlerins musulmans. Cette partie des terrasses recouvre les cellules des moines franciscains, qui se trouvent par là presque privés d'air et de lumière, et n'ont point d'autre accès dans leurs cellules que par la porte du temple.

Le cœur de tous les chrétiens se serre involontairement à la vue de l'affreux état de délabrement dans lequel se trouve cette coupole qui recouvre le plus grand des sanctuaires de la chrétienté. Des *moises* demi-circulaires en bois de chêne, unissant l'anneau de l'ouverture à la base de la coupole, sont à leur tour réunies entre elles par des lattes transversales, également en bois; l'intérieur de cette grossière carcasse est recouvert d'une épaisse couche de stuc, et l'extérieur par de lourdes feuilles de plomb.

Évidemment, une pareille construction ne peut avoir la moindre solidité.

Arrachées à plusieurs endroits par les vents qui pendant tous les hivers règnent à Jérusalem avec une fureur extraordinaire, les feuilles de plomb donnent un libre passage à la pluie, qui, s'infiltrant peu à peu dans l'intérieur de la carcasse, en a fait pourrir les bois et détacher le stuc. Malheureusement tout le stuc ne s'est point encore écroulé, et de grands pans, décollés de la carcasse par l'humidité, n'attendent qu'un plus grand degré de maturité pour tomber avec fracas sur le pavé de la rotonde et sur la tête de ceux qui s'y trouveront.

Il est facile de comprendre que même les chutes partielles, qui ne se produisent que trop fréquemment, causent de très-graves accidents, et il arrive souvent que des pèlerins venus pour se prosterner devant le saint sépulcre sont emportés, blessés, à l'hôpital.

Mus par un sentiment de piété et de vénération pour ces lieux sacrés, les empereurs de France et de Russie se décidèrent à reconstruire la coupole à frais communs. Le sultan voulut aussi y contribuer à titre de souverain local, et le 5 septembre 1862 un protocole fut signé à Constantinople par Aali-Pacha et les ambassadeurs de France et de Russie. Des architectes furent nommés par les deux gouvernements, des sommes mises à leur disposition, et des ordres expédiés par la Porte au pacha gouverneur de Jérusalem.

L'article 3 du protocole enjoignait aux architectes d'éviter dans la décoration de la nouvelle coupole toute inscription ou tout emblème qui serait de nature à provoquer les susceptibilités des communautés chrétiennes. Quant à la Porte, jalouse des droits de ses sujets (car les membres des clergés grecs et arméniens à Jérusalem sont tous rayas), elle insista pour ajouter au protocole un cinquième article. Ce article précise clairement que le fait de la reconstruction n'implique aucun droit nouveau et ne donne aucune nouvelle prérogative aux clergés des puissances signataires du protocole. En un mot l'article établit carrément le *statu quo* des droits acquis d'ancienne date.

Il faut en convenir, la conduite de la Porte, dans cette circonstance, a été digne, juste et généreuse, puisqu'elle s'offrait à contribuer à des frais que les chrétiens seuls auraient dû supporter.

L'affaire paraissait donc marcher à merveille,

et il y avait lieu d'espérer que le saint édicule serait protégé bientôt contre l'intempérie des saisons et que les fidèles pourraient y entrer et y faire leurs dévotions en toute sécurité. Mais on comptait sans les passions cléricales, qui changèrent brusquement la face des choses et donnèrent à la pieuse idée de restauration d'une coupole un caractère politique qu'elle n'aurait dû jamais avoir.

Les organes ultramontains jetèrent feu et flamme contre le gouvernement français pour avoir admis la coopération de la Russie. Secouant la poussière des archives, ils essayèrent de prouver que par le traité conclu entre la France et la Porte en 1750, la jouissance de tous les lieux saints avait été exclusivement concédée aux Latins.

Les Grecs disent de leur côté que déjà en 1759 (probablement grâce à de nombreux bakchiches habilement distribués aux fonctionnaires de la Porte) ils avaient obtenu un firman qui les réintégrait dans toutes leurs anciennes immunités, et leur en accordait de nouvelles au détriment des franciscains.

Il est vrai qu'à la suite de nombreuses plaintes des franciscains et des carmélites de la Palestine, plusieurs puissances catholiques protestèrent à différentes époques contre la prétendue usurpation des Grecs ; mais elles le firent faiblement et sans succès. En attendant, les Grecs usèrent de leurs moyens ordinaires à Constantinople et obtinrent de nouveaux firmans à l'appui de celui de 1759.

Enfin, le 12 octobre 1808, à la suite d'un furieux incendie qui détruisit presque totalement la rotonde et fit disparaître l'œuvre des croisés de 1130, ils profitèrent de l'inattention de la France et de l'Europe, trop occupées des guerres de l'Empire pour avoir le temps de songer aux lieux saints, pour reconstruire, seuls et à leurs propres frais, la rotonde et la coupole qui se trouvent aujourd'hui dans un si triste état.

A l'heure où j'écris, ils auraient bien voulu refaire la même chose, en employant les mêmes moyens ; mais depuis 1759 bien des choses ont changé. Les ministres et hauts fonctionnaires en Turquie sont des hommes justes et intègres, qui ne sont plus accessibles aux bakchiches, dont l'usage ne s'est perpétué qu'en Égypte. Il leur a été impossible de corrompre la Porte, et les ministres leur ont répondu : « Tous les chrétiens ont des droits égaux au berceau de leur religion. » Malheureusement, il y a une loi turque qui dit « que celui qui a joui du droit de possession pendant trente ans sans interruption reste le possesseur légal à tout jamais. » Cette loi vient compliquer singulièrement la question de la coupole que les Grecs possèdent depuis longtemps. A cela les organes ultramontains répondent avec indignation qu'aucun firman ne peut avoir la valeur d'un traité et qu'on ne doit pas plier devant tel ou tel autre article de la loi turque.

Cependant, le protocole était là tout signé. Le gouvernement français n'avait pas l'air de se préoccuper beaucoup des criailleries ultramontaines, mais notre consul à Jérusalem se laissa influencer par les moines, et prétendit un beau jour que non-seulement la coupole n'appartenait pas à la Russie, mais que celle-ci devait en être exclue... Ce ne fut qu'à force de lire et de relire le protocole que moines et consul finirent par comprendre que l'article 5 ne voulait nullement parler du *statu quo*, mais bien de la neutralisation de la coupole.

Cette idée devint bientôt l'idée fixe de notre consul; il s'y cramponna avec la persistance des Bretons (il est de Morlaix), et ne cessa d'en parler dans tous ses rapports au ministère. Si M. de Talleyrand avait été ministre, il lui aurait dit peut-être : « Pas trop de zèle ! » mais M. de Thouvenel n'eut pas cet à-propos et il finit par approuver l'idée de son agent.

Partant de ce principe, le consul donna des instructions verbales à l'architecte français, lequel, de concert avec l'architecte russe, procéda à un examen minutieux de l'état actuel de la coupole, et dressa un devis approximatif des dépenses nécessaires pour les travaux préparatoires et pour l'œuvre capitale de la reconstruction.

Après bien des pourparlers, ces messieurs finirent par s'entendre ; ils firent un rapport collectif aux deux ambassadeurs à Constantinople, rapport qui ne traitait que du style à adopter et des questions de solidité, de durée et d'économie, et ils tombèrent parfaitement d'accord sur tous les points, excepté sur un seul. — L'architecte russe désirait que l'escalier et la porte donnant accès à la galerie intérieure fussent conservés au même endroit où ils se trouvent actuellement, du côté du couvent grec. L'architecte français insistait pour établir cette porte et cet escalier d'un autre côté, au risque même d'en faire plusieurs. Ce fut la pierre de touche des deux projets et le terrain sur lequel se livrèrent bataille les idées de *statu quo* et de neutralisation.

Les rapports des deux architectes, avec les réserves de chacun d'eux, furent expédiés aux gouvernements russe et français, et ce fut le dernier acte de cette affaire.

Le projet de reconstruction de la coupole est resté en plein chômage, et l'édicule renfermant le plus grand des sanctuaires de la chrétienté est moins bien abrité aujourd'hui que l'intérieur d'une grange du premier cultivateur venu. Le pieux pèlerin, au grand scandale de l'Europe, ne peut en approcher sans courir le risque de recevoir quelque plâtre sur la tête; mais à qui la faute? à laquelle des trois parties signataires du protocole de septembre 1862 en incombe la responsabilité? A mon avis c'est aux deux puissances chrétiennes, car toutes les deux n'ont pas assez envisagé le côté religieux de la question. La politique, avec ses susceptibilités et sa manie de prépondérance, a pris le dessus sur les sentiments religieux... Si messieurs les consuls, les ambassadeurs, les ministres, qui se sont occupés de cette affaire, avaient oublié un instant la politique pour ne penser qu'à Dieu et à son saint sanctuaire, la coupole serait reconstruite aujourd'hui et les musulmans n'auraient pas le droit de sourire avec ironie en voyant la désunion qui règne entre ceux qui leur reprochent leur prétendue intolérance. La politique est indispensable, mais pas trop n'en faut, et dans une affaire religieuse on pourrait bien s'en passer.

Que les Latins, les Grecs, les Arméniens, les Cophtes et Abyssins tâchent donc de vivre en paix dans les lieux saints ; qu'ils pensent à glorifier et louer Dieu davantage et un peu moins à se quereller, pour de prétendus droits, au point de se battre dans l'Église ; qu'ils donnent aux musulmans l'exemple de la tolérance au lieu de les scandaliser par un aveugle fanatisme, et la religion y gagnera certainement. Toutes ces disputes entre chrétiens donnent aux peuples de la Palestine une mauvaise opinion de nous, et je ne serais pas étonnée de les voir arriver une fois à être intolérants envers nous.

Qu'on prenne, pour rebâtir la coupole, l'obole du pauvre, l'offrande du riche, qu'il soit abyssin, grec, latin ou arménien, rien de mieux ; que la coupole soit restaurée, non pas par deux ou trois puissances, mais par toute la chrétienté ; — qu'elle n'appartienne pas à tel ou tel rite, mais qu'elle soit ouverte à tout le monde ; — que chaque clergé y soit également privilégié ; que messieurs les prêtres pensent un peu plus à Dieu qu'à leur amour-propre insensé; — qu'ils se souviennent enfin qu'au banquet des élus, la dernière place est la meilleure.... alors ils deviendront moins âpres au gain, moins ardents aux disputes, et se feront respecter davantage.

Du reste, comme je veux être juste et prêcher d'exemple, — je tiens à rappeler la conduite du clergé grec lors des événements qui suivirent l'incendie de 1808.

Les Grecs ont montré dans cette circonstance beaucoup de zèle et de courage, et sans se préoccuper du côté politique de la question ils ont empêché la destruction complète du saint sépulcre, ce qui devrait leur donner au moins quelques droits à notre reconnaissance!

L'intérieur de la rotonde ne présentait plus, après cet incendie, qu'un amas de décombres. — L'attention de l'Europe était, comme je l'ai dit plus haut, entièrement absorbée par les guerres de l'Empire. — Les franciscains de Jérusalem se trouvaient dans un état voisin de la misère. — Alors le clergé grec réunit à grands frais, et avec d'immenses sacrifices, l'argent nécessaire pour la restauration. — Les travaux commencèrent, mais comme ils n'avançaient que bien lentement, les musulmans, qui étaient plus fanatiques et moins civilisés qu'aujourd'hui, formèrent des attroupements et tirèrent des coups de fusil contre les ouvriers.

Dans ce temps-là, il n'y avait dans la ville sainte ni pacha gouverneur, ni consuls européens.

Le patriarche grec de Jérusalem, Policarpos, expédia aussitôt au gouverneur de Damas son drogman, le moine Averkios, chargé de riches cadeaux, avec la mission de le prier instamment de prendre au plus vite des mesures de précaution contre le fanatisme de ses coreligionnaires, afin de préserver les travaux commencés d'une destruction certaine. — Youssouf-Pacha se transporta en personne sur les lieux ; sa justice fut expéditive : le lendemain de son arrivée il fit pendre trente musulmans parmi les plus fanatiques. Cet avertissement suffit aux autres, et les Grecs purent continuer leurs travaux sans être inquiétés.

Comme on le voit, les Grecs ont fait preuve de courage et d'énergie dans cette circonstance : — sans eux la coupole aurait été détruite. — Ne ferions-nous pas mieux, notre Dieu étant le même, et le sanctuaire de notre religion commun, de leur savoir gré de ce service rendu, que de leur disputer — la galerie qu'ils y possèdent ?

Pour moi, bonne catholique, je ne puis m'empêcher d'avoir un sentiment de reconnaissance envers le clergé grec, qui a restauré la coupole du saint sépulcre au péril de sa vie, alors que nous étions occupés d'autre chose, et je trouve tout naturel que cet acte méritoire lui ait donné le droit de posséder une galerie de plus.

Cette susceptibilité des différents clergés de Jérusalem qui se disputent leurs prérogatives dans les sanctuaires communs à tous les rites chrétiens va souvent jusqu'au ridicule et amène des collisions regrettables.

Le droit, par exemple, d'enfoncer un clou pour suspendre une lampe, celui de balayer telle ou telle partie d'un des sanctuaires, le droit même d'enlever une toile d'araignée, sont souvent le prétexte de rixes sanglantes!! C'est triste, car tout cela se passe dans les lieux mêmes où est mort N.-S. Jésus-Christ, qui nous a laissé de si belles maximes sur la douceur, la patience, la tolérance et l'oubli des injures!!

Avec de pareilles dispositions, nous ne pouvons pas trop nous étonner de voir les Grecs tenir avec tant d'obstination à la prérogative qu'ils se sont arrogée d'allumer seuls les lampes de la galerie de la coupole, et d'en interdire l'accès aux autres.

Est-il de bon goût de notre part de leur chercher querelle pour un droit qu'ils ont acquis par des sacrifices d'argent, et qu'ils ont même arrosé de leur sang ? car plusieurs Grecs ont été tués en 1808 par les musulmans !

En 1851, au moment où la coupole commençait à peine à se détériorer et qu'il était si facile de réparer les dégâts causés par quelques coups de vent, le clergé grec fit venir les feuilles de plomb nécessaires, et sollicita auprès de la Porte la permission de faire cette réparation à ses frais. La Porte allait envoyer un firman affirmatif, lorsque le consul de France à Jérusalem, stimulé par les franciscains, eut recours à l'ambassade française à Constantinople pour arrêter l'expédition du firman, sous prétexte que cette restauration raffermirait les droits contestables des Grecs.

Et depuis, chaque coup de vent ne fait qu'élargir la première déchirure, et dans la saison des pluies tout le pavé de la rotonde ne présente qu'un bassin d'eau.

La belle chose que le zèle des diplomates ! Grâce à eux il est à craindre que le saint sépulcre ne s'effondre complétement, et que le sanctuaire de notre religion ne soit plus, au bout de quelques années, qu'un amas de ruines et de décombres !

Il est très-regrettable aussi que la lettre circulaire de l'impératrice Eugénie, écrite aux souverains de l'Europe en faveur de la reconstruction du saint sépulcre, lettre dictée par les sentiments de la plus haute piété, n'ait abouti à aucun résultat.

Les musulmans de Jérusalem sont à peu près aussi fanatiques que ceux de Damas; — ils estiment peu les chrétiens, leurs discordes et leurs querelles rendent ce sentiment compréhensible. Nous leur donnons un triste exemple!

Cependant ils ont pour le saint sépulcre une très-grande vénération. Ce sont eux qui y font la police, et ils y mettent beaucoup de convenance et d'impartialité. Il n'y aurait qu'une seule issue possible à cette affaire de la reconstruction de la coupole, c'est que la France et la Russie s'entendissent loyalement, en laissant agir le sultan... Mais cette pauvre Turquie n'est jamais complétement maîtresse chez elle, et ce malheureux gouvernement, éternellement tiraillé par des influences diamétralement opposées, ne peut arriver à rien faire, malgré les meilleures intentions qui l'animent.

Mais laissons cette coupole à son triste sort et revenons à la semaine sainte.

Dès le samedi des Rameaux, toutes les loges de la rotonde sont habitées pour toute la durée de la semaine sainte. Dans la crainte de perdre leurs places, des familles entières s'y transportent avec leurs matelas et leurs coussins, et y établissent leur domicile. Venir de si loin et perdre le plus petit détail serait une chose impardonnable ; aussi les pèlerins sont-ils là jour et nuit, spectateurs zélés de tout ce qui se passe dans la rotonde. Ils ne sortent même pas pour manger et dorment dans leurs loges. Comment s'étonner après cela que l'odeur qu'on respire dans la rotonde soit désagréable? Les encensoirs luttent en vain contre les émanations de tout genre, mais personne ne s'en préoccupe, car c'est une habitude qu'on prend.

Espérons pourtant que la diplomatie ne s'en mêlera plus !... car le *statu quo* serait par trop insupportable si l'on n'en prévoyait pas la fin. Je crois avoir déjà dit qu'il y avait coïncidence, l'année où j'étais à Jérusalem, entre les fêtes catholiques et celles des autres rites. Grâce à cette coïncidence, l'intérieur de la rotonde ne reposait pas un instant : c'était une série continuelle de processions autour du saint sépulcre. La surveillance, le maintien de l'ordre et la police intérieure étaient entre les mains du chef des troupes turques cantonnées à Jérusalem, Aly-Bey, qui charme tous les Européens par sa modération, son urbanité et son savoir faire. Il est vrai que le *courbache* joue un grand rôle dans tout cela, mais on ne le voit que rarement s'abaisser sur les épaules des Arabes les plus récalcitrants ; la plupart du temps, la vue seule de cet *instrumentum regni* suffit pour rompre les rangs trop compactes des curieux, et les écarte avec une régularité digne d'admiration. Une double rangée de baïonnettes turques fait cercle autour du saint édicule, et c'est dans ce cercle que circulent toutes les processions. On ne peut se lasser d'admirer la tenue sévère et respectueuse, recueillie même, des soldats musulmans pendant ces cérémonies : ils ne se permettent jamais ni un sourire, ni la moindre plaisanterie. Je ne veux pas m'étendre sur ces processions, qui, presque toutes, commencent et finissent dans la rotonde ; je ne parlerai pas non plus du dimanche des Rameaux, où tout le temple prend l'aspect d'une forêt de branches de palmier, ni du vendredi saint, où les cérémonies des Latins au Calvaire rappellent un peu trop naïvement les mystères du moyen âge. Toutes ces cérémonies, avec quelques nuances différentes, ressemblent à celles qui se pratiquent dans les églises de Rome, de Moscou et de Constantinople ; ce qui les distingue, c'est le prestige des lieux et l'originalité de l'entourage. Je m'arrêterai plus longuement à la cérémonie grecque du feu sacré, ou nouveau, qui n'a rien d'analogue dans l'univers entier. Les membres les moins civilisés du clergé grec reconnaissent eux-mêmes que cette cérémonie est plus que païenne.

Ils assurent qu'ils ne trompent pas les pèlerins, que jamais ils ne leur ont fait accroire que ce feu descendît du ciel, mais que c'est une ancienne croyance, tellement invétérée parmi la multitude, qu'il est impossible de la lui enlever. C'est pour assister à cette cérémonie, qui a lieu le soir du samedi saint, qu'ils viennent principalement, comme, par exemple, les Arméniens et les Chypriotes, pour lesquels la messe de minuit du premier jour de Pâques ne présente plus même aucun intérêt, et ils s'en vont tout de suite après, en chantant de joyeux hymnes, leur conscience et leur bourse plus légères, mais ayant du *feu sacré* renfermé dans leurs lanternes.

En tout temps les peuples ont été fort enclins à se laisser séduire et entraîner par le merveilleux. L'année où l'on supprimerait la cérémonie du feu sacré, il n'y aurait pas la moitié du nombre ordinaire des pèlerins, ce qui n'arrangerait nullement le clergé grec, à qui ils apportent de belles offrandes, et le déconsidérerait complètement, car il ne parviendrait jamais à faire comprendre à la foule pourquoi le feu sacré a cessé de descendre tout à coup du ciel !

A l'exception du clergé latin, qui, peu de temps après l'expulsion des croisés, renonça à ces pratiques religieuses, et des protestants, qui n'ont jamais aucune fonction dans le temple, le clergé de tous les autres rites chrétiens prend une part active à cette saturnale chrétienne. Le samedi saint, vers une heure de l'après-midi, le pourtour du saint édicule est occupé par une double rangée de baïonnettes ; le terrible *courbache* maintient en respect tous ceux qui essayent de passer à travers la chaîne militaire, toute la place qui n'est pas occupée par les soldats turcs est remplie d'une foule compacte, bruyante, agitée par l'impatience. Je ne parle pas seulement du pavé de la rotonde et de toutes les loges, où la presse est inouïe, mais à chaque corniche, à chaque support de chandelier, partout où un pied d'homme peut se poser, on voit un locataire. Il y a là de tout dans cette foule : touristes, libres penseurs, femmes cophtes faisant retentir l'air de leurs cris sauvages, semblables à des sifflements, en signe d'allégresse.

Tous les feux sont éteints dans le temple, il n'y brûle plus qu'une seule lampe.

Chacun des assistants est approvisionné d'un paquet de trente-trois bougies, en commémoration des trente-trois ans de séjour de Notre-Seigneur sur la terre.

A l'un des côtés du saint édicule, et tout à fait à la sortie de la petite ouverture latérale, on voit une troupe d'Arabes de religion grecque; à l'autre, et près de l'ouverture opposée, se tiennent les Arméniens; ils chantent et ils dansent en frappant en cadence dans les mains et en priant le ciel de faire descendre sur eux le feu qui va renouveler et régénérer leur existence.

Vers les deux heures commencent les processions. En tête les Syriens, puis les Abyssins, les Cophtes, les Arméniens, et enfin les Grecs.

Chacun de ces clergés fait trois fois le tour de la rotonde, ce qui prend environ trois quarts d'heure. Alors le procureur du patriarche grec, le métropolitain de Pétra, vieillard à longue barbe blanche et ayant la plus belle tête que l'on puisse imaginer, entre dans le saint édicule, dépouillé de tous ses habits sacerdotaux et accompagné d'un des évêques arméniens. (Habituellement c'est le patriarche arménien en personne qui doit l'accompagner, mais ce jour-là il était à Constantinople.) Quant aux Grecs, ce n'est jamais leur patriarche qui se mêle de cette cérémonie, mais bien toujours son procureur, portant le titre d'évêque de Pétra. C'est pourquoi les Arabes désignent toujours ce dernier sous le nom du *moutrane-nouri*, ce qui veut dire évêque du feu.

Les portes de l'édicule se ferment aussitôt, et c'est alors que commence la vraie saturnale. Les danses et les cris redoublent de fureur ; quelques instants après on voit sortir de chacune des petites ouvertures latérales un immense paquet de trente-trois cierges allumés, qui est saisi aussitôt par des centaines de mains. Au même moment toutes les cloches sont mises en branle et une clameur effrayante retentit dans toutes les parties du temple.

L'effet produit par ce spectacle est vraiment magique et impossible à décrire. Il faut avoir vu cela de ses propres yeux pour s'en rendre compte. La foule est électrisée, elle est dans une espèce de délire frénétique qui vous saisit d'épouvante. Tout ce monde se heurte, se bat ; tous veulent être les premiers à allumer leurs cierges au feu sacré. En un clin d'œil la chaîne militaire est rompue, et ni courbache ni baïonnettes ne produisent plus leur effet ordinaire. Les pauvres Turcs sont refoulés en désordre jusqu'aux piliers de la rotonde. Deux ou trois minutes après, tout l'intérieur du temple ressemble à une vaste nappe de feu, du milieu de laquelle s'élève le saint édicule, avec toutes ses lampes et ses cierges allumés.

Alors on ouvre les portes, et le métropolitain de Pétra sort en courant avec d'immenses paquets de feu dans chaque main pour allumer les cierges du maître-autel grec. Mais cette tâche n'est ni facile ni sans danger pour le vieillard, car les plus fanatiques, qui croient sans doute que son feu est plus pur que celui des autres, se précipitent sur lui au risque de le mettre en pièces, malgré les diacres qui le soutiennent et l'entourent. L'année où j'assistais à cette cérémonie, il fit plusieurs chutes avant d'arriver à l'autel. Les pèlerins (je parle bien entendu des croyants) assurent que ce feu, dans les premiers instants, ne fait pas de mal au toucher et n'est même pas brûlant. Est-ce la foi qui les rend insensibles ou bien l'excitation fiévreuse qui les anime? je l'ignore, mais le fait est exact. Aussi voit-on là, séance tenante, dans tous les coins du temple, des scènes tout à fait curieuses et originales : Des femmes déshabillent leurs enfants pour faire passer sur leur corps les flammes du feu sacré. Elles-mêmes se découvrent les seins, se frottent avec ces flammes et se les passent sur le cou, la figure et les bras. Les hommes mettent le feu dans leur bouche et l'aspirent.

C'est affreux et pénible à voir, et cela rappelle tellement les temps païens qu'on ne peut se figurer assister à une cérémonie chrétienne. Et dire que cela se passe au XIXe siècle !

Ce n'est pas tout. Après cette fantasmagorie, toute cette foule s'accoste, se félicite ; il se forme des associations pour aller porter le feu sacré dans les villages environnants et dans les différents pays du monde chrétien ; et une heure après des centaines de pèlerins quittent Jérusalem, les uns pour aller à Chypre, d'autres dans le Liban et jusque dans les montagnes les plus reculées de l'Arménie russe.

FIN.

TABLE

DES CHAPITRES.

	Pages.
L'Orient et ses peuplades. — Civilisation des peuples sauvages.	1
De Vienne a Constantinople. — Le Danube, Pesth, Bude.	112
Le Bosphore	157
Un bal à Péra	186
Le mont Athos. — Singulier douaire de la sultane Validé (mère).	195
Quelques mots sur Mahomet. — Son Coran. — Les Turcs. — Les Ottomans. — Gloire et splendeur de l'empire ottoman. — Causes principales de sa décadence. — Ce qui pourrait sauver l'empire turc de sa destruction	237

	Pages.
Mahomet et son Coran	240
Paradis de Mahomet	254
L'Enfer de Mahomet	258
L'Origine des Turcs	260
Origine de la race ottomane	263

COMME QUOI J'AI MIS TROIS MOIS POUR ALLER DE CONSTANTINOPLE A JÉRUSALEM. — Smyrne, Rhodes, Alexandrette, Latakié, les Ensériés, les Kurdes, les Turkomans, Beyrouth, le Liban et l'Anti-Liban. 301

LES ESSENCES DE JÉRUSALEM. — La ville, les environs, le saint sépulcre et ses cérémonies religieuses, la mosquée d'Omar. 439

3206. — Paris, imprimerie Jouaust, rue Saint-Honoré, 338.

www.ingramcontent.com/pod-product-compliance
Lightning Source LLC
Chambersburg PA
CBHW071723230426
43670CB00008B/1108